被颠覆的文明

我们怎么会落到这一步

（升级版）

边芹 著

人民东方出版传媒
東方出版社

我爱你，

我做了这么多的梦，

我走了这么远的路，

我变不成其他东西，

只是攀附你的幽灵。

——致祖国

目录

第一部分　文明入侵从哪里开始

第二部分　我们怎么会落到这一步

第三部分　西方文明的基因

第四部分　“柏杨式”思维可休矣！

再版前言

谁解其中味？

郑若麟

人类社会自有记载以来，绵延千年。但我们开始对世界产生一个总体上的认知，仅仅是最近不到两百年的事。而要真正论及我们中国人对世界，特别是对占据着世界主导地位的“西方”的认知，我则认为我们大致处于启蒙时代的开端。

法国著名汉学家让-路易·罗卡曾常驻中国。在与中国各阶层精英人士深入接触后，他吃惊地表示，中国精英层缺乏理解西方的能力。他说：“他们毫不理解西方统治阶层以人民的合法名义控制人民的那些民主政体运作技巧。”① 这是一个值得我们深刻反思、切中要害的断语。

事实上，我们与西方打交道已逾百年。然而我们的精英对西方的认知却确确实实始终停留在表层。我们的媒体对西方做了大量报道，我们的书商出版了大量有关西方的书籍，但我们却很少有真正能够深入到西方文明本质的作品。在我回国的三年内，我广泛、大量地阅读了国内种种书籍。我发现，目前在国内流传甚至畅销的有关西方的著作，大致可分为两大类。

一类是泛泛而论，属于走马观花之作。一些作家、记者或名流，到

① 见畅销书《寡头政治足矣：民主万岁》，艾尔韦·冈普夫著，索伊出版社2011年1月出版。引语见法文版P16。

外国逛一圈，就洋洋洒洒数十万字的一本书出版了。这类书实际上充满了对西方的无知和误解。真正的“以己昏昏、使人昭昭”。这些作者既缺乏理解西方的意愿，亦缺乏理解西方的能力。他们完全是以自己的想象作用于“眼见”，为中国读者虚构出一个只存在于他们自己头脑中的“西方”。这个“西方”实际上只是似是而非，其实际内涵与真正的、真实的西方完全风马牛不相及。我可以举出很多“名家”的这类“西方之旅”作品。我也读了不少在海外常驻记者的书。他们本来是有条件和能力写出一些具有真正价值的文章、书籍的。但他们笔下的西方，仅仅是一个西方媒体所描述的西方，缺乏透过现象看本质的能力。甚至一些在西方留学、定居的人也未能逃出这一宿命。一家出版社将一位在法国留过学的作家的畅销书寄给我。我一读，发现书中所引的内容，几乎都是已有中文译本的古典作品，书中所描述的“法国”也大致是18世纪、19世纪的法国，而绝非今天21世纪的法国。这令我怀疑其外语水平是否已经达到能够流利地与法国人交流的程度。

而另一类，则是相当一部分学者们的作品。他们著作的特征，倒不是自己想象出来一个“西方”，而是忠实地将西方想告诉中国的那些“史实”和理论，编撰甚至编译，变成他们的“作品”，传递到国内。这类学者由于缺乏在西方长年工作、学习、生活的机会，也缺乏与西方学者长年交往、交流以深入了解他们的机遇，因而只能从理论到理论，到西方特意推荐给我们的书本中去寻找西方、了解西方。他们绝对想不到，西方历来是“照我说的去做，但别照我做的去做”的。因此，当他们研究后一本本出书时，他们只是在传递西方“所说”的东西而已，而对西方的“所做”，则基本没有机会去了解、理解并介绍给国人。所以我认为这类书很多都实际上只能算是“编撰”“编译”或“译撰”，而非真正意义上有独立见解的著作。在他们的书中，大多是转述他人的“事实”、他人的理论、他人的观念……在这类作品中，要想突破西方表层那个“硬壳”，看到西方的真实内涵，特别是西方统治集团的操作手法，无疑也是某种意义上的缘木求鱼，难之又难。

应该承认，在我们对外开放之初的年代，上述这两类作品也有其存在的价值和意义。但到了今天，再撰写、发表同类作品，说轻了是误人子弟，说重了是误国误民。

边芹的《被颠覆的文明：我们怎么会落到这一步》及其姊妹篇《谁在导演世界》（中央编译出版社）则是两本绝然不同的书。这两本书的一个最为鲜明的特点，就是其中所有的内容——包括她所举的例子、引用的人物所言、描述的每一个细节——都是边芹自己在西方工作、生活时通过日复一日地仔细观察，日积月累，从而一点一滴地总结、归纳出来的。是异于常人的敏感和长期浸淫在西方政治、文化、历史，特别是社会现实中的切身体验（比如她曾担任过戛纳电影节《一种注目》单元的评委），使她参透了西方媒体、电影等领域深层次的现实，从而通过这两本书将之公诸于众。

阅读这两本书，最令读者触目惊心的，是边芹抓住了西方文明基因中的基本特质——征服。边芹告诉我们，隐身幕后的西方统治集团数百年来一直在悄无声息地“导演”着世界，其目的就是为了征服世界。肯定有人会说，这太耸人听闻了吧？这是阴谋论！确实，对意图的揣摩是有一定的主观性的。西方的一些媒体不也一直在鼓吹“中国威胁论”吗？尽管中国已经一再声明没有争霸的意愿。然而我们读边芹的书，看到的并非对统治集团意图的揣摩，而是他们征服世界步骤的一点一滴、一个个细节、一个个具体的做法；书中将这些细节和做法酣畅淋漓地剖析给我们看，读来令人惊心动魄、振聋发聩。这些，不仅在中国的书籍里找不到，即使在西方历史书里也很难找到。其最为珍贵之处，就在于这一切都是边芹通过旅居西方二十年之久，亲身体验和观察，并经过十数年的反复验证、核实后才得出的结论。边芹在书中前言“我的精神冒险”中，对其思想演变轨迹和解剖西方文明的过程有着非常详尽的解释。凡不带预设观念或偏见的读者，都可以非常明白无误地看出，我们不需要去揣摩西方的意图，只需要看边芹所写是否基于事实。只要答案是肯定的，我们自己即可得出结论。

正是在西方旅居期间，边芹跨过了她人生中的一道重要的槛。用她自己的话来说，她的人生被“分割成清晰的两个阶段，甚至有点前生今世的跌宕”，且“前半生不知后半生的存在，后半生拒绝再看前半生”……她指的是她思想上对西方认知的一个质的飞跃。在越过这道槛之前，她自承对西方的认知，与中国绝大多数过去和今天的精英一样，属于“连门都没有摸着”的水平，尽管此时她已经翻译了几十万字的法国文学作品，撰写了大量有关西方文化、电影的文章。边芹在一篇题为《向西看的那个槛》的文章里曾写道：这道槛，并非所有人都能越过的。越不过去的，就永远地停留在这道槛上，就永远不会深解、参透西方。

看看今天的中国，很多精英迄今在他们的著作中引用着孟德斯鸠、卢梭们……或稍进步一点儿的津津乐道于萨特、阿隆们……而对今天的西方，对现实中的西方，特别是对隐身幕后的西方统治集团，却一窍不通，或知之甚少；他们就是未能越过这道槛。当他们读到边芹笔下那个与他们头脑中大大不同的世界时，往往会情不自禁地拿着“被导航过”的所见，来质疑边芹所透析的现实，实在令人备感荒谬。

阅读边芹的作品，必须要有耐心，必须仔仔细细地抓住每一个特殊的用词，理解每一句不同寻常的句子；要有“我不入地狱谁入地狱”之心，才能真正读懂她。边芹的文章，是对西方统治集团通过话语权来“导演”世界的各种手段、方法和步骤的细细解剖。就像福楼拜写《包法利夫人》一般，边芹将西方统治集团的“话语统治术”中的“战术”、对让-路易·罗卡口中的“民主政体运作技巧”进行了庖丁解牛式的分析。一旦读懂边芹，我们就可以明白，这场文明“战争”正在进行以及如何进行……

曹雪芹在《红楼梦》中有一句著名的自评：“满纸荒唐言，一把辛酸泪。都云作者痴，谁解其中味?”“谁解其中味”，一句话，道尽了作者的全部心血和期盼。每读边芹的书，我都会情不自禁地想起这句话。在世界历史的进程中，中华文明在近两百年间确实被绊了一个跟头……今天，我们正在复兴的道路上疾奔，但我们还会不会再次被精心设置的“暗礁”绊倒？边芹不能算是一个乐观主义者。她在后记“一个‘精神亡国者’的哀伤”里曾这样写道：“我因长年客居国外，做梦也想不到揭露西方一些真相，在自己的祖国遭到冷遇和排斥……”但愿那句“人们啊，不要说没人曾提醒过你们……”在未来的某一天不会成为我们痛苦的回味。

前言

我的精神冒险

一、断裂人生

如果人的一生可以分成生存与认知两部分，那么我的认知人生就是有明显断裂带的，它被分割成清晰的两个阶段，甚至有点前世今生的跌宕。这个断裂带的两边被一条线索穿过，冷峻而义无反顾地切断了看似完整的认知人生。这无情的一刀，让我这一生前半生不知后半生的存在，后半生拒绝再看前半生，致使一个人的思想、行动被割裂，且被割裂的两半再也合不起来，彼此再也无法相看，前面的根本看不懂后面的，后面的则希望那虚度的生命最好从未发生过，或可以像录影带一样抹掉重来。

如此总结下来，我这半辈子只越过了一条线，与越过这条线相比，认知人生的其余部分不说是多余的，至少是学徒的，是为后半生做准备和铺垫的。我在本书及之前的一系列文章中，时常用到中国读者恐怕难解其秘的字句，诸如“槛”、“越过和越不过”、“围墙”、“封锁线”等，以示翻越和不堪回首。不堪回首是缘于跨越后，看世界的眼光为之改变，从前相信的不那么相信了，从前反对的不那么反对了，从前毫不怀疑的开始怀疑了，从前只见表面的看到里面了。那么这是一条什么样的线呢？为什么有如此劈山断海的力量？先来说说我是怎样走到这条线的，举一个具体的事例来讲述这个“盲人”睁开眼睛的过程恐怕更浅显易懂。

“盲人”？是的，我现在回头想，我们中国人两百年来看世界看西方，从未走出盲人摸象的阶段。看世界实际上是看西方，因为我们不光是这个“世界”的一个被动旁观者，而且看到的只是西方话语框架下的“世界”。两百年来，我们失去的是对世界的解释权，因为事实上我们根本就不了解真实的历史。我意识到自己学了外语、看了那么多西方电影、读了那么多书，但在未涉足西方之前，却仿佛一个只摸到大象轮廓的盲人，是源于一部好莱坞电影。这部电影叫《美国往事》，是改革开放后中国人最早接触的那批好莱坞电影之一，估计中国受西洋文化影响的小资们都知道，有些人甚至深受影响。从道德纯洁的精神世界一下子进入黑帮、谋杀、多角恋，心灵的震慑是可想而知的，但我们仅仅停留在故事和音乐层面。我悟到我们看这些西方电影基本上是在冰面划过，在中式思维和浪漫想象里另造了一个只属于中国观者的世界，是在抵法多年以后。有一晚，电视正好回放《美国往事》，距我第一次看已有十多年（所谓第一次看，并非只看了一遍，那个时候新鲜啊，但不管看了几遍，就像在一个光滑的表面打转），也许是电影名字勾起旧忆，我便决定再看一遍。

不看则已，一看才惊悟，从前看来看去都是在故事面上，在人类共通的一些情感层面就被捕捞了，影片暗布的细节，那些不言说但已通过细节密布在故事中的东西，不要说没有看懂，根本是视而不见。这情景与中国西学的实际图景很相像，在知识层面上看起来什么都了解，以为人家的历史跟中国的信史一样，只要背下年表、记住人物，就是个专家了。观影则恨不得故事的台词都会背了，但内中关于西方历史的那条脊干，却是视而不见。这有点像一个人反反复复读一封信，每个字都读到了，连标点符号的位置都能背了，以自己的思维方式和想象对所有的词句都进行了诠释，却因不知密码，文字实际传递的东西他连做梦都没想到。当我们将一部充满了密码的电影只当一则警匪故事来欣赏，我们又怎么能看到其中真正的内涵呢？当我们将一封充满了密码的信只当一封明信来读，我们怎么能想到内中真正传递的信息呢？而西方历史就如这样一封信，我们中国人一直都在研读明信，直到近十年才有极少数人窥其密码，知道那些文字标点之下的东西。

早期这些电影过来，中国人对电影的理解几乎不可能脱出制作者（好莱坞）和推销者（西方御用媒体）的解释，而他们就是一架配合默契的机器［这一点我们是必须清醒认识的，“帝国”（不要理解为美国或西方）内部的争执必定是在共同大目标和根本利益框架内的］，知道该说什么不该说什么。即便今天若没有系统地、大范围地观摩电影，不明白好莱坞与世界统治集团的密切关联，及影片被捧为“杰作”艺术水平之外的其他缘由（往往是起决定性作用的，从来没有为艺术而艺术），看不清好莱坞与御用媒体的族群关系，不解西方历史看不见的一面，观影也还是在冰上滑过。现在很多国内媒体人看上去比当年的我们见识多了，信息量大了，但由于依然搅在人家严密布好的解释围墙内，不知不觉还是传声筒的角色，中国媒体作为好莱坞的自愿宣传机器就是这么形成的，以致宣传员们都意识不到自己在做什么。

记得当年看《美国往事》的时候，完全意识不到这是部另有所指的电影。那时不像现在立马就可以上网搜索，搜索后告诉你故事发生在美国犹太社区。但我以为，即便今天，大多数国人也还是体味不到这意味着什么，我们当年则连故事发生在犹太人之间都没看出来，而影片虽然没让主人公们直说（除了表现犹太受难，一般电影从不直说主人公们是犹太人，只通过细节或明示或暗示），但铺垫了各种细节来表现，十多年后我再看，这些细节和暗示全浮在眼前，这才惊讶于早年“盲”到什么程度。

看西方，如果不明白西方如这部电影那样分隔成表层（话语框架内的）与内涵（话语框架外的）两个世界，哪怕是学富五车、著作等身的大学者，也不过是在我前面提到的那条线的一面做了学问。中国自有西学以来，直到二十年前还无一人明白这个问题，或者说知道的基本上是与事实相反的。最早的不说，从在美国待了很长时间的胡适，到旅法的钱钟书，全都连门都没有摸着，而他们留学或工作的那个时代西方的言禁（舆论垄断）远不如今天，钱可能是待的时间不够长，胡则不好推断了。我与一友那晚边看边唏嘘不已，吃不透这类电影（几乎占好莱坞电影的大多数），对西方近现代史基本处于雾里看花阶段。早年连故事发生在犹太人之间都没吃透的我们，更不可能明白八十年代是好莱坞电影的一个转折点，从七十年代悄然开始到八十年代初公开化，掌控好莱坞的犹太人不再“隐姓埋名”躲在基督徒的面具下讲故事了，而是直接登场了。而这又意味着什么，读透我文章的人想必已能体味个大概，读不透的人容我以后再谈。

二、幡然醒悟

发现西方人的对立言论也是在官方史的框架下进行的，看起来左左右右吵得不亦乐乎，但都是在一条线上的争执对立，是我醒悟的开始。我们中国人的世界观历来是由官方史和非官方史两个方面聚拢的，以开国君主之威，只见胜利者的历史、不知失败者的历史（真实的）也是办不到的。所以我们的视野虽不敢说依据百分百的历史事实，但总归脱不了事实的框架，这拜赐予我们没有一个占绝对真理地位的宗教信仰，我们的最高信仰就是真实，中国古代的士大夫们忠于皇帝但不必效忠皇帝的谎言，这是我们的文明与基督教文明最大的区别，后者为了绝对真理（王权与教权是统一在绝对真理之下的），教权与王权可以沆瀣一气，沆瀣一气最具体的表现就是联手欺瞒百姓。真能看懂西媒各种暗手的人，会发现别看"教士们"的"独立"烟幕弹放得漂亮和服人（靠的是技巧和牢控解释权），他们与核心权力在统一意识形态之下抱团守秘却做得天衣无缝。

我们两百年来始终没弄明白的就是宗教国家在科技进步、现代思想的外壳下，从未脱离信仰统治的传统，只不过绝对真理不再是基督教，而是凌驾于传统宗教之上的新宗教。这是一种隐形宗教，没有宗教活动的一切表象，却行宗教之实，即统一人们的思想，剔除意识形态异己。由此便出现了新宗教允许的线之上和新宗教不允许的线之下，而线之下是看不见的，被"独立"教士们完全封锁。中国历史上恐怕只有毛泽东时代靠统一意识形态基本做到了封锁"线之下"，多数时间，知识阶层只要不僭越篡权，在思想领域没有一条将"线之下历史"完全封埋的封锁线。正因为如此，我们数千年才保持了书写信史的传统。反观欧洲历史则是割裂的，且多是现代人回头去写的史书（根据现代的需要），不要说暗的那一面根本没有记载，就是明的那部分，也因为意识形态前定而变得非黑即白。比如近代以后书写的中世纪历史一片黑暗，那么中世纪究竟发生了什么？那些近代胜利者手下的失败者有没有他们的真相，看来已永坠尘埃。你跟这些意识形态永远是思维底线的人接触久了就看清（颇为惊心）西方历史是不可能有信史的，从人的天性角度就难办到，不要说对有切己之痛的西方历史，就是对远隔重洋的中国历史，他们也不会尊重史实，不光随心所欲地解释，还习惯性地作弊（为眼前的需要），做起弊来眼都不眨。

作为一个中国人，带着中式思维习惯，在短时间内，我个人认为在十年以内，这层窗户纸是捅不破的。不说已设好的封锁线，就是我们的前定思维亦如一堵墙一样遮挡了我们的眼睛。中国人完全靠意识形态统治就是毛泽东时代，两百年来只有那个时代让西方肃然起敬不是偶然的，因为他们面对的是同类（这与今天中国以富裕换来的种种蔑视和鄙夷形成鲜明对比）。与西方人打交道，必须明白一个词：“同类”。做他们的真正朋友和做他们的死敌，都须是“同类”。为什么那个时代他们视尚一穷二白的中国人为“同类”呢？这就要从意识形态信仰与自我意识的关系切入，才能看清。

我在本书的一系列文章中破解西方文明一再涉及一个词：自我意识。这三十年中国的上层建筑很是艳羡西方“精英文化”，但多被皮毛诱惑，鲜少人深解其中精髓。自我意识塑造、集体优越感驯化正是西方“精英文化”的产物，可以说无前难有后。西方的“精英文化”可不是其表面呈世的颓废、癫狂（是内心极其压抑而反向的做作）或民主、自由（这只是这个文化喜欢向世人展示的一面），而是以刻意划分的公共行为标准驯化人（统一标准之外每个阶层又另有标准）、以自我意识的阶梯保持社会层级的一套严密机制，可不是被花招洗脑的中国人自以为是的那一套，中国的维新派们不过是被诱导着从一种暴民文化滑向另一种暴民文化，在西方谎言与花招的传送带上黄粱一梦而已。

所以自我意识的强弱是他们划分社会阶层甚至人种等级的内在阶梯，从不明说的。那么毛泽东时代中国发生了什么突变，让自我意识弱的中国人一夜之间令他们刮目相看？那就是信仰灌输成功，弥补了人群自我意识的参差不齐，让人焕发出一种只有自我意识、集体优越感被强化的民族才有的精神状态，比如人的自觉性、社会的组织性、纪律性、人群的凝聚力等（这才是西方人眼里真正的“同类”标准）。在经济并不发达、也无现代社会框架的地方，信仰的统一在一定程度上可替代未经强化的自我意识。但由于中国人自古也没有这么被信仰统治过，又不懂得将私行为与公共行为截然分开，意识形态一统天下的时代让精神自由惯了的中国人叫苦不迭。

三、翻越“围墙”

我在写第一本书的时候，还是在线之上的，实际上就是在官方话语之上，只不过这个“官方话语”与我们中国几千年来形成的概念实同形不同，以至于我们没法辨识出这只是一面之词，也就是说是历史胜利者的真实。说老实话，作为一个外国人，只知人家“官方话语”或只循“历史胜利者的真实”，没什么不应该，让我产生逆反心理的，是他们自己玩历史正剧，却满世界欺骗别人上演历史闹剧。我那时丝毫不知“线之下”的存在，比如我写的《先贤祠里的两个死对头》[①] 一文，自以为写了西方十八世纪以来意识形态对立面的斗争，比一般的游记走笔深多

① 参见拙著《一面沿途漫步的镜子》，广西师范大学出版社，2005，第37页。

了，但却不知伏尔泰也好，卢梭也好，都是线上人物，不是真正的意识形态对立面，而是在一条思想脉络上再分的对立面。先贤祠就是为新宗教的建功立业者而建的，是线上功勋人物的丰碑。每个朝代都有功勋们的丰碑，这本是正常之事，不正常的是我们不知道这是功勋们的纪念堂，因为新宗教的胜利，没有朝代的标记，也没有看得见的君主，胜利者是谁呢？由之我们便天真地以为：瞧瞧，人家社会多么和谐，没有你死我活的政治斗争，所以人家能搞民主，民主是由于文明程度高，文明程度高是因为人种优越。这个思路非常普遍，我们就是这么被从精神上彻底击垮的，因为我们在精神战场上已经退到不能再退了。

我后来追写了一篇《先贤祠看不见的红线》①，但反响远不如前一篇，前一篇符合大多数的心思，因而流传甚广，就像那些暗对习惯胃口但表面又是新鲜做法的菜，让吃的人叫绝，以为自己又尝了新味。当代中国人已被西方的虚构话语搭建得差不多了，从历史解释权被劫持开始，我们已经不可避免地落入西方预设话语的围墙，就跟吃菜一样，越是落进去的人，越觉得自己在尝新。但这后一篇几乎无人能懂，因为翻过了预设话语的围墙，留在里面的人没有懂的任何基础，就如一生的思路都是由一种知识通导的，你换了一种思路，他没有通达的路径。

对大多数没有越过“槛”的中国人而言，这后一篇有如天方夜谭。“两百多年来，所有被允许裸露在外的文字和历史脉络，都意在掩藏另一面的文字和脉络；所有控制一个文明思想的机构都已落入有意掩藏另一面的人手里；所有想抖出另一面的清醒者都被并仍在继续被埋葬；道德高地全数被不想让人看到另一面的人占领，所有的反抗都已经无名。”

---

① 此文发表于《新民周刊》，参见 http：//xmzk. xinminweekly. com. cn/News/Content/614

这话想必当时读的人，尤其那些大赏前一篇的人，肯定如坠云里雾里，甚至觉得我这个曾几何时还让他们心醉神迷的写手（他们对我那些话语框架内的文字之激赏，从那个系列的第一篇就开始了）中了邪魔、不可理喻了。

我的受宠和被弃都与“围墙”有关，我当时由于长年在外埋首研习西风（很久有意不再接触中文书）、加之那会儿信息也没有如今通达，并未意识到中国思想界已处在精神分裂状态，由之也不知道“宠”着我的全是某“派”（我也被纳入这个派里了，应该承认他们组织良好、联手行动、很有使命感，被他们“宠”上的人会名利双收），直到翻墙后被弃，又被划到另一“派”，才知国人已精神分裂到无以弥合的地步。我其实有什么派呢，除了“真实”这一派？那些宠客翻脸之快，现在回味，仿佛一顿饭的工夫遍尝酸甜苦辣。而我好似手艺功夫全都未丢的大厨，只是不按客人被预设的胃口做菜，锅中美味立刻就形同糟糠。有知己因此扼腕，大叹人才腰折，说我应继续“围墙”内的写作，等谋到大名大利再翻盘。我苦笑自己演不了戏，智深若愚，看到戏台后面的玩意了，还在前台演什么戏。

写《一面沿途漫步的镜子》一书时，由于大量阅读，有时成背包的书从各区图书馆背回来，为找一些冷僻的书，跑遍全巴黎犄角旮旯的图书馆，几天读一摞，就这么成了图书馆的书虫，对巴黎各区图书馆了解之透，无论是地理位置，还是意识形态紧或松（这决定了每个图书馆存放什么书），中国人中恐怕非我莫属了。读多了，难免字里行间有几个从未听说的字眼跳出来，我好奇心重追下去，这是翻过“围墙”的起始。真正翻过，要到《镜子》一书写完以后，这时才窥到那条严密的封锁线（由知识界共同把守的），那些被活埋和死埋的学者、作家。一个被埋藏的世界让我意识到他们的1945年可不是我们的1945年，更不是我们的1949年，在反法西斯阵营战胜法西斯阵营的表皮之下（中国只是“集团”与其敌人或对手争斗中的牺牲品和卒子），是近代以来一场有实无名的大规模争夺世界统治权的帝国战争的结束，同时也是一场新意识形态占据制高点的“宗教战争”的谢幕。我曾在《先贤寺看不见的红线》一文中写道：“了解法国近现代史的真相几乎不可能，是因为有一条秘而不宣的封锁线，异文明的人，哪怕是学者专家之类，都不可能做无米之炊，他必定是在他能接触到的文字与思想之上，再思考和传播。而正是这一人类文化传递的漏洞，被那群文明史上最邪独之徒用来误导、改写他人历史，制造意识形态神话。秘密封锁线的存在，就是让绝大多数人只在封锁线以上接受、思索、承传历史。那么经过封锁线搭建人的筛选和设计，历史最终汇到一条轨道上，并且永不偏航。”

有人可能会说，就算有一条阻止人发现真实的封锁线，就算历史的另一面被掩埋，就算秘密权力靠操纵台前木偶实行明暗双重统治，你凭什么说这是“宗教战争”呢？我这么多年停在“线之上”也是认为包住这一切是不可能的，怎么让知识界齐心合力？尤其在要自由、要独立、要透明的时代？可通过长时间现实观察和研究，明暗双重统治又是显而易见的，那么是什么让这些在我们中国人眼里不可思议的事在西方得以实现呢？核心权力靠的是秘密组织和族群血统（选举根本动不了此权力的毫毛）；核心权力用金钱和信仰控制上层建筑：政客和知识精英（政权与教权）；教士们靠制造认同控制百姓。我们从这个金字塔的构成看，信仰是这个实与“民主”毫无关系的权力金字塔稳如泰山的黏合剂。

四、破译“密码”

探到主流知识界（从传媒、学术到文学、艺术听得到的声音）看似思想五花八门、争个不休，实则有统一意识形态，进而发现政治派别争而不散、斗而不裂也拜赐于统一意识形态，在我，是揭开了西方所有神话的面纱。然而看到这一层却走过了相当长的路，因为中国人在过往近两个世纪的时间里，没有人触碰这个底，这太超出我们对西方的认知和想象了。那么这个统一意识形态是什么呢?

这是个极复杂的问题，可谓一言难尽，中国人西学（留学的、短时居留的、国内研究的、长期居留的）一个半世纪之所以不见其有，就因为其多重性及统治集团秘而不宣。复杂性表现在它称不上传统意义上的宗教，但信仰又占很大比重；同时它还包含一部分禁忌，涉及历史和现实被隐藏的真相，涉及统治集团的攻守同盟；另外它还有一条底线，谁也不能碰的。是这些只可意会不可言说的各部分，构成所有不被明禁或暗禁的政党，所有作品不想被明禁或暗禁、暗封的文人艺客，所有能拿到研究经费的专家、学者，所有能在传媒谋职的编辑、记者，所有能在学校讲课的教师必须遵守的精神一统。

信仰部分主要由“普世价值”构成，此信仰经过了几百年的演变，先从天主教中分裂出新教，再从新教中一点点过渡到“启蒙思想”，最后演变成“普世价值”。“普世价值”以自由资本主义价值观为主干，近代以来不断地添加左翼思想枝叶（民主人权），越添加调味料，信仰的成分越足，让这一人类有史以来最右的意识形态（最弱肉强食）树干包裹上人类有史以来最左意识形态的枝叶，一路传教，所向披靡，直到二十世纪变成“放之四海而皆准”的“普世价值”，在西方则成为无统治者意识形态之名而行统治者意识形态之实、无人敢说个不字的正统宗教（比基督教的上帝还碰不得，国人被迷惑于“可以反政府”，而不见此“真神”）。但统治集团从不挑明“普世信仰”与“集团”的关系，以及这一精神武器的实际作用（解构国家、民族、文明、传统，为金融资本打破边界），而是只做不说地通过各种舆论渠道（从传媒到文艺、从研究到教育）进行广泛深入的精神控制。

只要在西方住久了，并且自己未落入其中（很难不落入其中，上层建筑的每个出入口都被封得严严实实），就会发现这种以“进步思想”命名的信仰，并非只是各种思想中的一种，而是作为绝对真理用来统一思想，是不明说的统治者意识形态，运用于从政治到文艺的所有领域，一如两百年前的传统宗教碰都不能碰，而“可以反政府”却成功掩盖了此一禁忌。国内某些文人因不解这种精神一统的条条框框（从不挑明但连“潇洒无羁”的艺术家都知边界在哪里），便以为好莱坞或法国“新浪潮”电影没有政治只有“人性闪光”（我读到某大名人的此等言论，真是哭笑不得）。其实只要掌握了“密码”，再看这些电影，便会发现统治者意识形态、集团利益、使命感充斥其中，只不过多用细节接力的方法宣传，很少直唤主题，明打明做。而且这一新宗教几百年来逐渐坐大终致精神一统，除了靠操纵舆论、精神渗透，并不尽靠和平演变，也是真动武的，最后、最惨烈的一场就是第二次世界大战（在亚洲战场看不出来），只不过御用史学家们或心知肚明或鹦鹉学舌将战争的另一面（意识形态大战）都埋在了封锁线下。

其实，我们就算不知真相，至少有常识，常识告诉我们只有统治者意识形态牢固得有如宗教信仰的地方，上层建筑各方之间才能斗而不裂。可惜后来，我们的思想被篡变得连常识也丢了，真成了大睁眼睛的瞎子。我在2011年的一篇旧文《“受害者”流水线》[①] 中写过：“怀疑是从发现话语的接力开始的，而发现话语接力之人为操纵及一以贯之，是看到细节的篡改。随后才窥到看不见的手的工程：话语的接力是靠细节的篡改完成的，是只有短暂一生的个体难以想象的滴水穿石过程，技巧是真真假假，半真半假，关键是假的份额以多大比率放进真事里，才能不引起人的警觉，同时达到篡变目的。而这轮流接力、目标一致的暗手，若不是亲眼目睹，我已经大半吞下了近现代史所有‘神话’。”

上面这段话可以总结我破译“密码”的过程，看西方文明、观西方历史，若不知“密码”，基本就属于顺着人家的手指看去，但看到的不是月亮，而是手指本身。每每把“阴谋论”套到我头上的人，除了别有用心之人，多数就是这类只见手指的人。我并没有凭什么秘籍发现“阴谋集团”的存在，而是实实在在凭锲而不舍的观察亲眼看到了那架虚构话语的庞大机器。我最初是从西媒对现实和历史的一些细节篡改，而且是持之以恒、方向一致的篡改，发现了话语的接力，这种接力因藏在暗处且变化万端（随时调整）而很难被局外人看破，但对看破的人却是触目惊心的，因为话语需有绕开真实的能力和目的才会如此接力，而一般我们以为这在舆论极其专制的国家方能办到，真正的民主、自由世界按理是不需要如此行事的。为什么要搭建一个如此庞大（跨国跨界）和强大（俯瞰和覆盖全球）的话语虚构机器？常识告诉我们，为了统治法国、为了管理英国，甚至为了掌管美国，诸政府都无做此事的必要，那么究竟为了什么呢？

为了导演世界。欲征服世界，必先导演世界，从十九世纪现代传媒

---

① 参见 http：//www. chinavalue. net/Media/Article. aspx？ArticleId=80687

出现后，导演世界就变成了征服的主要手段之一，这是一场史无前例的劫取他文明对世界解释权的战争，掩盖在枪炮战舰之后，没有硝烟，甚至连血都没有一滴，也是他文明落入精神奴隶的开始，尽管不是一眼可见的。如今点出这一层，并非历史还能再翻回去，甚至永无翻案的可能，但我们至少应知自己落到了哪一步。

五、图穷匕见

那么导演世界的武器是什么呢？就是虚构话语，西媒在这架机器里扮演着军团的角色，这支军团是跨国的，英、法、美、北欧诸国及盎格鲁—撒克逊人为主的其他国家，包括二战后的德、意等，看上去国家有别，实际掌控在同一群人手里。这是这支军团的嫡系部队，上靠血统、下靠信仰，由核心权力牢牢掌控。军团的庶系部队则遍及全球，尤其二十世纪八十年代以后，中国境内就有连正式委任状都没领到的人数庞大的一支。没有这支军团的秘密作战，控制话语的源头及流向（话语霸权的主要手段）就难以实现，因为实现的基础必须看上去是自发的。只要控制话语的源头——通过有组织的接力，通过阻截他人的话语，通过对真实的细节篡改，通过偷换概念，通过名词（语言层面）和画面（影像层面）屏蔽、重复、置换、充填等潜意识操纵，这架机器的力量巨大无比，可以产生一石入水的水波现象，自动按第一圈的形状、比例荡出去，且一圈比一圈大。

我在 2009 年的一篇旧文《“同一个世界，同一个梦想”有多遥远》[①] 中举过不少操纵的例子，并总结出："这些'画面操纵手'对人的心理有透彻研究，反复炒作的消息和重复的画面，才能收进每个观者个人的心理影像史，通过巧妙诱导的个人视角，又能返回去操纵历史甚至改写历史。即刻的真实是无足轻重的，留下来的会轻而易举地取代它，变成真实。"

你如果想具体了解虚构话语怎么操作，又怎么能导演世界而为大多数人所不察，上面这段话就是方法之一。如果将"虚构话语"理解成百分百地造假，那是非常肤浅的，虚构话语直接造假的比例并不大，一般不会超出三分之一。虚构话语指的不是直接的谎言，而是通过变真为假、变假为真的技巧，通过有组织、有方向的接力放大，操纵舆论、制造认同、移变思想、篡改历史进而左右现实舞台和历史进程的复杂而庞大的工程。这看似自然的放大，足以麻痹他人的意志，关键是它像一条思想轨道，碾过绝大多数人的脑袋，被碾过的人并不觉察，而会跟着模仿重复，继续放大，并根本意识不到自己在做什么。人对世事的感知无须百分百的事实，事实的比例在人的感知中可以变得很小，但在人的心里却仿佛是全部，人的这个弱点为虚构话语、导演世界提供了必不可少的基础，便于操纵者制造可随意揉捏的所谓多数舆论。多数舆论跟人对世界的感知一样，越庞大，越不需要多少事实，且越庞大，越好操纵，这个气球吹得越大，中心越无物，飘得越远，越好控制它的方向。

等到多数舆论转为习惯和时髦，透过人虚荣心的缺口进入潜意识层面，上层建筑的思想便产生"自然而然"的移变，并一层一层地渗透到最高权力，他文明精英的思想轨道就是这么被颠覆的。而思想轨道（经过数以千年的搭建）一旦错轨或脱轨，虚构话语就会乘虚而入，像蜘蛛

① 参见 http：//news. sina. com. cn/pl/2009-09-16/160018663955. shtml

织网一样占据一个个思想闸门，只需几代人，那浓郁的、前辈留下的思想就会变成一汪枯水，平庸覆盖平庸，一层比一层低劣，他文明上层建筑彻底失去自我意识。请千万不要将我说的这个过程与在文化、思想、科技上取人之长混为一谈，那是一个生长的过程而非萎缩，而我们说的这个过程，却有着生长的假象实为萎缩，由于二者之间并无分明的界限，人们很容易以学人所长的心态不知不觉地接受，并且看清这个过程的人越来越少。

虚构话语有点像劣等生物的繁殖，会迅速抢占优质生物的生存空间，最终将其驱除，令其灭种。而现代传媒非常适宜劣等生物的繁殖，繁殖之快有一种人的意志很难左右的惯性力量，就像不久前我们刚看到的无以数计的声音毫无意识、只是追逐声源地传递香港海湾那个巨型小鸭的“艺术”价值。虚构话语这种高智商诈骗，靠着组织纪律性极强的“军团”的接力放大，让导演们始终占据世界舞台的中央，不但让“集团”中人轻而易举赚得脑满肠肥，而且水圈越放大，投掷水圈的人权力越大，世人几乎是拱手向这些阴谋家附送了独霸话语的权力。

做这一切又为了什么？为了从他文明手里篡夺解释权（历史与现实），劫取审美权与道义权，让一个文明从内部被吸空，自己消亡，最后连死亡证明都无需开具。

我们走了这么一圈才进入本书的中心：审美权、道义权、历史解释权的失手。但我们如果不越过上文说的那道槛，不跟着笔者走过那漫长而艰难的“翻墙”过程，不知“密码”的存在，就不明白此三权失窃的根源，甚至根本意识不到我们早已被劫走了这三权。近代以来，我们实际是在两个战场作战，腹背受敌。明的战场是军事、国力之战；暗的战场就是争夺此三权。我们看到了明的战场，却一直未警觉暗的战场，致使百多年里此三权悉数被劫。鸦片战争以后，中国人近两百年浴血奋斗，为主权，为独立，为尊严。在这条看得见的战线上，我们历经磨难，却一往直前，一步步收回或重建失去的东西。然而在另一条看不见的战线上，即精神战线，我们却不前反退，丢盔卸甲，百多年不仅不知对手是谁，而且从丢失对文明的“审美权”开始，一步步被劫走了对历史的“解释权”、乃至对精神境界进行界定的“道义权”，终致失去了信仰。

本书仿若一个递进的泄洪闸，一道一道开启闸门，将由近现代历史大动荡而滞留在堰塞湖里的洪水（误区、迷信）一一放出。以审美权、道义权、历史解释权的失窃为主干，揭示劫取此三权的导演世界的手，并透过这只手的运作，解析了“三权”“失窃”的根源、步骤及后果。同时在中西文明比对的更大范围内，围绕西方文明的几大核心概念“纽带文化”、“界内界外”、“自我意识”、“集体优越感”、“精神集体主义”，从一个中国人从未切入的角度，重新审视自己的文明，解构那条长久误导国人的精神轨道，击破雾气颇重的迷信和神话。

中华复兴必须排掉这个由近现代激烈动荡而生的堰塞湖的死水，必须翻过被导演的世界的围墙，看清自己落到了哪一步，才能从泥潭里爬起来，真正站立。

第一部分　文明入侵从哪里开始

被策划的中国文艺（上）：电影“杰作”生产线

如果不是被拉入或自愿投入这条“生产线”，作为创作个体，喜揭黑暗、爱曝丑陋本无可指责，文艺这盘菜什么口味没有呢？一国的文艺版图有一点黑色异色，不过是丰富了颜色。问题在于，凡是被西方视为敌人或对手的国度，由该国引荐的产品标准就是一个：直接或间接地维持“道德卑贱”感的作品。为此并不需要整部作品以此为主题，那样就让人一目了然了，所有的操纵都来自细节，被挑中的也正是细节，只有细节可以潜移默化、在不宣告中进入人的潜意识。赋予细节如此作用的关键手法是长年有意识地接力，在各种主题、各类故事、各个作者的“丰富”外表下，是同类细节在悄无声息、锲而不舍地洗涤受众的头脑。这才是西方诸多“自由”神话的秘制方法！

一、“丑陋中国”从何而来

近日遇见法国一个重要文学奖的评委，其本人也是作家。我因2012年的诺贝尔文学奖而好奇地问他怎么看中国得主的作品，他说不喜欢也看不下去，一如对前一位得主的作品。但这种话在公开场合他是不会说的，因为政治不正确。在这里，可以质疑政府的政策，却不可与西方统治集团针对敌对国的举措公开唱反调。这种“必须的一致”不仅包含内与外的界线，也含有“世界上层社会”（西方）对付“世界下层社会”的攻守同盟。

我由此就观察做一个粗浅的总结，对近些年翻译的中国当代文学作品，西方社会有两个截然不同的阵营：

文化层次高（学识渊博的作家、学者）、较少政治与文化偏见的人，多不喜这些为营造“负面中国”专门推荐的当代作者的作品，不仅因为搞国际战略为主业的诺奖已失去影响和信誉，而且因为作品本身多为底层民俗加政治的演义，与西方自身衡量优秀文学作品的标准也相差甚远。西方人（尤以法国明显）对文学大家的第一测试标准是思想者（一流作家多兼为哲学家、思想家），其次是语言天赋，最后才是讲故事能力（想象力）。比如若按法式文学档次划分，雨果的地位高于巴尔扎克，更远远高于大仲马，萨特、波伏娃则远强于萨冈。分档标准就是前者兼为哲学家、思想者，这是划分大作家（有的直接有哲学著作、有的浸透于作品中）与作家的唯一尺度。只有对登不了大雅之堂的通俗畅销书（科幻、侦探、言情、色情小说）作者，这一评定标准才倒过来。

与之对立、认同这类作品的，则多为活跃于传媒的意识形态专家、为西方国际战略服务的汉学家（只有这类汉学家可经常出书、上电视成为名人并被特意推销到中国，挺华的汉学家一般都被边缘化）、以模仿为业的都市小资，因为这群人早就习惯了被中国的丑陋喂养，吃别的东西都不香。这条专事经营对手丑陋的文化产品生产线，有成龙配套的组织者、生产者、销售者，经上百年的营销和近三十年的促销，产生了层出不穷的供货者和消费者。

在从不给中国人免费礼物的西方，中国当代文学的被引荐之路（被翻译到西方）与中国当代电影的被选择之路（被挑到所谓“国际”电影节）非常不幸地“有谋而合”。这个“合”在中国这边是被动模仿，在西方则是统治集团为了制造“丑陋中国”这个长远的大目标而有意识、有计划、有十足耐心暗中策划的结果。只不过后来就形成风气了，并成功搭建了道德优越感的平台，吸引了大批涌向“高地”的模仿者和投机者，让局外人看起来像是自然形成的。此乃“导演世界”至关重要的一手。

为“丑陋中国”布景并非仅出于我们一般以为的“心胸狭窄”和“本能排斥”，也不是西方某一国专门与中国过不去，而是世界幕后统治集团有意识地为营造“道德卑贱”铺路。为什么要将中国维持于“道德卑贱”？有三个方面的目的：

一是用于西方百姓。在非战争年代，维持民众对那些被统治集团视为敌人或对手的国家的负面情感，让民众保持警觉和距离，剔除他们可能自然生发的正面情感以阻止（无须国家禁令）其向往和投效。这种管理方法渗透于这些起源于游猎、海盗传统的文明基因里。这样做可以将百姓保持在一种不易被对方发觉的战争动员状态，保证随时随地“猎杀”对手的合理性。以此法坚守道德制高点比直接自吹自擂有效百倍，而只有占据道德制高点方能有效提升软实力，谨防对手的文化渗透。

二是用于敌对国百姓，是为心理解构服务的。从对手内部挑选艺人卒子以文艺创作的方式潜移默化地维持一国国民的“道德卑贱”感，是世界幕后统治集团瓦解那些能干民族最有效的办法，直接用军事征服和文化殖民是行不通的，但这种办法需假以时日。在上百年的时间里一点点向前推进，其间会有反复，就像昏厥者的短暂苏醒，但再反复，退不到原来的出发点，就这么一遍一遍、一层一层把你披挂几千年的道德优越感剥去。这鲜血淋漓的剥皮手段借艺术之手一代一代百年接力，被剥的人便没有了疼痛感和应有的警觉，甚至在艺术的感染下，形成一种自戕的愉悦。

三是在国际舞台上为征服世界的剧本导演剧情、安排角色。赠予道德优越感和维持道德卑贱感是为导演剧情、安排角色设计的正反面，这就好比要控制一群人必须故意维持人群中那个最能干、最有可能动摇自己统治地位的人于道德卑贱，同时提升其身边反对者和周围依附者的道德优越感，长久经营会渗透人的潜意识，将虚构的真实变成真实，用细节取代整体，以达到孤立和弱化对手的目的，以此在“猎物”周边豢养可以打下手的“吠犬”和“鬣狗”。

二、引荐作品的“国际标准”

下面就我较熟悉的领域举一个如何策划的具体例子。所谓“策划”，就是先挑可供货的艺人，入选标准首先是针对产品的，中国人以为主要是针对人的，那就大错特错了。这个标准从不明示，只有挑选者心中有数，且跟艺术八竿子扯不上，而是以世界统治集团的战略需要为出发点，不同的国度和地区标准不同。凡是被西方视为敌人或对手的国度，由该国度引荐的产品标准就是一个：直接或间接地维持“道德卑贱”感的作品。为此并不需要整部作品以此为主题，那样就让人一目了然了，所有的操纵都来自细节，被挑中的也正是细节，只有细节可以潜移默化、在不宣告中进入人的潜意识。赋予细节如此作用的关键手法是长年有意识地接力，在各种主题、各类故事、各个作者的“丰富”外表下，是同类细节在悄无声息、锲而不舍地洗涤受众的头脑。这才是西方诸多“自由”神话的秘制方法！这也是作品入选秘不示人的条件。他们利用安插在中国内外的“侦探”深入中国的文艺界（电影、文学、绘画为主）进行细致筛选，而活跃于“国际”舞台的出版商、制片人、画商无例外地是为“集团”效力的，可不是各自为政的商人或掮客，否则进不了这个高度垄断的“艺术国际”。

发现合适产品后才开始正式发掘生产者，如果供货人恰巧政治立场鲜明可充当叛逆斗士，尤其是体制内高官或其子弟，则会被列入重点培养对象，这时候无需供货人有多少艺术才华，以西媒统一强大的造“星”能力，指鹿为马即可。但若供货人正好有艺术才能，则锦上添花，“棋子”的效用就会成倍加强，因为被暗搞的国家对这类“棋子”毫无警觉或者束手无策。无警觉的跟着西方追捧，为匕首上面的花环欢呼雀跃；打压的会立刻陷入道德被动，何况有外部强权撑腰，越压“棋子”越红。受众也易被挟带“私货”的作品感染，而不知不觉地在潜意识中被浸透“道德卑贱”感。数百年来“集团”以此法扳倒或削弱了所有无法直接进行军事征服的对手，而且毁灭对手的同时，自已还牢牢占据道德制高点。

我来告诉你2012年被有意长时间维持在法国艺术影院的是哪几部中国电影，其实这三部所谓中国电影是被列入2012年法产电影名单里的，法国官方认它们为法国片，因为都是拿法国人的钱、按法国人的需要拍的，说得好听一点是中国艺人拿了订单为客户生产所需产品，说得难听一点就是为敌视自已祖国的外国人提供宣传材料，为攻打中国的猎犬供应食粮。这三部电影被刻意维持在艺术影院放映超过三个月甚至达半年，它们分别是王小帅的《十一朵花》、王兵的《夹边沟》和《和凤鸣》。写到这里，有必要岔开话题，说一下法国有没有拿外国人的钱拍电影的人？有，不过看拿谁的钱。从美、英、德、加甚至日本领款拍片都可以，但从伊朗、中国直接拿钱拍片则不行（请区别于拍大制作电影时的引资，投资人只图分票房红利而非扶助某类电影人或某类电影），政权根本不必亲自动手惩罚，电影老板们和与之配合的传媒就会做得杀人不见血。如果你拿对手的钱还拍有损法国形象的电影，那就永远被踢出影坛，从电影史上被抹掉（电影院、资料馆不会再回放你的电影，影像出版人不会再版你的录影带、碟片，电影史专家不会在书中记录你的存在。曾有法国电影专家在写中国电影时，把其不认同的中国电影人从电影史上抹掉）。连去中国参加影展、正面推销法国电影的人也会被传媒封锁，从中国领的奖一钱不值，不要说被传媒封，就是领受者自己也只字不提。

余下的话已不必多说，有兴趣的人自去对比吧。话说回来，光知道那三部片子“命好”而不见全局的人，还无法体会我说的“策划”的深意。事实上，在这三部片子受“宠”的同时，杜琪峰反映金融诈骗的电影《夺命金》却无人捧场（没能进入主流院线）月内下市，娄烨的电影《花》也遭同样命运，2011 年底上映，很快消失。2011 年 9 月袁和平的动作片《苏乞儿》在巴黎上映一周就下线。这其中，杜和娄都属于被挑中的艺人，各有各的被挑理由，袁则有好莱坞投资背景，否则作品进不来。但我们看到，在这个棋盘上，艺术家提供最适用产品比做其他事更受到奖赏，一旦不供应所需产品，轻者受冷落，重者被抛弃。

对卒子的轻蔑，若不看到整盘棋也是体察不到的。比如前一位诺贝尔文学奖得主，在法国已无人提起，与以前的得主待遇天壤之别，好像他从未存在过，法国人甚至为作家以法国公民的身份得奖而倍觉尴尬，足见精英们深知“奖”的水分；在戛纳领了各种奖的中国影人也无一位（除去中国香港、中国台湾的电影人）在艺术影院和电影博物馆有常设作品（这是承认电影人的唯一真正标准）。娄烨近两年也遭“虚捧实冷”的命运，“虚捧”是因为他与中国官方有直接冲突，“实冷”是因为他不再提供所需产品而紧追时髦，一会儿同性恋，一会儿性自由，也许他只是描述他熟悉的世界，也许他以为这才是投西所好，但这不是人家真正需要的产品，还拆了人家的台，因为这样的作品固然赶了西方潮流，但从反面也印证了中国开放自由到什么程度，与“集团”长久搭建的中国“封闭、落后、愚昧、贫穷、卑琐、压抑、扭曲、无个性、无个体自由”的布景极不般配。说穿了娄的作品可以搭建这个“人工布景”的细节太少，远不如比他狡猾的两头领赏的人。

“集团”邪到超出中国人的想象也即在此，他们深知究竟为什么给奖，也知道这是一次性用完就扔的“奖赏”，却作出一副慷慨激昂的样子，搭建一个虚构的荣誉舞台来捉弄被蒙在鼓里的中国艺人。在文艺领域给予中国人的荣誉，只有古典音乐、舞蹈、杂技这类难做手脚的属货真价实，而音乐、舞蹈、美术一旦冠以“现代”，水分就大了，“现代艺术”就是“艺术国际”为自己设计的饭碗和武器。写到这里我心冷胆寒，得罪了一大堆既得利益者，在这正邪颠倒的时代，这可比得罪政权可怕，等于一条腿已伸进历史的墓葬。

三、看不见的“导演之手”

看过上述这些影片的人，恐怕已能自己分辨前三部“旺市”和后三部“无市”的决定因素是什么。不是市场自然调节、也不是影片的艺术水准、更不是故事题材的吸引力或拍摄者的知名度决定了这几部中国片在影院的生命力，否则动作大片《苏乞儿》不可能还没晦暗枯燥的纪录片《和凤鸣》吸引人，充斥火辣性爱场面的《花》敌不过毫无新意、冗长做作的《十一朵花》，涉及最热门金融揭秘主题且是杜导佳作的《夺命金》敌不过《夹边沟》。只有全部看过这些影片，再将法国院线的节目安排对照起来看，才有可能看到我说的“导演之手”。问题是这只“高瞻远瞩”的手就是利用一般人很难有条件把握全局，更难有意识捕捉细节，而在关键节点暗中运作。

一般能在艺术影院（观众主要是知识分子）做“长期展品”的电影，都是特意挑选的“政治正确”作品或意识形态炮弹，单单因影片的艺术水平或题材的吸引力而由市场自然调节不下市的电影凤毛麟角。因为在这喜新厌旧、消费节奏越来越快的时代，长期维持一部电影不下市是亏本的，占时占地而经济收益甚小。所谓“长期展品”，就是上映一至数周，因观众渐少本应自然淘汰的影片，却幸运地、有如神助般未遭遇市场的无情，而是被刻意保留下来，在一至数家艺术影院坚持一日一场甚至一周一场，但持续数月至半年甚至更久（有长达一年以上或数年间有规律地间隔回放）的放映。这类电影有时只有一两个观众观看，甚至一个观众都没有（我亲自经历过），却照样维持放映，而“政治不正确”的电影，比如正面涉及中国的电影，看的人再多，都会被强行下市。我称这类好命电影为“长期展品”，在此请注意不要与上面提到的“常设作品”混淆：“常设作品”是赠予真正受肯定的电影人的，一般以间隔回放的方式长年维持作者的知名度；“长期展品”则是为政治宣传服务的。有时为混淆视听，回放时他们会把这两类作品混起来搭售，但若“长期展品”的作者是界外之人比如中国人，则连这种搭卖得便宜也不给，因为搭卖可以获取观众对影片艺术水平的肯定。

2012 年涉及中国获“长期展品”待遇的电影，除了前面说的直接由中国人拍摄的三部，还有一部意大利人拍的故事片《小威尼斯》，由于女主角是中国演员，所以也算是一部中国艺人自己参与维持中国“道德卑贱”的电影。这部描述一位中国偷渡女（赵涛饰）与一个意大利人朦胧爱意的片子，之饱受推销并成为“长期展品”，非因片中异国之恋（否则反映同样主题的娄烨的《花》要浓烈得多），而是因影片暗中丑化与女主角格格不入的华人社团。帮助女主角偷渡及在意大利生活工作的这个华人社团，被刻画成“黑社会”，全片只有两个中国人——与意大利男人有共同语言的女主角、和她同样也背弃华人社团的女同伴——是正面角色，衬垫这两个温柔多情的中国女人正面形象的是阴险、隐秘、从事不法勾当的整个华人社团。只有学会看细节，才能明白此片受追捧的真实缘由，而不会被弥漫于外的温馨与爱迷住双眼。整部影片并不以“反华”为主题，而是在“爱”的主题下由细节来“反”。也是因为这些细节，它才被“文艺国际”选中，在“国际”电影节和西媒及其“传声筒”的吹捧下成为“杰作”和“名作”。这样一部暗搞中国人的电影在西方赚得满把荣誉不足为奇，奇怪的是中国人自己参与、而且还为“荣誉”敲锣打鼓。

局外人一般都以为这些“长期展品”是市场自然筛选的结果，是艺术作品自己谋得的生命力，本人在很长时间里也深信不疑，主要是真相信了西方向我们吹嘘的“艺术自由”和“市场经济”，想象不到还会有别的结果。这种暗手能长久玩下去，就在于没人想到这是人为控制的。谁来挑选、谁来控制放映时间（我们以为真正有发言权的是艺术家的才华，真正能控制放映时间的是市场）？各自“独立”的传媒怎么让其艺术批评人异口同声？艺术影院不是私营生意吗？它们为什么愿意做不赚钱的买卖？它们统一听命于一个神经中枢？若不是，怎么解释如此一致的规律性和目的性？因为长期留住这些电影的目的与经济利益已无多大勾连，在本来观众就少的艺术影院维持这类非营利目的的放映，不但不赚钱还会亏。我们知道小本生意是经不起亏损的，那么谁来为这种亏损经营提供补贴？是制作或资助这类电影的“国际”基金？影院经理个个具有目标一致的政治觉悟？看似各自为政的私营电影业在意识形态控制上又是如何组织得比一个所谓“极权”国家还要严密？因为在我们心目中，只有所谓“极权”国家才有能力控制到这样的环节。

此处的“意识形态控制”是指思想的操控，与道德无关，所以请不要将自己看到的实际属于“道德无忌”的东西与我说的“思想钳制”混为一谈，不要一看到女人裸体就联想到思想无羁，那在西方早已是两码事。我自己也是在观察十几年后才悟透这一点的。思想越严控，道德越放开，利用的就是一般人很容易将之混起来看，把自由降低成一种近乎感官的感觉，便可轻而易举地操纵人的思想。这是人性的弱点，在这一点上，饱食诗书的和目不识丁的人没有太大差别。西方常常在攻击对手时用这枚混合炮弹，利用人家道德文明的严谨，便扣以思想“专制”的大帽。这一招往往还很灵，很容易将对手打下道德平台，其实很多道德严谨的民族思想相当自由开放。但被打的由于看不清炮弹中的混合火药，有口难辩，只能自认“落后”，接手“道德卑贱”。而这一接手则事关重大，实际是放弃了自身文明对世界的解释权。

被策划的中国文艺（下）：文艺卒子与“猴化”

要征服一个能干的民族有比刀枪更隐秘、也更有效的办法，就是篡变其历史观，历史观是文明的显性基因，跟隐性基因种族比，是较容易突破的缺口。文艺卒子就是在这时候被启用的，他们并不直接插手历史，而是为新输入的历史观“布景”，说得更直白一点，就是为宰杀主角搭台布景。没有他们提供剧情和搭建布景，主角和其命运是很难被接受的。他们所做的一切，只是为导演的需要，给这出悲剧的主角提供必死的理由和情节。“猴化”即智慧降至最低而本能升至最高的状态，文艺的“猴化”是一个文明死亡前的最后一场娱乐表演。

一、看不透西方是中国人悲剧宿命的根源

举前文这个例子是让国人看一个横切面，历史长河中的横切面是很难被看到、也时常被忽略的。从这个横切面可以具体体验一下“看不见的手”是怎样悄无声息地“导演”中国电影的面目，通过对几位电影人的刻意提携及对其作品的周密安排，来左右中国文艺的面目，进而透过对中国文艺面目的操纵，导演中国的面目以及中国人在世界舞台上的角色。被纳入这盘棋的除了“幸运的”电影人，当然还有捡到馅饼的作家、画家；而不被纳入这盘棋的艺人是得不到荣誉的，除了少数有硬性指标的文艺门类。这个逻辑至今未变。要看清逻辑未变，先得分清“文艺国际”的提携、颁奖与西方某些不在或不完全在“文艺国际”掌控中的机构给予的荣誉，区分不了这个，便看不懂我说的现象，也体会不到文中的深意。

近年由“文艺国际”培养、在法国国家级展览馆举办个人美展的中国“幸运儿”只有两个：艾XX和岳XX。请注意这里的“国家级展览馆”与自己租场子办展或地区级展馆的差别。看过他们作品的人应该明白为什么挑他们，因为生产人家需要的标准产品。是偶然撞对的，还是揣摩到“剧本”的，抑或面授机宜的？反正艾早在纽约就已被挑中培养，身边聚集着“国际”犹太画商。正如我前面说的，生产合格产品是先决条件，1989年政治风波后有位著名画家大声宣告投奔西土（在当时的情况下也可理解，我在此无意指责），可惜他不知道我说的这些内幕，否则估计打死他都不会去。他在巴黎一待数年无人理睬，因为产品不合格。怎么可能让表现中国文化正气和高贵一面的艺人得荣誉呢？金庸的作品就没人翻译推销，也绝不会给他颁奖，不管他在中国乃至东亚有多大影响力。怎么可能让传承中国古典士文化的人走向“国际”呢？请不要将此处的“走向国际”与中国外交部或文化部组织的对外交流展演混为一谈，这绝对是两码事。只有被纳入“文艺国际战线”才算得上走进“国际”，而几个世纪以来，“文艺国际”就是“集团”一手操纵的战场，从来只接纳对手阵营背叛或投效的人！这位画家并未因此改变风格和题材而投其所好，也算有骨气。

国内有人也局部看到了我说的现象，但可能是出于中国人的天性，也可能无法通观全局，认为这种现象是中国文艺人的创作长期误导西方人所致。这是一般中国人在审视中西方关系时能想到的最远、最深的解释了，再远就超出他们的想象而无法接受了。两个世纪以来，清醒者千呼万唤挡不住冲向悬崖的疯马，也即在此，我们的历史、传统和本性皆阻挡我们看清真正的对手及其邪到什么程度。之所以会这样看问题，究其根本是不了解西方历史的真实版本以及西方文明的本质，不知近代以来我们一直在人家的剧本里被导演着——大至历史脉络，小到文艺风潮。就算这头创作存在一定的偶然性，那头的挑选也不存在任何被动性和偶然性，而是有上百年未中断的目的性、连贯性和主动性。只不过我们只看到上面的情节，看不到下面的剧本，这源于我们总是以西方各国和其政府为框架看中西关系，因而让表面变化的情节掩盖了深藏不变的剧本。看不透西方，也许是中国人的宿命，是近代以来很多悲剧的根源。越不过这个槛，谈华夏复兴，就如同螳螂捕蝉而不知黄雀在后！

二、“文艺国际”阵线需要什么卒子

其实，如果不是被拉入或自愿投入这条“生产线”，作为创作个体，喜揭黑暗、爱爆丑陋本无可厚非，文艺这盘菜什么口味没有呢？一国的文艺版图有一点黑色、异色不过是丰富了色彩。问题在于，外部强权对中国专设了这条“生产线”，并靠成功搭建的道德优越感和利益平台诱导国人此类“生产者”才是艺术大师，而排斥不生产此类产品的人，任何不管是以正面或负面内容反映中国人精神和品质高贵一面的艺术作品，皆被悄悄地但绝不疏漏地剔除，而任何哪怕只有一些细节能表现中国人道德和品质卑贱的作品，不管藏在哪个荒僻的角落，他们都能发掘和捧出来。如此颠倒艺术观，单单为了文艺就说不通了。那么在这种情况下，文艺不以我们意志为转移地被强权辟成了“战场”，而且不是一般的名利场，而是攻打自己祖国的战场！我也是在发现这个暗局后，才豁然看见那些自以为洒脱的落井下石，才惊问自己是不是也站在屠宰场上为行刑者布景甚至奏乐。既然成了战场，就不可避免地有它的入侵者和被害者，以及夹在中间的卫国者和背叛者，想逃都逃不掉。即使现在拒绝看到，历史也不会有眼无珠。

这些被“幸运”地选为棋子继而参与这盘棋的艺人又分三个层次：直接豢养或收买的；揣摩到“剧本”及利益所在投其所好的；追随时髦的艺术观而完全无意识的。而被人为输入的艺术观可以用四个字简略概括：“经营丑陋。”为什么说是人为输入？因为“经营丑陋”与传统艺术观是背道而驰的，与艺术的目的和本质也是对立的，所以不可能是自然演变的。

用策划文艺的方式为“负面中国”布景，并非起自三十年前，而是更早，但越到后来越心急，要趁中国人还没醒悟赶快布局，手直接伸进去了。请注意“布景”这两个字，编剧要设置角色，而角色要令人信服，必须提供剧情和搭建布景。策划文艺的目的就是搭台布景，“集团”做这一手已经熟能生巧，随着对西方乃至国际文艺生产线和发行线的高度垄断，做起来也越来越随心所欲。在世界统治集团操控的棋盘上，要想看清中国到底是什么角色（是敌是友），从他们搭台布景（策划什么样的文艺，挑什么样的艺人棋子）反推上去，也能找到答案。而且这个答案恐怕要比政府报告或外交谈判正式宣布的准确。

这头策划是一回事，那头大规模模仿接力，以致蔚然成风又是另一回事。人家为保住地位打掉竞争对手而不择手段，实属正常；不正常的是我们始终未见还拒绝看到被导演的自己，并且有那么多人无知无觉地投身“导演”的指挥棒下，冲上别人搭建的道德高地。此处不是指一个文明吸收外来养分完善自己，比如西方古典音乐、舞蹈、绘画、传统文学、电影对中国文艺的冲击是正面的。仔细看华夏文学史，会发现二十世纪所谓“新文学”兴起，乃大规模模仿运动的起跑线。

在此之前，华夏文艺分成清晰的两块：士文艺和民间文艺。士文艺又分抒发个人情感（很少单纯个人情感而是兼系江山社稷、更少卑琐自虐）和针砭时弊；民间文艺则以讴歌英雄和反抗暴政为主旋律。不管是何种内容形式的文艺，追求高贵的情感和精神是华夏文化的本质，哪怕描绘大家族衰落的《红楼梦》。“新文学”在二十世纪初的出现，彻底改变了这一绵延数千年的文艺思路。

从“新文学”开始，中国文艺的主旋律变成了反思文明批判文化，以及由此形成至今犹被模仿接力的“受害者流水线”，并且越往后走层次越低，慢慢由世家子弟的反叛变成拼陋习晒家丑。本来就比西方古典文学（宗教信仰和骑士精神）发达且具有反叛意识的华夏古典文学（针砭时弊、反抗暴政），至此走上了一条前所未有的不归路。我称之文艺的“猴化”。猴子吃饱肚子后最喜欢做的一件事就是捉自己身上的虱子，边捉边吃。由于捉与吃首尾相接，自成利益链，所以无聊的猴子做起来其乐无穷。这是猴子低智的表现，一国文艺出现“猴化”倾向则是文艺的文化和思想水平跌到谷底、而本能创作占了上风的表现。在当今文化弱势的情境下，本能创作不可避免地模仿外来艺术观，因为其创作者并不具备思想能力（自我思想而非临摹他人的概念），由之也缺失自我意识。

有人可能会问，艺人各行其是的文艺创作怎么就能参与维持自己祖国的“道德卑贱”？有人甚至马上会给你扣上“反对创作自由”的大帽。站在另一个角度、看不到我所看到的，自然会产生如是联想，何况此种联想，中国人被内外经营得极其发达。其实自由的起点乃自我意识，你如果连这自由的头份礼物都没领到，那自由对你来说与“放一条狗出门溜达”没有本质差别。针砭时弊与经营丑陋有一极易混淆但本质截然不同的差别，就是前者有自我意识，后者丧失了自我意识。此处的自我意识不是意识到个人利益或个体身份，而是意识到自己的属性。

三、文明死亡前的最后一场表演

由于文艺多多少少都包含本能创作，它也就成了外部强权最易插手的领域。“新文学”最初的实践者皆为懂外语或留过洋的文人，绝非偶然。但始作俑者一上来只是动摇了自我意识，并没有完全丧失自我意识，直到百年后的今天，“猴化”进程才终于完成。初始者的艺术观具体是怎么被策划的？推挑头、又怎么形成模仿风气？这批颠覆华夏文明的急先锋火箭般的升空有多少是由外国势力推波助澜？有多少是国内风起云动的大规模攀高和模仿？恐怕需要历史学家们深入研究才找得到直接证据。上面写的2012年中国电影在法国如何被策划，要不是我有条件和有意识地观察记录，能提供这样直接证据的人也是微乎其微的，哪怕是正在发生的历史。因为西方历来是表面设计一套以藏匿真实意图，在那些关键部位上恰巧有一双眼睛就变得难上加难，多数情况下这样的人不是无意识就是已经被收买。

那么被棋手挑中的棋子在整盘棋上究竟起什么作用？为什么称他们是无知无觉或领了委任状的卒子？我自己就是搞文艺写作的，深知这个问题无比沉重，要不是深感危机日近，何必花费时间和精力，分文不取地做一件事先已知失败的事：向盛大舞会上一屋子狂欢的人去通报楼板下面的支柱正在被拆除，而那一屋子狂欢者早已深陷喧哗鼓噪中充耳不闻！一百多年的现代文坛早已打出了它的帝王和侍臣，它似乎已盖棺定论的历史，它的思维习惯，它已成利益链的圈子，它越来越本能化的现实，它自传自销的神话。以蚍蜉之力去撼大树，岂不是引火烧身？对领了委任状的，我不掩饰我的鄙视，但对大多数不知不觉被利用的卒子我充满同情，因为从他们身上，我看到一个被强大对手按在征服棋盘上的民族难以摆脱的卑贱，尤其卑贱者还意识不到自己的卑贱！

要征服一个能干的民族有比刀枪更隐秘、也更有效的办法，就是篡变他的历史观，历史观是文明的显性基因，跟隐性基因种族比，是较容易突破的缺口。在没法直接军事占领这个国家的情况下，改变历史观是个潜移默化的活儿，尤其是怎么让少数精英之外的人群接受。文艺卒子就是在这时候被启用的，他们并不直接插手历史，而是为新输入的历史观“布景”，说得更直白一点，就是为宰杀主角搭台布景。没有他们提供剧情和搭建布景，主角和其命运是很难被接受的。他们并不直接操刀，扮演最后结果性命的屠夫角色，文艺人是不愿弄脏手的。他们所做的一切，只是为导演的需要，给这出悲剧的主角（华夏文明）提供必死的理由和情节。

当为亡国搭台布景的人变成了艺术家，文天祥、辛弃疾、陆游们也就没有存在理由了。这种事情也怨不得人家策划，是我们愚蠢并被改造到看不出谁是我们中为拆楼板奏乐的人！“猴化”即智慧降至最低而本能升至最高的状态，文艺的“猴化”是一个文明死亡前的最后一场娱乐表演。再接再厉半个世纪，历史上那个秦桧就可以由跪着的姿态站起来了，并且再也没有产生文天祥、辛弃疾、陆游、朱自清们的土壤了。这一次亡国将是没有回头路的，因为对手不是只会舞刀弄枪的蛮夷，而是擅长思想篡变、心理控制且躲在幕后用操纵细节、挑选卒子、建构信仰为主要颠覆手段的征服集团。

真正的复兴，除了富强的躯壳，更需要复苏的大脑，当务之急是要重新审视我们的现代文艺史，一百年还不足以盖棺定论，重新修订我们的教科书，再慢一步，将万劫不复。

被悄悄斩断的根基：西方电影里的中国“父殇”情节

说是一个文艺细节，不如说是一个屡试不爽、由心理专家设计的解构他文明的纯熟技术，只不过在文艺作品中以看似不经意的细节显露出来，只对看破的人没有影响，但对绝大多数完全意识不到操纵之手的受众，这个“细节”将作用其潜意识，只需几代人，一个文明编织了上千年的绳结就被解开了。

一、一个夹带在“礼物”中的致命暗器

说是一个文艺细节，不如说是一个屡试不爽、由心理专家设计的解构他文明的纯熟技术，只不过在文艺作品中以看似不经意的细节显露出来，只对看破的人没有影响，但对绝大多数完全意识不到操纵之手的受众，这个“细节”将作用其潜意识，只需几代人，一个文明编织了上千年的绳结就被解开了。关键是被解开的人已经意识不到自己的真实命运，他在新的道德制高点的诱惑之下，唯恐自己赶不上潮流。

而中国那些掌管进口电影的人，对这把暗藏的“致命武器”茫然无知，剪掉一两个有意露出来挑战你的细节，便觉得高枕无忧了，真该剪掉的、甚至完全不该放进来的“糖丸炮弹”一个也未挡住。不过被劫的人看不出自己如何被劫，又有什么办法呢？看到这场势不均、力不敌的暗战所有细节的人，早就知道下面的剧本，只能哀叹回天乏术了。几百年来“世界统治集团”用这个暗插在文艺作品中的篡变技巧，兵不血刃地攻下了一个个文明“城堡”，斩掉了对手的头颅，还受到拍手叫好的欢迎。

下面就来谈谈这个神秘的细节（攻打的暗器）。最具讽刺意义的是，这件暗器一般都藏在送中国人的“礼物”里，那些直接攻击中国的文艺作品倒不费心思编织这个细节了。以电影为例，“礼物”又分两部分：一部分是正面讲述中国或片中有中国人为正角的西方电影；另一部分是中国有这类细节的电影和其拍摄者被挑进“文艺国际”俱乐部，至于中国导演也用这个细节，究竟是心领神会还是无知无觉赶潮流的模仿，我就不知道了，思维模仿连自己都是看不到的。

这个细节可以简称“父殇”，在不同作品里具体又有“父恶”、“父愚”、“父缺席”等版本。总之“父亲”这个角色永远是反角：他好则缺席不在；坏则愚昧恶霸。以公映的法国电影《Cookie》（直译《曲奇》）为例，凭良心说这是部对中国人不错的电影，在法国影坛能看到这种电影的机会绝少。也正是因为影片内容有点“政治不正确”，一部有两位明星参与的大众喜剧片，放映的影院比正常减少且不给大厅大银幕。当然这种控制，百姓是一无所知的，控制的和被控制的会抱团守秘，不管受多大委屈，不能背叛行内人。如果影片再没有我说的暗藏细节，纯粹对中国人好，那就绝对“政治不正确”了，那种片子的命运会很惨，没有厅放映或最少厅最短时间放映。

《曲奇》讲了这样一个故事：一个中国小男孩在做佣人的母亲（无合法居留）外出被捕强制遣送回国后，流落母亲做工的主人家里。女主人是位空姐，几年前曾驾车致丈夫和儿子在车祸中身亡。一个骤然失去母亲的六岁男孩和一位也在瞬间失去亲人的孤独女子就这么聚在一个屋檐下。余下的故事可以想象：两个语言不通、文化背景各异、又彼此需要的人慢慢磨合，大背景则是女主人找到小男孩母亲的去向、帮男孩与母团聚。应该承认，片子拍得颇动人，要是没有那些一如既往硬加入的细节。与我在《被策划的中国文艺（上）：电影“杰作”生产线》一文中写到的意大利电影《小威尼斯》一样，涉及中国必安插的细节几乎是一模一样的：小男孩所处的华人社团被暗暗丑化，他们又穷又丑还有点“黑社会”的味道（挑群众演员时估计是专选了一些身材面貌丑的人）；孩子是没有父亲的（《小威尼斯》女主角也是没有男人但有个孩子）；中国官方（从驻外使馆到中国海关警察）不是麻木不仁就是凶恶死板。我们看到，丑化父亲或没有父亲，与对主人公所处社团和所属国的贬低是一条线上的，只不过以父亲这个细节表现手段更隐秘，因受众几乎无法识破，对其潜意识的操纵要比另外两个细节有效。

二、涉华电影“政治正确”的一条红线

更值得一提的是，这些细节作为涉华西方电影的必需情节，有着不易觉察的国际携手性，甚至波及欧洲之外的电影。究其根源，也许是“文艺国际”的刻意筛选，没有这类细节的电影被悄悄封掉，不给登台的机会；也许是西方人“纽带文化”作祟，精神层面历来统一行动，众艺人自觉跟随。一些好莱坞电影和迪斯尼儿童动画片也像是雇了同一帮写手，如果有个华人正角（多半是女人或儿童）可怜可爱，则其必有个可恨或不负责任或缺席的父亲。比如《功夫熊猫》中的那个可爱主角是个由继父养大的弃儿，他的养父是只鸭子（鸭子——唐老鸭）。“父殇”是涉华电影“政治正确”不可越的一条线，被每一位西方艺人自觉遵守。我们从中可以体察西方人的“精神同一性”深达什么程度，同时他们的“自由”又是以什么为前提。

传统中华文明是尊父敬母的，如果说我们也有“宗教”，那就是祖先崇拜，这是华夏文明历经挫折始终未中断的缘由之一。在西方现代艺术观（在欧美也并非自然形成而是人为策划）进入之前，中国人并无类似欧洲人的“俄狄浦斯情结 ”（杀父娶母），《红楼梦》算是为数不多的例外，它歌颂女性化的宝玉，作为男性化象征的父亲自然有点反角性质。但曹雪芹只是男皮女心，他写的不是杀父娶母的征服野心，而是一个女人心的男人在男权社会的失落。由此也可见，被马蹄反复蹂躏的华夏到了近代已经渐趋女性化，数百年后的今天就更是不堪回首了。

看出这个细节后面藏着全盘的心理策划，是发现了对这个看似偶然的细节锲而不舍的接力，而且从西方一国接力到数国，甚至接力到凡由西方投资电影的剩下的世界，直至中国境内。我们当然不排除，哪怕是“创作自由”的世界，大多数人也是在模仿，但模仿到如此程式，变成人人遵守的创作框架，形同涉华西方电影（或西方投资的他国涉华电影）的“圣经”，无人打破也无人异议，就让人怀疑这个创作框架的自发性和偶然性了。在此要告诉国人：发现“接力”是局外人破解那些有组织秘密策划的唯一方法，几乎没有可能抓到直接证据。“世界统治集团”对“艺术”的控制如同他们对“舆论”的操纵，方子看破了也并不太复杂，由于是暗中操纵，全靠卒子的接力。而牢控“源头”和“出口”，是挑选和控制卒子的关键。源头的筛选很严密，一个艺人被源头放入，如果不听话，出口就堵上了，下一回就连源头都进不来了。这是个杀人不见血的垄断机器，由于没有逃路，没有人敢反抗，也没有人敢背叛。

三、文艺国际的“行内恐怖主义”

为什么没有逃路？就是“集团”明白最有效的控制不是对围墙内的人的管辖，而是杜绝任何逃路。一旦看出没有任何逃路，围墙内的人便会自我管辖，恶统治稳如泰山，概源于此。“逃路”在此有几层意思，一是只有一只可分食的饭碗而无任何可生存的他炉灶，你反叛离开这只饭碗，便只有饿死一途。这是资本寡头控制的真实图景，也可能就是人类的终极命运。当然在集中“饭碗”剔除他“炉灶”的征服过程中，会释放很多诱饵。二是行内对背叛者将会一致惩罚。如果说前一条是“文艺国际”的垄断，你不按“集团”的“政治正确”框架创作，便只有死路（失去发迹机会）一条（这条“死路”的恐怖性来自它不是暂时的、时过境迁就能变换的，而是永世不得翻身。这一点使之与历史上任何一种强权的控制都不同且更可怕），那这后一条就属于行内“恐怖主义”，行内虽有张三李四，但你若背叛张三投靠李四，李四虽然得利，但他会顾及整体利益，与张三联手封杀你。所以有中国投西的作家（有用法文写作的，也有被“文艺国际”为围剿中国特意捧出用中文写作但可翻译出版的），在国内弃张三投李四这种事做惯了，甚至背叛到国外照样吃香喝辣（人家包养背叛者，并不是因为宽容，而是为打击国际对手），便以为对付自己人的方法也可用到新主头上，原出版社在其出名后给钱不够，便一掉屁股投进另一家出版社的怀抱，殊不知背叛在这里是绝不被通融的，结果这些华裔作家因不懂得忠诚（西方人最重视的品质），最后都遭行内联手封杀。行内联手除了对付这些随意改换门庭的人，就是封堵“政治不正确”的文人艺客，比如若有作家、艺术家敢站在中国或俄罗斯立场说话，则即便不封死你，也让你再难有发财机会。

也正是因为“逃路”乃掌控世界的关键，深谙操控技巧的“集团”在攻打对手时，头一个步骤就是诱其“开放”，他们真正要的“开放”，可不是中国人理解的“贸易自由”、“人员往来”，而是为你这个社会设计“逃路”，振振有词的“开放”不过是为设“逃路”攫取道德理由。“逃路”在此不可简单理解为“逃跑之路”，而是让背叛者荣华富贵的机制，是让背弃者拥有道德正义的高超技巧，实际就是一种暗中打劫。这个机制一旦建立起来，被攻者十命九死，只是时间长短的问题。只不过这种死不是猝死，而是绝大多数人乐在其中，看不见被掏空的过程。

长期在潜意识层面受“父殇”细节移变的年轻人，尤其是少年儿童，会从灵魂深处滋生对自身文明和自己祖国近乎本能的不信任，甚至反感厌恶，这和一个缺乏父爱的孩子的心路历程极其相似，孽子就是这么造就的。由于这是一种正面教育难以铲除的本能意识，对一个文明的内部摧毁作用至深，且看不见摸不着。打劫他文明的那帮高手设计出这个文艺细节，并让它在文艺作品中长年接力，目的即在此。而这接力和随之掀起的模仿，已经形成一股难以逆转的潮流。

绑架巨人的绳套和暗钉早就设计并准备齐全，所以才会在不到三十年的时间里绳套和暗钉迅速到位，直击巨人的心脏。

被搭建的道德制高点：文明的背叛者何以占据道德制高点

整个国土变成了为西方培养人才的大课堂（几乎每个父母都以小孩能靠留学领得西方某国绿卡为荣），好像中国已是美利坚合众国的一部分；倾举国之力培育的顶尖人才把本事都当成了背弃的本钱（从顶尖学生到冠军运动员），好像文明心脏早就不在长江黄河畔；连统治阶层的子弟都尽失主心骨（从国家核心部门掌管者的子女到富家子弟，都以受西方教育为先），好像华夏文明自古就是附庸文明，好像这片土地没有足够的文化供他们掌握和传承，好像拥有的权力还不够至高无上，好像祖先留下的历史远不足以荣宗耀祖！这个时代令人绝望便在于：有那么多看起来很聪明的人，还没等整棵树垮掉，便自押着做了战利品。

一、当文明走上“精神分裂”的不归路

我在以前的文章中写过：“测试一国国民的潜意识被操纵到什么程度，有一个最简单的标准，就是那些背弃祖国的人是否被赋予了道德优越感。自古弃国者都是夹着尾巴作人的，这个道德天平如果被翻倒，亡国的最后冲刺已经开始。”那么这个国家究竟落到了哪一步？

自我开始有悖主流思想作文，便一头撞上一道墙。有一道“凡事将西方往好里想、将自己往坏里想”的坚固之墙，竖在世上任何一个文明、一个国度、一个民族都不会架设的地方。我意识到这个国家已陷入可怕的精神分裂是近年的事，主要是没有想到堕落得如此之快、之深、之没有底线。这个世界再标榜“自由”的国度，都未有没有底

线的言论自由。这里用“精神分裂”一词，是因为已超出思想多样化的范畴，而进入一种无药可治的病态。

思想自由就像一块白布上纵横交错的花纹，有一定的对立制衡会画出很美的图案；乱画则会丑化原来的白布；如果画的人不顾分寸让线条的分歧变成撕布，则布之不存，图案焉附？可悲的是，出现在我们这个国度的分裂，恰恰不是不同线条的分歧，而是布之撕裂。这道裂口不偏不倚正好落在国之不可触碰的底线上，而遍观西方，思想分歧都是在这条底线之上的。由此，我说这已经不是思想分野而是精神分裂。

陷入如此“精神分裂”，需土壤和耕耘。将思想与道德观混淆，是我们落入的一大陷阱。有人可能会反驳：思想与道德本来就是不分的。没错，自古思想和道德是被捆绑在一起的，思想是对世界的解释，道德则是社会行为的规范，基督教文明将二者集中在一个上帝身上，儒家文明则以几个哲学家和道德家的理念将之统一。但近代以后，西方新兴的统治力量一点点将思想与道德分开了。而西学的中国人并未深察这一微妙的分家，还以二者为一体的思维去诠释西方向我们推销的“自由”，而不知中国人想象的思想无羁在西方并不存在，只是另一种对世界的解释占了统治地位，真正的自由，来自道德观的解禁，以及由此带来的公人生与私人生的分离。这次分家，缘自新统治集团与传统基督教势力的殊死搏斗，新统治集团用分而击破的方法，打败了传统基督教势力。分而击破就是把思想与道德分开，一边紧抓对世界的解释权，一边放宽对社会道德行为的规范，营造一种宽松诱惑了人群，是这放开的一面让他们打赢了这场跨世纪的夺权战，但也埋下了西方衰落的伏笔。

这一切中国人并未通观几面，而是接受了西方特意推荐的相当狭窄的一个历史版本，在一百多年改造自家文明的过程中，根本没想到细分思想和道德并区别对待，而是把对道德禁忌的不满全部发泄到思想头上，西方人抓住女人缠脚等几个薄弱点悉心诱导，我们就把整个文明冠以“不人道”的罪名，视为脏水全泼掉，全盘放弃了自身文明对世界的解释权。一个文明丢掉了这一权力，就进入了正式宣告死亡前的漫长休克期。而“精神分裂”就是休克期的最大特点，因为有一部分大脑神经在重创后慢慢醒过来了，而另一部分却彻底死亡了。夹在中间的是浑浑噩噩的大多数，如果清醒的那部分赢了，大多数会跟着他们走，文明经过自我淘汰和清洗，重新复苏；如果死亡的那一边胜利了，则人死皆休，一个文明寿终正寝。在正式宣告死亡前，“精神分裂”的国度是异常悲惨的，无论物质达到何种程度，人群都呈不满焦虑状，四分五裂，分崩离析，进入节奏越来越快的解体状态。它的中上阶层开始向握有世界解释权的外部强权靠拢，脑死亡的速度加快。

二、对世界的解释权与国之城墙

如果说精神分裂是休克期的最大特点，那么道德优越感被劫持就是精神分裂的最大表征，此乃失去对世界的解释权进而丢失道德制高点的直接后果。西方征服集团上百年都在做一件事：拆掉中国的城墙。祖国是什么？除了边界、领土、落脚点这些概念，她还是人的精神家园，尤其对我们这个没有上帝的民族。一个没有精神家园的人，将是永远的流浪儿，哪怕腰缠万贯。所以要拆掉城墙，在不能明火执仗军事占领的情况下，最便捷的战役就是在人们的头脑里打破“祖国＝精神家园”这一历经世纪用血肉铸成的概念，而劫走一个文明对世界的解释权是打破“祖国=精神家园”的第一步，妖魔化爱国主义则是解构的第二步，因为爱国主义是精神家园的城墙。

然而如果直接攻打爱国主义，人群毕竟难以追随，只能用操纵潜意识的方法，悄悄地篡变。于是一场精心设计、史无前例的心理战开始了，用西方心理学研究的成果，在信息“无国界”时代（真正视信息无国界的只有中国人），操纵人心易如反掌。人群的认同与背弃追本溯源是由优越感决定的，而精神层面的认同与背弃，道德优越感是决定因素。只要偷窃了道德优越感将之重新架设，则传统的正与邪就会颠倒，人群在新道德优越感的鼓噪下，根本觉察不到自己被颠倒的目光。偷窃道德优越感需上百年的经营，得有几代有意识或无意识的文化“内鬼”模仿接力，笔者已在前面的文章里讲到以“文艺策划”为主要手段的偷窃步骤。

曾几何时，我自己也被时风诱惑、以中国人独有的“无界思维”站在那道墙后面，那是三十年来中国难得的一个道德制高点，所以人人攀爬，是“卑贱”的中国人抵御外来“炮火”的唯一道德掩体，可以慷慨洒脱地靠自戕获取道德优越感，中国人舍身成仁的传统浪漫在如斯悲壮中得到了前所未有的发泄。在四面楚歌和自我放弃的夹攻下，尽失道德优越感的华夏子孙，就剩下这块高地了，基座还是别人搭建的。谁不愿意挤在时髦的高地？人群追逐的就是道德优越感和财富，尤其当优越感和财富汇聚到一个方向。

三、历史轨道被悄悄地扳了道岔

不少人说我过于悲观，我时常听到这话，他们几乎同意我说的一切，唯独不认同我的悲观。他们说1840年以来，这已经是最好的年头。的确，与军事上无还手之力、国家主权不保、连外交层面的尊严都没有、战争加饥荒的乱世比，说今天是“太平盛世”并非谎言。何况庙堂主事不以此鼓励士气，何以为继？既然事情在朝好的方向发展，悲观岂不是杞人忧天？你究竟嗅到了什么焦煳味，以致对整锅粥感到回天乏术？

那就来看看我们究竟落到了哪一步。仔细想想，军事上守土保权、外交层面的尊严是1978年以后得来的？还是1949年？如果承认是1949年就得来了，那么1978年以后的全部努力应是借助“开放”和“现代化”增强守土保权的能力，将外交层面的尊严转换为每个中国人的尊严。因此“开放”也好，“现代化”也好，目的都不是开门散伙或醉生梦死，而是不但巩固硬实力，还要将逐渐得到的硬实力转化为软实力。这个努力方向是顺理成章的，因而并不是某个党或某类人为己之利才谋取的方向，而是除弃国者之外、无论什么立场的中国人都向往的方向。在这一点上必须达成起码的共识，才能明白我下面说的“过程和方向”及其背离和背叛。如果不同意我们两百年以来不管走多少弯路、不管朝哪个方向进取，都有此一共同方向——即掌握自己命运、夺回失去的尊严，则难以理解我说的对“过程”的背离必然导致对“方向”的背叛。

那么1978年后的这三十年达到预设目标了吗？

我们来细看，随着工业化的深入，国力增强，军事装备随之优化，第一个目标基本达到了；第二个目标拜赐于消除饥荒、从温饱走向富足，表面看起来也部分达到了，但仅仅是表面。因为出现了一个不合逻辑的变异，好像历史轨道被我们看不见的力量悄悄地扳了道岔，而绝大多数人却浑然不觉，还以为是应有的方向。硬实力的获取非但没有强化软实力，反倒是躯壳越强壮，内里越空虚，每个人并没有从物质的进步中获得本应转换而来的尊严（得意和炫耀并非尊严），连原本残留的一点也毫不足惜地丢掉了，甚至到了丢而无意识的程度。整个国土变成了为西方培养人才的大课堂（父母以小孩能靠留学换得西方某国国籍为荣），好像中国已是美利坚合众国的一部分；倾举国之力培育的顶尖人才把本事都当成了背弃的本钱（从顶尖学生到冠军运动员），好像文明心脏早就不在长江黄河畔；连统治阶层的子弟都尽失主心骨（从国家核心部门掌管者的子女到富家子弟都以受西方教育为先），好像华夏文明自古就是附庸文明，好像这片土地没有足够的文化供他们掌握和传承，好像拥有的权力还不够至高无上，好像祖先留下的历史远不足以荣宗耀祖！

本应相辅相成的两个目标，却朝着南辕北辙的方向发展，好似每赚一把银子，都以出卖灵魂作交换。因为即使在战败连连、鸦片横行的年代，中国人的灵魂也没有卑贱到这个地步：一个社会男人以女人外嫁为荣、上层建筑以得外奖为最高奖赏是落得不能再低了，哪怕有“开放”的道德借口；华夏文明的丢失也没有这么彻底：全民教育自己动手以越来越快的速度抹去自己的文明；“精英”弃船而逃也没有如此规模：弃逃者获取前所未有的道德优越感和人数之众，这里不是指贫苦大众出洋谋生而是赚得一切好处的人之背弃！在繁荣强盛的躯壳下，这个民族的灵魂已被掏空到只剩薄薄一层一捅即破的面罩；在“开放”的道德口号下，背叛和背弃已到一个文明死亡的临界点；在短短几十年中，“世界统治集团”的渗透和布局已到癌细胞扩散阶段，致使之前的所有反抗和牺牲失去意义！

四、一个文明的精英为何集体背叛

不少读不透文章的人，总是习惯性地把我说的“尊严”与他们心目中的“开放”、“接轨”对立起来，此乃自我意识尽失的时代大多数人引以为傲的“心态”，时常是以“进步”为表征的，是随时可以拎出打击不认同者的模糊概念，实际起着致幻作用，让人看不见精神雪崩的景象。精神崩溃是大崩塌前的序曲，灵魂被掏空后，边界、武器、领土、财富就像被砍掉头的身体，能维持多久而不腐烂消亡？为什么物质进步却一反逻辑没有转换成尊严？为什么这只尊严的布袋在往里装银子装了三十年还是瘪的？不但依然是瘪的，还漏洞百出？之前近两百年左奔右突勉强守住的最后一把尊严，却在看起来没有外敌攻击的短短三十年一泄而尽，漏洞究竟出在哪里？

出在“精英”的背叛！我在这里用“精英”二字，是因为在国人已知范围内尚未找到恰当之词又不愿用贬损词汇来形容这个占尽便宜——有的占尽前三十年公有制的便宜（期间可能受过一点委屈，但从未自问哪有免费的好处）、有的占尽后三十年私有化的便宜、有的前后三十年在“自由”和“不自由”中皆占尽便宜——占据上层建筑、掌握话语权、本应为本民族将物质进步转换成尊严的群体。是这个群体在“开放”的道德借口下或无知无觉或心知肚明的背叛，为本应在物质丰富中恢复两百年来精神和肉体之孱弱的巨人，埋下更深的病根。

如果以一棵大树来形容这个载体为“祖国”的文明，那么此群体就是坐在树根和树干上面的枝子上的。坐在好位置上的人，若只为自己着想，不考虑深埋土地的树根和躯体庞大的树干，倒也罢了，自我中心乃人的天性，学堂教育的西化又未学得西方人的精髓，就更是培养这类小资的捷径，中国都市小资将贻害无穷的特点，就是自我中心但却缺少相应的自我意识。但至此我都以为无伤大雅，一个摆脱生存困境的社会，可以有足够的肚量容纳其上层建筑由自娱自乐宣泄出的自私自利，后三十年与前三十年相比，不就是有这个好处吗？然而如果这个群体被迷魂汤灌得既看不见外强的觊觎和为之布设的陷阱，又欢天喜地、忙碌地要锯断自己待在其上的枝干，我们还有什么“背叛”之外的词来形容他们吗？如果说这个群体以其本性注定是要从一个主投奔另一个主的，他们锯掉自己依附的枝干是因为已经看上另外的枝干，锯断了身下这根，换到另一棵树就完了。问题是另外那棵树看上你，是因为你这棵树的存在，因为你坐在这棵树的枝干上，假如你把自己这棵树从根上毁了，对方除了把你当做战利品，还能视你为何物呢？这个时代令人绝望便在于：有那么多看起来很聪明的人，还没等整棵树垮掉，便自押着做了战利品。

读到这里，我知道有人又要跳起来并且“真理”在握：自愿做战利品，是树不好。树再不好，把自己砍下来当柴火贱卖，岂不连傻的级别都算不上？子还不嫌母丑母贫呢。所以不管什么道德借口，都逃不开问题的实质，就是那两个字：背叛。

五、背叛者的幻觉

那么背叛是从哪里开始的？为什么一个文明被凿出这么大个漏洞，身居其中的人先是懵懵懂懂，等到嗅出异味来，背叛者已占据了道德制高点？这个演变过程在全世界都大同小异，近几十年以越来越快的节奏在各国上演，起点是审美权易手和道义权被劫持。此二权被劫的表征，就是背叛的主角振振有词地与西方传媒（从新闻到艺术）里应外合，不知道这架“独立”机器恰恰是世界统治集团最忠诚最直属的干将，跟着打劫者赤膊上阵，还以为自己只是背离一个时代或一个机制。这是所有背叛者的幻觉，是幻觉让背叛者失去了应有的恐惧和耻辱。策划这一切的“集团”深谙人性的弱点，设计和传播了一系列骗别人做自己实际不做的“理念”，让这一幻觉不但具有麻醉作用，还具有道德优越感，这是人类历史上第一次在背叛者的幻觉中注入了道德优越感，自此打破了“背叛=苟且偷生”的卑鄙等式。足见征服力量之天敌的本色。其实背叛是不存在恰到好处的，是不可能不走到底的。

以“德国之声”中文部的“清洗”为例，参与这家西方传媒对华宣传的中国人，以为自己只是在为“普世”理念效劳，所以当惩罚落到自己头上的时候，悲愤得像正在从事正义事业的“天使”被剪断了“翅膀”，因为他们被误导真相信了有一种“普世正义”，真相信了意识形态清洗只发生在中国的“文革”，不明白“民主自由”的西方怎么会翻脸不认人？还想通过申述和打官司让“德国之声”背后的世界统治集团忏悔，这就是落入了我所说的背叛者的幻觉。请不要在此一见“背叛者”三个字就简单理解成我对“德国之声”华裔记者的指责，我是同情他们的，因为他们有良心，一个中国人在西方要守住良心是痛苦而艰辛的事。我只是说他们陷入了一种幻觉，就像大多数中国读书人一样，很多人至今也没有走出幻觉，甚至已拒绝走出，这种幻觉其实就是“背叛者的幻觉”。

正是这种有时以“进步”、有时以“潮流”、有时以“时尚”的面目龙卷风般出现在一国上层建筑的“幻觉”，纠集了成群结队的背弃和背叛者，让这支庞大的梦幻队伍看不见自己实际背弃的是什么。“集团”并未中途改变游戏规则，也从未改变方向，只不过中途参与游戏的局外人没明白规则和看清方向，落入了“过程”的欺骗。“集团”花大钱办这些“之声”难道是为了知识分子的良知？为了客观公正？中间使用的 B 术不过是让浪漫的中国人看不见“集团”从 A 点到 A 点绝不动摇的方向，并用来颠覆中国人自己的方向。

所有在近代被踩在脚下的主宗文明之挣扎和抵抗，都是鲜血淋漓，只能闻其义，不能视其体的。受尽折磨并且继续被人往伤口撒盐的人，自然没有在打劫中谋得暴利、可随心所欲往别人创口撒盐的人优雅和洒脱，弱者的反抗从来都是不雅观的，只有强者可以不弄脏自己的手。主宗文明没有附庸文明改宗换主的便利，它只有存亡的抉择。这条漫长的挣扎和反抗之路，不但不一定有立竿见影的光明前景，还可能因被逼到墙角而失却从容、缺少理智、充满错误，甚至淋满自己人的血，并且对方越强大，你这边越充满悲剧。所以背离这个不雅观甚至残酷的过程，就是否定方向的开始，出卖是不可能只出卖到无伤大局的。那些自以为只背离一个时代、一个人、一个机制的人，看不见自己其实走上了背叛之路，背叛的也不再是一个人、一个机制、一个时代，而是近两百年的抵抗和追求的尊严。

有人可能会反驳：为什么不能背离得恰到好处？是啊，对极少数理智清醒的人这不叫“背离”，这叫“纠偏”，我也同意此种解释。然而对历史的“过程”可以有各种解释，对“方向”却不能有数种答案。对于顺风而行的大多数，那背离“过程”的信号不是别的，就是否定“方向”的信号。你怎么辩解都没用，信号一旦发出，背叛者的幻觉会像迷雾一样笼罩整个时代，现实的“开门散伙”必然取代理想的“开放”。

被劫持的道义权：那些被反转、被颠覆的历史

一个国家如果道德优越感被劫走，还能守住什么呢？所有的“把守”在由他人重新搭建的道德高地上，不过是纸牌城堡，一个错位就会倒塌。

一、征服的漫长剧本：“导演剧情”与安排“正反角”

伴随着物质诱惑的精神策划，是世界统治集团导演世界的一个重要组成部分。我每说“导演世界”，很多人拒绝相信，说“征服世界”还能理解，告诉他们有一只导演世界的手，就超出他们想象的范畴了。很多人干脆躲到“阴谋论”后面拒绝认清现实，也看不到现实。他们认识的西方止于前台表演，不懂得前台表演的目的是为了征服世界，而征服世界先得导演世界，这是一辆战车的两个轮子，缺一而不可前行。导演世界是“集团”秘不示人的那部分，是中国人向西看至今未越过的槛。而导演世界的手一刻未停，且做得一丝不苟。

你看伦敦残奥会闭幕式上奖励的运动员代表，从肯尼亚运动员到中国香港运动员，以及完全被排斥的中国大陆和俄罗斯运动员（奖牌榜第一、二名），挑与不挑皆非偶然，谁是朋友、谁是对手、谁是附庸、谁是拉拢对象、谁是点缀，如何用抬升“点缀”排斥真正对手，台面上的角色没有一个未经策划，体育比赛一如做生意。牙买加的那个飞人被西媒如此狂炒，亦非偶然。对小国的“慷慨”从来不是免费的，如果飞人出生巴基斯坦或叙利亚，则跑得多快都不会有如斯知名度，天上是不会掉馅饼的，西方传媒在这种时候像乐队一样听从指挥，

数国之间又如军队般排队看齐，中国人跟着炒则纯属傻瓜。牙买加、肯尼亚曾是英帝国的殖民地，至今仍是英联邦成员，这类小国的“独立”时常是白种总督换上了有色代理人。有人会以巴基斯坦也在英联邦内反驳我，但别忘了同为英联邦国家，巴基斯坦有两个“致命弱点”：一为伊斯兰国家；二为中国的盟国。这就基本上是在界外了，西媒对待印度和巴基斯坦善恶分明。一切都在细节操纵的层面上悄悄做，一如用戴着丝绒手套的铁腕之手对西方民众深入灵魂的控制。看世界，如果看不见这只一个细节都不放过的导演世界的手，那对世事的参悟不过停留在看热闹阶段。

在世界舞台上做这些手脚并非我们以为的心胸狭隘，而是“导演剧情”的需要，“剧情”和其安排的“正反角”是为征服的漫长剧本服务的。利用西方传媒主导的世界话语回音壁，严密地但秘而不宣地安排“正反角”的露面时间和空间，经有意识地长期接力，渗透人的潜意识，对细节的操纵就悄无声息地转换成了对全局的控制。安排“正反角”是为“剧情”服务的，而导演“剧情”的目的就是为了暗中控制优越感的流向，将其疏而不漏地引向意欲搭建的道德高地，道德优越感就这么由这只暗手或赠予或褫夺或偷窃，再由国内的接力手协助完成。

在西方内部，这只暗手成功制造了民间的认同与背弃，比如救助一个印度人或为一个吉普赛人（自二战后，这是受话语保护的少数族群，这种保护并不意味着对某个少数族群的垂爱，主要目的是打击或妖魔化一个对立面）说话，是风光的事，同情中国人则难获道德优越感，在民间这早已成为不明说、不成文的禁忌。因为维持中国的“道德卑贱”是“集团”从未歇手的大政方针，上百年来变换的只是维持

“道德卑贱”所需的名词和概念，为这个跨越世纪的大目标，他们在中国内部发掘文人艺客做下手，为境内外的“饲养场”配送食料，有接了委任奖的，有领了赏的，有无知无觉被利用的。连有点良心的法国人都发现，在自己的国家口禁特多，唯独对一种人可口无遮拦，那就是对中国人。这一现实原本应激发中国人的自我意识，然而这个道德优越感早已被劫走的民族，将“道德卑贱”转化成了娱乐，认真地客串起反角，有一班艺人墨客在这条生产线上博取功名。

一个国家如果道德优越感被劫走，还能守住什么呢？所有的“把守”在由他人重新搭建的道德高地上，不过是纸牌城堡，一个错位就会倒塌。

二、导演技巧之“选择性忏悔”

深明这一点的西方统治集团，从不向真正的对手、除非永远不会有还手之力的对手忏悔和反思，他们可以对美洲印第安人、澳洲土著、非洲部落掬一把眼泪，却从未忏悔对中国的抢劫和摧毁。当法国南特港（整个城市是靠贩卖黑奴的钱建成的）为黑奴买卖树碑立传时，巴黎枫丹白露宫有一展厅却因中国游客的到来而封上不让参观了，因为一屋子从中国抢劫的文物。他们对历史并非一味反思的，绝无普世的正义，必要时集体噤声把历史藏起来。

1945 年以后，“集团”从未以人道理由对只要一检讨、自己便尽失道义的真正对手（失败方）流过一滴眼泪。以法国为例，多少文人墨客（其中包括大作家），战后被投进监狱或打入冷宫，有些还被判了死刑，假释后很多做苦工一直做到七十年代。此一“大清洗”造成法兰西文学一批最优秀的人从此沉落，用悲观者的话说，1945 年以后再无法国文学。要吃透这一点必须明白，他们的 1945 年与我们的抗战胜利看起来是一回事，其实不可等同，他们是选边而站，而我们却是纯粹被欺辱。1945 年在他们是近代以来一场不具名的大规模“宗教战争”的结束，从此“新宗教”和“新教士”掌握了最终统治权，所以才会有那么大群知识分子卷入。我们可以对他们的真实历史不予评说、不选立场，但不能逃避真相。胜利方会为了不应受政治操纵的文学艺术、为了失败者的苦难而反思和宽容吗？至今七十年后，不见一丝一毫。文坛艺坛没有一个胆大包天的人敢于去表现那些人的背运与磨难，其宽容程度不足我们对周作人之类文人千分之一。

盟国可以假惺惺地遥叹日本被扔了两颗原子弹（日本征服亚洲得陇望蜀损害了英美利益，属于站错队性质），但从没有为二战后期狂轰滥炸德国致死的无辜平民（人数比死于原子弹的更多）动过恻隐之心，在很长时间里主流传媒根本不能涉及这段历史，“文艺国际”从未策划一部电影和小说为那些冤魂祭奠。法国也一样，二战后期被英美炸死的平民远超德国入侵死伤的平民，但战后这些涂炭的生灵全成了冤鬼，禁谈一直维持了半个多世纪，文艺领域可以声讨黑奴贩卖，但无人触碰这个主题，没人敢说炸的人太不人道，死的人太冤，因为若声讨罪行，将损害自己摇身一变投靠的胜利者阵营。对真正危及其根本的对手，剿灭之无情就像诛杀本·拉登一样，那是连审判的时间都不给、连尸首都不留的斩草除根。

所以几年前，当我读到中国导演贾樟柯就《二十四城记》接受法国《费加罗报》影评人波尔德采访时说（2008 年 5 月 16 日）：“当集体记忆消失的时候，个人记忆也就不存在了，所以我想述说历史以留下证词……如今在中国，大家忘记了一切。谈历史是被禁止的。任何东西都不能讨论。而我，我要弄明白并且知道我从哪里来！”（根据波文翻译），不禁仰天长叹，不为此言本身，但为这一天距辱华的巴黎奥运火炬事件仅过去一个月零九天，也为口出此言的人不知道如果一位法国导演在中国传媒上发类似言论，即意味着宣告自己在法国传媒曝光的永远结束，甚至再难找到投资拍摄以后的电影。

三、导演技巧之“指鹿为马”

西方统治集团知道什么是能忏悔的，什么是连一丝反思都不能有的。在他们眼里，并不存在他们让我们相信的普世的生命价值，他们也从未因此而停止满世界征战、让他们觊觎的土地尸骨成山，但另一方面，他们却非常善于以人道理由反转和颠覆他人的历史，劫取任何反抗者的名义。而世上那些善良真诚的民族往往逃不过这一巧设的陷阱，于是他们可以随心所欲要切割到哪儿就分裂到哪儿。他们挑唆伊朗某些艺术家挑战自己国家为正在结疤的两伊战争划的红线，近几年在西方传媒活跃异常的几位伊朗“艺术家”，几乎都是以悲天悯人的人道理由闯红线的，“文艺国际”全力配合，指鹿为马地把这些无才艺人一夜之间捧为“名导”，西方各大“国际”电影节轮流提供奖台。这真是找了个绝妙突破口，那场死伤百万的残酷战争，实为一场委托战争，委托方是世界统治集团，代打方是伊拉克，“集团”的目的是绞杀刚刚摆脱其桎梏的伊朗伊斯兰政权。

针对俄罗斯的车臣战争使用了与之一模一样的计策，通过抬举“艺术家”或“记者”、以人道和艺术之名反思绝不能反思的生死之战，不光可以在国际话语舞台上抹黑敢不顺从的国家，而且倒逼被算计的国家对“文人艺客”宽容，后者在内攻外打之下被逼无奈，则谋求掌握自己命运的全部抵抗就失去了道义。“现代艺术”（从艺术电影纪录片化到美术沦为行为艺术）被设计出来，实为抬举着大家闺秀做卖身妇，很大程度是为这类“艺术家”量身订制的，为将这些政治猎犬提升为“艺术家”、“文人”，不惜打破审美标准，以丑为美，以邪为正，颠倒黑白，为的是简化指鹿为马的手续。同样场景若挪到西方，以我多年观察和经验，这类里通外国敌对势力（与文化交流是两码事，但很多是以文化交流做掩护）的“艺术家”的下场非中国人能想象，可以说是永无翻案之日。

此等反转和颠覆他人历史的技巧，跟着征服的脚步见缝下蛆、颠倒正邪、百战不殆，从未失灵过，背叛者通过这只手提供的幻觉，抢占道德制高点，扮包拯作秦桧（国人基本可根据这个“戏”路，判别哪些人是为“集团”打天下的）。“集团”则无需军事占领，便可在一国内部扶邪压正（万变不离其宗的基本套路），从斩首到肢解，少则几十年，多则上百年，征服或毁灭一个文明，且专盯着那些能创造财富的民族。

看到这场从未停止也永不停歇的帝国征服战的人，才知道面对征服者一如既往的恒定，背离是没有背离之度的，一如投降没有投一步退两步的可能，在道义上要失败就是一败到底。在宽容开放的道德口号感召下，中国人不知深浅地投入了不能玩的游戏，不知游戏的终点是自己的绞刑架。当道义权被劫走的时候，那将物质进步转换成尊严的目标就成了水中月镜中花，越追越远。而在这四面楚歌的围猎场上，没有尊严这一精神城墙，什么样的兵器能守住江山?!

被劫走的历史解释权：落后为什么就应该挨打

我们虽然不愿接受西方强加给我们的命运，并为之抗争，但却糊里糊涂地接受了西方对世界的解释。这是一件难以想象的荒谬之事，这等于是说，近两百年来我们浴血奋斗反对的东西，其实在源头就接受了，从一开始我们就承认了征服者对世界的解释权。

一、“挨打”是错在流氓还是错在书生

我之大梦初醒是看到了那只秘密导演的手。不是读到了一本秘籍，也不是有什么知秘人跳出来通报，而是经多年细致观察和思考，一点点发现规律，发现看似毫无勾连的事物之目的的统一，然后才在统一的目的下看到暗中导演的那只手。

我年轻时，一直被灌输这样的思想：近两百年的中西对立有相当一部分是我们自己的错，从清末到毛泽东时代，是我们锁国、对抗，与人为敌，以致贫穷落后。这种逻辑好像一个流氓看中书生的家产，找茬儿一拳把他打翻在地，打家劫舍后还丢下话：谁叫你不爱搭理我。于是我们就接过流氓打人的理由开始逆向推理：书生被打翻在地怨不得流氓，人家流氓练得一手好拳有什么错，错在书生关门在家又不会打架；那么书生为什么不如流氓会打架？劣根性就出自他的文化，是他的文化不如流氓的文化；那为什么文化不如人家？因为产生文化的文明（黄色文明）远不如流氓的文明（蓝色文明），黄色文明就会在家种地（封闭落后），蓝色文明专事航海发现（只是忘了提醒中国人这源自海盗传统）。我被灌输时还年少，也不谙世事，现在回头想，帮

打手兜售这种逆向逻辑的中国人简直是千古罪人。

这种观念深深嵌入中国人的头脑，以致三十年来，世上没有一个国度的人比中国人心胸更开阔，我们完全是带着无敌、无界的心态在所谓改革开放以后看世界并走向世界的。之所以无敌无界甚至连起码的警觉都没有，是因为我们内心实际上已经承认中西对立主动的错该我们承担大半，尽管嘴上还没有承认。既然我们是错之始作俑者，我们这头改错，世界就一马平川了。这就是改革开放以后中国人的普遍心态。心态这东西看似只占心灵一角，实则很可怕，它排斥大脑，用心态主导行为，头脑的作用就被降低。我写过《看世界少用“心态”多用“头脑”》一文专述此事。这种后来几乎一统天下的对历史的注解，有多少是挣扎了一个多世纪的精神失败者为自己找的下台阶的理由？有多少是“导演世界的手”悄悄策划的？需真能看清世事的近现代史专家细心探究，这是个很难胜任的活，现成的历史版本都有意回避了“导演世界的手”，为了掩藏这只手，处在明面的西方历史简直就像人为编撰的剧本。

对历史的解释，决定了我们如何看自己的文明以及这个文明能否延续下去。如果现实真能对应我们对历史的新注解，对精神失败者来说，过去的也就真过去了，不存在自欺也就无所谓惊醒。问题是带着无敌无界、无比开放甚至浪漫至极的心态走向世界的中国人，如果还有点良心，如果事先没有取弃国的立场，慢慢地（一上来甚至若干年内会被表面礼仪蒙上眼睛，看不见不宣而做的暗手）就会在一个他做梦都想不到的现实面前惊呆：西方公开地、更多是暗中地、遍及整个上层建筑地视中国为敌，这种越到后来越隐秘的敌对状态不但旷日持久，且从未终结。不光发现“冷战”从未结束，而且对中国这样的国家，“冷战”在这里是常态，难有终止的一天，根本不以中国人的意志为转移，也不会因体制的变化而改变。更惊人的发现是今天的冷战比“冷战”期间还要冷。以法国为例，“冷战”时《巴黎竞赛报》（1976年第1425期）还以毛泽东的正面形象作封面，今天毛泽东不要说用作封面，就是在里面的文字里也只是被攻打对象，而且中国目前任何一位最高领导人的正面形象都不会被用作封面，文章用词中性就算是送礼了。而在这冰冷暗流的表面，却是越来越频繁的贸易和文化交往，是表层的热乎让中国人看不见底下的危机四伏。我们以为自己虚心学习、努力追赶，有一天就可以同他们坐在一条板凳上了，哪里想到人家近两百年来的心病就是怕你追上来。

二、“挨打”真的是因为“落后”吗

应该承认，最初即便是发现也还是给他们充足理由的，接受人家敌视甚至蔑视我们是我们自己不争气，足见三十年前的心理大溃败已经让我们彻底跪倒了。如果现实不那么残酷，如果它与我们渴望拥抱西方的心态有一点点重合，我们这些天真的好人恐怕就不会从美梦中被粗暴地叫醒，重新想找回对历史的解释权。

我“醒”过来后，遇到知己经常会感叹一句：“要是他们不那么恶，哪怕是善良和公正一点点，解释历史的权力就在他们手里了，因为我们已经丢失自己掌握解释权的意志和智慧。”不是我们不抱幻想，而是现实逼着我们丢掉幻想。

事实上主动权哪怕是错的主动权也不在我们手里。从十九世纪到今天，不是我们而是西方（准确地说，应为几个世纪来统治世界的集团）锁定了打击、摧毁真正对手这一始终没有更移的大目标，因为中国在十九世纪以前的两千多年一直是世界第一经济强国，是一个不以宗教而以文化统治的文明古国，是最后一个不在基督教手里的大陆性帝国，是一个至今未被收服为打手的君子之国，是不打掉就没法让他们独霸世界的障碍，是一个太能干的竞争种族。我就是从这最后一点发现整个想也想不到的现实的。

发现我们挨打挨整的真实理由并非一直被灌输的“穷困落后”而是“能和善”，是我看世界的转折点。我们把自己在近代的命运与非洲、美洲这些大陆等同，是接受了西方对世界的解释权之直接后果，是犯了一个绝对的、却丝毫没有意识到的错误。虽然受害者的命运是相同的，但施害者的动机是不可等同的。而我们并未细察结果和动机，并未看到征服非洲、美洲、南亚与征服中国的动机是戴然不同的，为什么我们看不见如今想来如此明显的事实？究其根源，就是我们虽然不愿接受西方强加给我们的命运并为之抗争，但却糊里糊涂地接受了西方对世界的解释。这是一件难以想象的荒谬之事，这等于是说，近两百年来我们浴血奋斗反对的东西，其实在源头就接受了，从一开始我们就承认了征服者对世界的解释权。

一切的误解和看不透就是从对近代史的解释开始的，由于我们把自己的不幸命运与非洲、美洲、南亚等同，我们在二十世纪加入“东方阵营”，在“东方阵营”垮台后，以为满嘴“民主”、“人权”、“人道救援”的西方已改邪归正，是我们自己故步自封、错怪好人。我们以为人家拥抱亚马孙河原始部落的印第安头领、抬出甘地、爆捧曼德拉、救济海地，十九世纪的游戏规则就结束了，既然我们也是亚、非、拉一员，人家那么待见印第安原始部落、非洲饥民，凭什么专与中国过不去？这是中国人的逻辑，中国人会小谎小骗，却不会演戏。由于自己不会演戏，也就看不出这是一出导演好的戏，而且是六十年代以后发觉用武力强行征服已力不从心才设计的新剧情。

三、西方文明看世界的真实眼光

我发现这一点是从直接翻阅法国十九世纪的报纸开始的，由于是第一手资料，就绕开了近代以来他们特意向我们推荐的读物以及中国转介者的无知误导。绕开了预设答案的围墙，我发觉西方统治集团一百多年来针对中国的基本思路自始至终就没变，具体到某国某届政府会有一些外交层面的变化，但掌控西方的这个统治集团的大目标并未挪移，随着时代变迁，变化的只是浮在基本思路表面的名词和概念。比如十九世纪是基督教与异教、上等人与劣种人的对立，今天换掉了上面的名词改叫：民主与专制、自由与不自由。我们看到，名词渐趋温和，照顾到被攻击者的自尊，名词本身也变得更加概念模糊和便于诠释。所有这些名词和为之设计的概念都是为了掩盖基本思路，由于挑选名词和设计概念的水平越来越高（拜赐于心理学与传播学的研究），被征服者从一开始看得见基本思路而拒绝名词和概念，到后来看不见基本思路接手名词和概念自戕，时间跨度逾百年，其间充满血腥。

西方统治集团看世界的基本思路其实非常本能，就是统治与被统治，而覆在上面的名词和概念却漂亮和形而上。这个基本思路也不会随着时代变迁而改变，变来变去的只是掩盖核心的招数，因为“西方文明”这个近代人为制造的概念，确立之始就是对立于世界的，是用来征服的道德核心，基因如果被改变，作为一个概念的“西方文明”

也就消失了。在他们的精神世界不存在和而不同，这里的“异端”已超出十九世纪以前基督教与异教的不共戴天，而是早就压倒传统宗教的意识形态新一统的对立面。不看到这一层也就看不到本性的延续，看不到寻找和制造对立面、打击和摧毁对立面依然是他们的基本思维和行事方式，看不透“传教”乃西方知识分子的集体属性。我们后来接手历史的新注解甚至忘了一个多世纪前的巨大创痛，也是由于没看透这换了一手牌的老游戏。所以两百年来不是我们要与他们对立，而是我们不幸地横亘在他们征服世界的路上，被他们视为要摧毁或至少肢解的对手。

推演到这一层，才看清我们究竟落到了哪一步，被打是悲剧，但更大的悲剧是连被打的解释权也被劫走。无敌无界、精神上已被彻底缴械的中国人哪里能想到自己就像棋盘上的棋子，走到哪儿、怎么走的解释权已经在别人手里，这是下一步走到哪儿、怎么走的权力也落于人手的前奏。振兴中华，富强只是躯壳，真正站立起来要靠找回对历史的解释权。

被导演的世界：人类史上影响最深的心理策划

一个文明失去对世界的解释权，实际就是进入正式宣布死亡前的漫长休克期，她活着而不再思想，她的中上层社会开始分崩离析，投靠拥有解释权的新主。解体过程前后跨度百年以上，没有斩首的血腥，只有奔逃的兴奋，看清首尾的人凤毛麟角。

一、"集体优越感"从何而来

关于中国人的"素质"，可以从很多角度去思考，文明本身和人种角度是个绕不出来的圈子，既然绕不出来，还是别进去。此处"素质"打引号，是因为这是个一撸到底很贬损的词，实际是接受自己为劣种，只不过换了一个概括事实的名词，就把自己骗过去了，但每天被这个词覆盖的人群却潜移默化接受了这个词的实际含义。这种事情怨不得老百姓，是"精英"不够聪明，被一个词绑架操纵，任由一个模糊、贬抑的概念贴附在一国之民的身上，任其渗透到民间潜意识，而丝毫没有意识到一个词有时能做的事十万分可怕。一个词的潜入对人心的操纵，比一只挥戈跃马的军队血腥的扫荡要残酷得多！

其实大可不必如此兴师动众，使用这样一个含糊而大的词，用"少礼缺规"要恰当而具体得多。礼仪与规矩的缺失，有传统文明的丢失、有工业化程度、有社会匮乏感的强弱等各种原因，从农业社会走进工业化社会的人群需要重新驯化，单单道德感召是没有用的。中国人在这艰难的旅程中尤其行囊空空，因为在大规模工业化之前，已有的文明就被洗劫一空了。城市文明首先要学会收掩本能，这一方面取决于社会匮乏感的降低，另一方面取决于集体优越感的驯化。社会匮乏感的降低与工业化的程度、财富的积累和完善的管理直接挂钩，在此不加赘述。我们要谈的是集体优越感的驯化。

内心无羁无界的民族很难自生集体优越感，那是一种无道德底质的心理状态。如果说虚荣心出自本能，优越感则必经人工培育。构筑"集体优越感学堂"是不为世人熟知的巨大工程。我在后文《美俗与美德》中写过"将个体虚荣心转化成集体优越感，是现代民族国家森林之王们的秘密兵器"，既为秘器，便是不向外人推荐的。因此，历时两个世纪建造的庞大"学堂"，取经的中国人却是一无所知。有几人知道十九世纪英、法及后来的美国争先恐后办世博会的深层动机？

进入工业文明以前，欧洲的航海家和商人已做起人贩子，那时有一种娱乐就是将新占大陆的"土人"带回欧洲送给宫廷贵族观赏，但那时"野蛮人"并未脱出我们中国人也熟悉的"蛮夷"概念。被带入贵族沙龙的土人，一般也是蛮邦的头人或王族，以原始的异貌奇装受到猎奇式的礼遇，展示他们更多的是炫耀欧洲人的冒险精神，而非刻意树立对立面以汲取优越感。在这些作为"展示品"的土人队列中，没有中国人的身影，尽管欧洲商船早就抵达中国海岸。转折点是工业革命以后，随着枪炮战船赶到商船的前面，现代意义的"野蛮人"概念被引入欧洲，这个概念有别于古典时代对未开化文明的指认，而是涵盖甚广，把工业文明光照之外的世界一股脑囊括其中。"野蛮人"的原始含义被抽换，一种人为设计的对立于十九世纪欧洲人的全新含义被赋予其中，从对立于大工业及城市布尔乔亚文明到对立于欧洲白种人及基督教，对立面的重新设计，旨在为征服提供道德借口，同时让被征服者接受原罪。

二、一场庞大的心理战

我以为这是人类历史上规模最大、影响最深的心理策划，它不但深入骨髓地渗透于西方人所有行为规范中，而且颠覆了其他文明存在的道德和审美理由。翻倒这两个理由，才真正扳动了文明消失的发令枪。在这场庞大的心理战之前，各文明盘踞于各自的水土，不管发达还是落后，相对于他世界是平等的，这种平等来自于社会阶层的对等，不会发生西方社会的小瘪三也能坐上他国王公贵胄的筵席这类事。对等是因为有自己的文明价值体系，这个体系不是其他，就是对世界的解释权。一个文明是围绕着这一解释权同生共命的，它也是一个社会的中上层生存的精神理由，所以除非天灾人祸，中上层社会不会像下层社会为一口饭离土弃国，谁会为一把银子丢弃祖先留下的疆土？

然而这个相对平等的世界自十九世纪西方工业革命以后就一去不复返了，那个相对隔绝、各活其命的世界其实是随着西方人从他人手里收缴了对世界的解释权而沉落，从此，竖起了一个只有西方能定义的价值标尺，连同搭建标尺的所有思维参照物。是思维参照物对思想的覆盖让人心甘情愿被悬于尺上，顺着这把标尺，其他文明个个逃不出生来劣种的命运，连对自己历史的解释权都被明抢暗劫地拿走，只剩下卑贱感和自戕的快乐。是这把标尺搭建了前所未有的人肉金字塔，深入人心的“高贵”与“卑贱”尺度，将其他文明的智慧一网打尽。从此金字塔顶尖的“吸血鬼”们具有了永久打劫的合法性。暗中劫人劫心比掠尽地下的金银铜铁、地上的血汗要可怕得多，后者还可能从泥潭里再爬出来，前者可能永世不得翻身。一个文明失去对世界的解释权，实际就是进入正式宣布死亡前的漫长休克期，她活着而不再思想，她的中上层社会开始分崩离析，投靠拥有解释权的新主。解体过程前后跨度百年以上，没有斩首的血腥，只有奔逃的兴奋，看清首尾的人凤毛麟角。

三、从“人动物园”到“世博会”的深层动机

解释权被劫看起来是枪杆子决定的，其实那只是征服的一只脚，是看得见的脚，真正的劫掠是靠导演世界的手。十九世纪被带回欧洲的土人，地位已一落千丈，他们再也进不了贵族沙龙，至多为炫耀心强的主人客串一下有色仆人；知识分子中也再无卢梭似的浪漫者讴歌美好的“野人”，而是出了一群达尔文似的科学家，为工业文明领先的欧洲搜集人种、文明优越的证据。此时的“土人”已沦落为“异域风土”，与从远邦运回的长颈鹿、大象同命，被收进动物马戏团，在西洋以及后来的东洋巡回演出，从中国两米多高的怪人到暹罗的连体兄弟，从非洲患白癜风的花斑人到加那利群岛的毛人，观赏异域风情的戏台渐渐变成以他人的不正常凸显自己的正常、以刻意塑造的对立面培养自身优越感的舞台。从这一细节，颇能看透中国人与西方人精神世界多么南辕北辙，中国人向外看是去寻找他文明中最美的东西，而西方人专门搜集别人最丑的东西（当然最好的东西是由精英偷偷劫取，偷窃的过程和结果都不让外人和自己的百姓知道），这个癖好至今未变，只不过手法隐晦而精妙，有传媒、电影、现代艺术、非政府组织之类的高尚舞台，和各地头脑异类（有别于当年的肢体异类）同台汇演。

位于巴黎十六区的“风土驯化公园”就是为此目的建造的，它是十九世纪工程浩大的“集体优越感学堂”的一个组成部分，是“学堂”强化训教的场所，它的实际名称应为“人动物园”。十九世纪后半叶的某个周末，你如果走进这个公园，会看到裸露奇大后臀的非洲霍屯督族女人、与猿猴关在一起的澳洲土人、头顶羽毛手舞足蹈的印第安人、或脑后拖着辫子的中国侏儒。走到池塘边，一群赤身裸体的黑人随着衣冠楚楚的白人绅士抛掷零币的手，狗一般扎进水里争抢铜钱。那水花飞溅、浪笑不止的情景，简直一池令人大快朵颐的人肉饺子汤。此等“学堂”的驯化方能刻骨入髓。从十九世纪初到二十世纪五十年代（1958 年最后一家“人动物园”在比利时关闭），足足一百五十年寓“教”于“乐”，直到电影与现代艺术及传媒接过衣钵，将“学堂”转入地下。地下“学堂”继续它导演世界的使命，直到“野蛮人”的目光也被彻底锻造。

中国人是在鸦片战争后走进土人展品队列的，他们排列在各色土人中，被制成石膏头像作为劣等人种的头骨展示着，动物马戏团里也有了他们的身影。正是十九世纪欧洲人将马戏、杂技与劣等文明及人种的特意勾连，让脱亚入欧的日本人心领神会也远离这门技艺。如今中国杂技艺人每每在欧洲捧奖并以此为荣，然而他们并不知道日本人和西方人不与他们拼杂技奖（除了魔术）究竟出于什么“风度”，这“风度”是人家心里早划好的一条界：“高贵”人种展示头脑，“劣等”人种才玩肢体的花样；也不清楚为什么在倒掉的东方阵营杂技被提升为艺术并被广泛推广，那并不仅仅是破格提升平民艺术，而是为了与列强争夺话语权。

动物马戏团、人动物园都只是那史无前例的人工大布景里的小舞台，真正“导演世界”的大手笔是世博会，几大都市轮番上演。我们一般只知道世博会历史推荐我们知道的那部分，至多也只知晓那是十九世纪列强间炫耀工业化成果的攀比大会；我们不知道的是，世博会是电影画面、现代传媒出现前，西方人以当时的物力对世界的 mise en scène。法文 scène 有舞台、场景的意思，全句则有导演、上演、布景、设置剧情等意。在好莱坞电影、黑帮式秘密牵手的现代传媒到来之前，“导演世界”便已经开始，从那时至今呈现在世人面前的世界都已经过导演、布景和设置剧情。意识到这一点是惊心动魄的，近代以来我们的目光在多大程度上被“导演之手”左右?!

十九世纪的世博会是当时“导演世界”规模和影响最大的声像舞台，是“人动物园”布置的对立世界的精装扩大版，它的真实目的不是展示世界的“丰富”，而是营造世界的“鸿沟”。这也是英、法、美如今不抢着办世博会的症结所在，因为利用展会公开导演世界做起来亦难，反而要平等地为他国提供展台及公平竞争的机会。为他人作嫁衣裳或不能损人利己的事，他们是不做的。

十九世纪，当中国人还站在棋盘一角看世界的时候，西方人已自认棋盘主人俯视全球，“导演世界”由此而发。透析西方人没有比“导演世界”四字更好的视角了，如果说“征服世界”是外在的西方，是人人看得见的部分，那“导演世界”就是内在的西方，是秘而不宣的内核。这是一架庞大推土机的两只轮子，缺一而不可站立，缺一而不可前行。而内在的西方，是我们一百多年向西看而从未越过的槛，越不过这个槛，自然也就看不透我们的目光早就落入“导演”的指挥范畴。征服世界必须让征服者接受使命，让被征服者接受命运，此乃导演世界的目的。要让打人的人觉得打得值，让被打的人觉得该打，需要高超的导演技巧以及旷日持久的情节，这台戏一搭就是上百年。征服者是恒定的，首尾不管绕多大的圈都衔接得起来；上蹿下跳的是被征服者，首尾终将身首异处，再也衔接不起来。

被制造的共识：中国人的“素质”问题

从台湾文人开始到大陆后续者接力，写中西比对，绕来绕去多是中国人和西方人社会行为（主要是公共场合待人接物）的直接比较，既看不到由于社会匮乏水平悬殊，直接比较是极不公平的，也看不到社会行为差异的根源。撇开历史阶段、社会现状和文明差异这些深层因素，单拎出一些公共行为直接比较，结果是不难设想的，就是得出极其肤浅的判断，动则中华文明不如西方文明，甚至更绝——人种不在一个档次。一个绵延数千年的文明，就这么拜倒在一个两百年打劫成功的暴发户脚下。“中国人素质差”经外诱内导、层层加码，已被制造成一种几乎无人再打问号的共识，浸透民间潜意识，上至文人学者官员、下至目不识丁的平民百姓，日常凡遇不顺，皆以此为凭。

一、中华文明真比西方文明劣等吗

读我文章的时候，总有人分不清作为“世界统治集团”的西方和作为个体的西方人是两个不可混淆的概念，一如有人总是把介绍老虎是肉食动物的科普常识，诠释为仇视老虎的宣言。我其实只有一个思路，就是告诉国人什么才是西方的真传，学人之长要学真传，而非花招，尤其是人家特意推荐的迷惑对手的花招。

普通人这么浑搅着看问题，是因为即使是留洋“精英”也从来没有将概念分开来，而且从台湾文人开始到大陆后续者接力，写中西比对，绕来绕去多是中国人和西方人社会行为（主要是公共场合待人接物）的直接比较，既看不到由于社会匮乏水平悬殊，直接比较是极不公平的，也看不到社会行为差异的根源。撇开历史阶段、社会现状和文明差异这些深层因素，单拎出一些公共行为直接比较，结果是不难设想的，就是得出极其肤浅的判断，动则中华文明不如西方文明，甚至更绝——人种不在一个档次。一个绵延数千年的文明，就这么拜倒在一个两百年打劫成功的暴发户脚下。

“中国人素质差”经外诱内导、层层加码，已被制造成一种几乎无人再打问号的共识，浸透民间潜意识，上至文人学者官员、下至目不识丁的平民百姓，日常凡遇不顺，皆以此为凭。这其中不乏真诚的自我批评，以及恨铁不成钢的过激，但大量实为嫌贫爱富、贴附强权的势利之眼，而“共识”为后一种人提供了道德借口。

我们看到，越是肤浅的判断，越是将击打物锁定在深层目标上，如中华文明、华夏民族，以提高其判断的价值；越是目光短浅的人，越是下结论快而直接。我理解每个人都有权就自己观察到的下结论，但世上没有一个种族的所谓“精英”会像中国人这样把自己拔离地面看问题，好像在评判一个对立物，上百年不知彼亦不知己，却敢下这么大而绝的结论。什么东西一旦形成潮流，总能给模仿者带来愉悦，哪怕是自戕的潮流。

问题是，如果我们的大文人在比较中西时，落脚点也就是排队是否有耐心、超市买菜是否挑肥拣瘦或政治角斗场握手言和之类，以公共场合的待人接物总结两种文明，甚至判断优劣，那就不仅仅是教育百姓有礼有规，而是误导受众。如果这样下结论，别人一句话也能将此结论推翻：驾车都能让行人的西方人，为什么数百年来打遍全世界恃强凌弱？如此平和的政坛为什么有这么多政治暗杀？同时下此结论的文人是不是潜意识里也有点倚贵欺贱？

看西方如果不把这两个概念分开，就像看一个人总是从他出门的穿戴判断他的品格。我承认出门穿戴讲究很重要，是个优点，家里一肚坏水出门体面周全总比里外不讲理合算百倍，美俗绝对比美德事半功倍，但因一个人出门穿戴不羁，就得出结论他人品不如那穿戴讲究的人，是看人的人之浅薄和势利。要想不得出浅薄结论，就得弄明白出门穿戴讲究从何而来？因为即便要学，也得弄清它的成因，才能真学到手，而不是好的没学到，先把自己的自信给卖了。

二、文明行为与匮乏记忆

我们就从肤浅的结论经常引述的公共行为开始。比如超市买菜，中国人喜欢挑挑拣拣，西方人一般拿了就走。当然此种情况并不是绝对的，但作为笼统观察不为过。一般喜欢举这类例子的人并非例子在前、结论在后，而是事先已经有结论了，就是中国人自私、没有公德、素质差。就现象本身比较，的确有口难辩。大量中西方比较的文章或著作从台湾文人及大陆后续者的笔下流出，都是以此为起点和终点的。后来大陆有些文人跑到西方走马观花不但据此评判中西，还点评西方与剩下的世界。如国内某一级作家（作家只有好与差，不知这个级是怎么评的）去了一趟美国，乘坐一次大巴的时间里，已经为美国白人和墨西哥裔人下了断语。

这其实是一种当事者并不觉察的思维模仿，对绝大多数人来说，思想局限于思维模仿。但思维模仿是当事者意识不到的，他绝不承认自己在潜意识层面被绑架。表面看他也的确是目之所见，大作家觉得自己明察秋毫，一眼就看出两个种族的优劣。平民百姓可以这么下结论，大作家思维却不该这么简单。有没有想过这两人可能差异极大的生存背景？有没有问过自己，礼貌周全的白人为什么在过往的世纪里一直是后者的屠夫？所以看一个人的思想是否属于思维模仿，观其对事物的判断是否浅薄，不失为灵验的测试方法。

买菜时挑肥拣瘦属于人天性内的自私，要是做得过分，的确既不雅观又损害他人利益。此处用“天性内的自私”以区别于那种以害人为本、损人不利己的行为。就这个现象我仔细观察过，看出很多微妙的不同。比如六十岁以上的人挑拣得最厉害，在这个年龄段，中国人挑，西方人也没落后多少。这其中还分从哪个阶层出来的人，此处的阶层不是其本人的现状，而是生长于哪个阶层，越是从小经历过匮乏生活的人，越是在利益面前容易受本能捆绑，当然还有个人品质的差异，经教养或自我意识及意志很强的人可以战胜或掩饰自己的本能。到了四十至六十这个年龄段，中国人或者不如说移民群和西方人明显拉开了距离；但在三十多岁以下，距离又缩小了。

年轻人在挑肥拣瘦问题上没有明显差距，得益于两点：一是匮乏记忆趋于一致，西方是六十年代以后进入消费社会，中国是九十年代以后，迟了三十年。所谓“消费社会”就是社会基本物资供大于求的社会。但对同样九十年代以后出生的年轻人（都出自城市中产阶层)，匮乏记忆水平便趋于平等；二是这个年龄段进西方超市的华人，不少是在本地出生或长大的，学会了西方人的规矩。即便是刚到国外的，并不太懂规矩，若无匮乏感的障碍学起来也快。此处的观察只是个笼统现象，任何规律都有例外，老人有不挑的，少年也有爱挑的，请不要以特例来反驳普遍现象，那样无聊而浪费口舌。

从三个不同年龄段看，行为的差异与社会匮乏感的水平成正比，匮乏记忆在其中起了很大作用。再以排队为例，单单观察西方人，其行为也不能一刀切。年纪越大的排队耐性越差，急吼吼地贴在你身后或钻空子插队的多是他们，但做起来比中国人隐蔽。排队公德最好的是四十岁以下的年龄层，各种行为规矩远不如老辈的青少年排起队来优游自在，你若有急事跟前面人商量，在各个年龄段里，唯一能让的是他们。换到老人，哪怕他们的电影一小时以后开演，而你的电影在两分钟以后，也绝无“让”字可以商量，弄不好还给你几句，同样情况下中国老人要善解人意得多。四十岁以下的人，虽然受的礼仪规范教育不如上几代严格，但他们出生于这个社会走出匮乏的年代，因而在排队这类最能测试本能的事情上胜过前辈。匮乏感是一种在潜意识层面左右人的本能的心理状态，会像记忆一样储存下来，其后的物质丰富很难将之抹去。贵族需三代富裕才调教得出来，即这个道理。所以匮乏感不同的人群，不宜直接拿来比对，比出来的也是片面之词。

三、公德是“美德”还是“规矩”

那么西方人在社会行为上的胜出，除了在匮乏感上优于中国人，还有什么别的因素？就是规矩比中国人严。公德其实并非美德而是规矩，规矩与美德的不同，就是规矩不靠教育而靠驯化，像驯化家犬一样，要从小驯养成习惯；而且不需要里里外外都一样，只要在特定场合不越界就行，特定场合一般就是公共场合。为什么西方人能普遍遵守规矩？为什么内心比中国人自私狭隘的他们，在特定场合愿意出让一部分私利？这就要从西方文明一个关键词“界”说起，几乎所有的优点和缺点都是由此启动的。

在西方住久了，就发现有一个词“solidarité”在其社会生活中起举足轻重的作用。英文也有与法文相同的、只一个字母之差的对应词“solidarity”，这个词一般译成“团结”，但这么译只表达了其中一层意思，很容易误导中国人。因为中国人概念上的“团结”往往与友爱连在一起，丝毫不带抱团串通的意思，属于道德教化而不是利益攸关，因而“团结”在中国时常流于口号，不到民族危亡的时刻不会被当回事；在西方，“solidarité”却是社会行为的基本模式，渗透文明基因，小至公共场合的待人接物，大至政治体制、外交政策，以及西方集团与剩下的世界之关系，皆以此为基本行为模式。所以，“solidarité”更准确的理解应为“利害一致、相互关联、连带责任”。

单单解释字面，“利害一致、相互关联、连带责任”是中性的，但我们介绍时必须提醒国人，“solidarité 文化”的源头是“排他”，而非我们想当然以为的“容他”。它是在普遍而深厚的“界之意识”的基础上产生的，换句话说这个文化是有两面性的，它产生于对外的排他，落实于对内的抱团。是对外的恶，滋生了一种“属性意识”，再由之生出“自我意识”，是这种“自我意识”，让每个人意识到与群体内的人的连带关系，规矩便是在此共识基础上做出来，并被普遍遵守。所以“solidarité 文化”生出了一个双头怪物，对外它奉行双重标准的打手联盟，在某些特定情况下可以简化为“恶恶相连”的“流氓帮会”，你只需对我看不顺眼的也踢上两脚，就进“团伙”了。我们知道善盟难结、恶盟易建，由于骨子里不容异己，拉帮结伙常常只会玩恶的游戏。由此看，人性难有奇迹，不攘外就会欺内。

此处的对外是指国外国际，“solidarité 文化”在社会内部也形成“界”与“内外”，也有利与害两面。由于民众随时随地都得在共同利益基础上保持精神同一，舆论就变成了一个大家接受的谎言机器，致使这个社会在表面宽容、自由的外壳下，内核非常严苛偏执，其人与人之间的精神压抑远非中国社会可比。西欧从南到北精神压抑的水平线恰与“民主”、“自由”的水平线成正比，除了气候纬度的地理因素，精神压抑很大一部分来自内心与外表的反差，反差越大的社会，外表越显得宽容自由，所以中国人眼中的“天堂”北欧自杀率远远超过带有“专制余孽”的南欧。鉴于本文篇幅，我们将在以后的文章中进一步探究“solidarité 文化”，今天不谈“怪物”坏的一面，只谈“solidarité 文化”怎么浸透社会行为（公生活）的方方面面。

由“界之意识”滋生“属性意识”，再由之生出“自我意识”，其实就是每个人对自己和群体内他人同时负有责任，利则皆利，害则皆害，只图自己占便宜的人实则是害群之马，群之不存，匹马焉在？因此你不作害群之马，并非为他人着想，实际得利的是自己。驯化人划算的自利，要比教育他们一点别自私有效得多，所谓“公德”与“品德”无关，不是无私而是学会划算的自利。

四、“磨合文化”与“纽带文化”

从小受这套规矩驯化的人，走进超市，意识到在众目睽睽之下，挑挑拣拣有失风度，或看戏终场时无论喜恶拍手是规矩，如有一部分人拍得热烈，不以为然的另一部分人此时不得拆台，必须跟着做，懒得拍或溜走，不光丢自己的脸还丢在场其他人的脸，这时想占小便宜的私心和自身形象及与此形象绑在一起的集体契约（多数情况下并无实体契约而是带有强迫性的精神同一），在竞争中会习惯性地败下阵来。有人可能会问：众目睽睽？那些人谁认识他啊？不都是陌生人吗？陌生人不就是转身再也不会打交道了的人？以中国式熟人生人的概念，上述反问都有道理。中国人的面子类似于西方人的风度，不同的是面子只在熟人中生效，所以中国人在熟人中必须克己；西方人的风度却不分生熟只分界内界外，他在熟人中不必像中国人那么在意，但脸面要一直延伸到自己不认识的人眼前。

如果你把陌生人换成“他人”，“转身再也不会打交道”的侥幸和遁逃心理就变成了自欺欺人。你在这里损害了陌生人的利益逃掉了，下次陌生人损害你的利益时，你往哪里逃？在此请读者注意，这里的“他人”是界内的，“solidarité 文化”的文明规则只在界内有效，绝非普世的，对界外的自动无效，甚至可无所不用其极。

文化中“界之意识”薄弱的民族，很难自生“solidarité 文化”（勉强可译为“纽带文化”），而往往任由个体以可自定义的“良心”决定自己在群体内的表现，因而大恶甚少但小弊不断，形成一种“磨合文化”，是这份社会行为上的“自由主义”导致公共场合待人接物少礼缺规，而百多年来被打家劫舍至礼崩规溃，更强化了乱世本能，让本能占了理智的上风。“磨合文化”与西式“纽带文化”虽不能说是对称的两极，但若只作表面的比对，不探究事物的两面，有时确实有美丑之分，很多文人蜻蜓点水似的哀怨俱来源于此。

其实“磨合文化”也有正反两面，一如“纽带文化”除了对外恶的一面，在内部也并不都是光鲜的。比如“磨合文化”远比“纽带文化”容得下异己，控制他人的欲望没有那么不可抑制。从人性的角度，“界之意识”的确是“纽带意识”成长的温床，“纽带意识”的基础不是善善相砌，而是恶恶相抵。从“风度翩翩”的政治选举制度到“彬彬有礼”的公共举止，源头都来自“界之意识”，当权力欲和统治阶层形象及与此形象唇亡齿寒的集团约定针锋相对时，最后是集团约定占上风，因为意识到在这个统治游戏中真正的“他人”是百姓，而非政治对手。集团约定占上风的外在表现就是遵守游戏规则，人人不失风度。这和一个普通人在超市或马路上的表现没有本质差别。

摸到“公德”的源头，方可更理性地看别人、对自己，抛弃空谈和自卑，摸索出解决的办法。多少年来引发中国“精英”呻吟流涕、自怨自艾的那档子事，根本不该乱扯到“素质”上，把自己一抹到底；以“自私”一言以蔽之也流于简单；概括为“公德”，若分不清与“德”八竿子扯不上而只是“公生活”的一个契约，也是舍本求末。怨天尤人是因为“心态”主导了“头脑”，失去了分析事物的能力。头被拧掉的人，剩下的事就是骂自己的身体，很难再有别的作为。

被圈定的惯性思维：何谓“精神集体主义”

我要提醒读者，不要将我在文中写到的那些搞阴谋诡计、预谋篡变他文明、暗中打劫的人，与个体的西方人混为一谈，干那些事的是暗地里运作的“国际统治集团”，只不过“集团”直接控制或渗透最深的国家和国民往往冲在最前面。有读者半信半疑，问西方怎么本事这么“高超”？首先，这不是我们以为的地理、历史、文化的“西方”，而是操控西方的“集团”；其次，这也不是高超与否的问题，而是打劫的与正常国家、正常社会、正常人的关系，后者并非不如前者聪明能干，而是智慧从没用在伪装自己、偷鸡摸狗的本领上。这就像流氓与书生比高下，就看放在什么水平线上。必要时书生也得学点流氓的技术，学会挡明拳，也要学会防暗箭，否则无理可讲。

近代以来，中国人早就被灌输得个个自认是本文明的“受害者”，上上下下例外的不多，并随着时间推移及大规模模仿，越来越成为一种牢不可破的惯性思维，不但看不见自己的特点，反而专用人家的优点对比自己的缺陷，甚至把人家的有意误导当成自己的真实错误，将自戕变成人人仿效的自娱自乐，形成难以逆转的潮流。一个史上最讲公正和公平的文明，被她的不肖子孙抛出来做祭品，以掩盖自己的无能，也许是真走到了尽头。完全不懂西方历史或者说了解的只是西方伪史的中国人，带着与生俱来的中式思维，被对方的诱导和自己的本性蒙上了眼睛，总能让“传教士”见缝插针，达到目的。

一、西方文明秘不示人的内核

我们在上文中讲过，西方文明有一关键词“solidarité”（英文有与法文同样的词 solidarity），这个词几乎可以说是社会运作的杠杆，是西方人优点和缺点的启动源。将该词译成“纽带文化”是我自创的一个比较形象也贴切原意的解释，但“纽带文化”不是个现成概念，对吃不透此种文化的人，理解起来就还有障碍，他们找不到思维参照物。那么“solidarité 文化”究竟是什么？到中国人熟悉的思维参照物中寻找，有个较易理解的对应词：“精神集体主义。”

“精神集体主义”是成就西方文明所有表面神话的秘不示人的核心，只见“神话”、不知这个“内核”是中西误解的起点，是中国知识分子始终读不透西方的主要障碍，也是西方统治集团有意误导中国人的一个切入点。正因这个薄弱点，使得误导总是百分之百地击中目标。举一个最近的例子：

在《文汇报》2012 年 12 月 3 日的“文汇学人访谈录”里，访谈对象法国学者朱莉娅·克里斯蒂娃说了这样一句话：“不存在作为群体的知识分子，每个人都首先是一个个体，不能代表别人。”整个访谈除了推销族群名家，就是传播个体、自由、解构等“颠覆型美学”（被访者自定义），最后批判了一番“属性认同”。这里的“属性”（identité）被翻译者译成“身份”，是没有深解访谈语境的误译，西译中时只解单词不知语境，也是上百年来中国人误读西方的一个“绝妙”帮手。然后上面引号内的那句话，就被编辑拉出来用大黑体字放到醒目的标题上，足见这类“理念”总是正对中国人的思路，说的和听的齿轮相扣，犹如火车与其轨道的关系，印证了下文要说的，接收的人早有吸纳的丰厚土壤，不是缺了才要，而是缺的不要，要的不缺。

读了我这句概括，肯定有不少人不解、反感甚至跳起来，近代以来中国人早就被灌输得个个自认是本文明的“受害者”，上上下下例外的不多，并随着时间推移及大规模模仿越来越成为一种牢不可破的惯性思维，不但看不见自己的特点，反而专用人家的优点对比自己的缺陷，甚至把人家的有意误导当成自己的真实错误，将自戕变成人人仿效的自娱自乐，形成难以逆转的潮流。一个史上最讲公正和公平的文明，被她的不肖子孙抛出来做祭品，以掩盖自己的无能，也许是真走到了尽头。

完全不懂西方历史或者说了解的只是西方伪史的中国人，带着与生俱来的中式思维，被对方的诱导和自己的本性蒙上了眼睛，总能让“传教士”见缝插针，达到目的。每个人的确是一个个体，也未必能代表别人，但据此向中国人宣扬“不存在作为群体的知识分子”，就有点明知故犯的味道。既然克里斯蒂娃女士不避讳自己的犹太身份，那我就要说，作为一个犹太知识分子，向中国人灌这种“迷魂汤”可不太厚道。

犹太族群是世上自我意识最强的民族，这里的自我意识不是意识到个体利益而是属性认同。上千年在他民族中游荡，从未融入，反倒处处树敌，足见属性意识强到什么程度。这也是历史上唯一没有国王或皇帝而由“拉班”管理和统领的民族（拉班是犹太教的教士）。读到这里，有人也许已能悟到为什么在现代时髦“理念”中那些塑造历史的伟人、强人全成了“坏蛋”。由于这种超出所有民族的精神同一性，犹太人可以散落到世界各地、操各国语言，也无须一个强人统领，却可以拉起一条外人看不见的纽带，为族群利益服务。而强人统领却是别的民族凝聚力量、开拓历史的关键，也是创造历史抑或颠覆历史这两种文明的分野。部分犹太知识分子（请区分国际犹太精英与犹太民族）可以在世界各国宣称自己不属于所在群体，只代表个人，这是他们独有的洒脱，只不过他们实际从不将这份洒脱运用于自己的真正祖国和族群。记得法国犹太裔、流行乐手甘兹布尔一生“洒脱”，可以说其名声除了音乐才华，就是颓废不羁（他那首以做爱呻吟为唱词的歌将西方文明最后的道德堤坝推倒），从烧法国国币到调侃法国国歌，没有不敢嘲弄的象征，但人家私底下一本正经录制以色列军歌鼓励以色列士兵，然而模仿者们可都当了真。

注意：“独有的洒脱”即意味着其他民族的模仿者一朝实践即自取灭亡。因为别的民族没有这种无需国土（寄生于他国）、无需文化（寄生于他文化）、由血缘（只认血缘不接纳文化认同）和宗教在漫长流浪中凝聚成的自我意识，也根本没法像国际犹太人那样可以一步进入寄生国上层建筑，而且进入西方一国上层建筑就可进入各国上层建筑，随时可以挪移。

我是在很多年以后才意识到我们在西方电影中经常看到的上层小资的“洒脱”，其实也属于这个族群“独有的洒脱”，而并不具有社会代表性，至多只是社会上层“独特群体”的面目，那“永恒的叛逆”、“无所顾忌的颓废”、“永远的道德制高点”，皆来源于“寄生的特权”。主体文明是没有本钱这么“洒脱”的，它没法转移，没法寄生，只有存与亡。

世上自我意识最强的民族，向自我意识最弱的民族（已没有占统治地位的信仰，也早已失去血缘的边界且天性宽厚）传播“不存在作为群体的知识分子”，无异于向拉痢人推销泄药。而由纳税人供养的中国的公共大学和日报，为传播者提供讲堂和整幅版面，却丝毫意识不到自己正在帮着埋葬维护这个国家最后仅存的一点凝聚力，更意识不到，这是这个文明将被突破的最后一道防线。这里不是说一个外国学者在中国不能表达其思想，而是听其表达的人，已经意识不到自己是什么人，更不知对方是什么人。这几十年中那些让人绝望的事情，概出于这种双向的无知。

二、中式“社会集体主义”与西式“精神集体主义”

“纽带”其实就是“捆绑”，译成“纽带”是因为这是一种外人一眼看不出的精神层面的“捆绑”。在西方，这种“精神捆绑”自近代以后，逐渐剔除了传统基督教和私人生这两个原先的主角（为什么朝这个方向演变，相信细读我文章的人已能体会），集中到新宗教“普世价值”和公生活层面，就变成了一种非常隐蔽的捆绑。自古统治者和其用于统治的宗教都是明的，人类历史上还是头一次遇到用“假名”统治的权力和宗教，即行统治和支配之实、而无统治和支配之名。由于“精神捆绑”既没有公开的教皇也没有公开的教士，在自以为解放的西方社会被普遍接受不说（宗教巅峰时期的典型特征），外人不深入文明的核心也几乎觉察不到，更想象不出其强度，尤其是文明模式与“精神捆绑”背道而驰的中国人。自古只有“社会集体主义”的中国人永远也吃不透西方人的“精神集体主义”。而比土著白人更强烈且更隐蔽的犹太“精神集体主义”，包裹在其表面的“国际性”之下，就更不是中国人能摸得到边的事了。

中国人由于自身“社会集体主义”的模式，便由己及彼，将误导当真，以为西方人没有“集体主义”，既“个性”又“自由”。比如中国人组织集体婚礼，这是“社会集体主义”较典型的表现，它有别于集体舞、游行抗议等其他形式的群众运动，而是把私生活与集体绑在一起。西方人总是以此为凭据，指责或调侃东方民族只有“集体主义”，缺少“个性”和“自由”，一如他们历来以东方民族道德严谨为据而指责其思想封闭。这种用 A 事实证明 B 论据的概念模糊法，是误导受众的拿手好戏，而且百发百中。由于作伪选择了概念分岔的模糊地带下手，能看出破绽的人少之又少，何况看破的人是极少数，难以说服已被灌得满盆满罐的大多数，历史就是这么一层一层、一个细节一个细节被篡改的。

其实有个例子颇能戳穿此种误导。经常看欧洲古典绘画的人会发现，满幅裸男裸女却难脱《圣经》的框架；而中国古典绘画虽不露一寸肌肤，却海阔天空毫无这种精神扣押。但东方人限于自己的传统，往往分不开道德尺度与思想禁锢，一看到女人的裸肤就承认了西方人的自夸和指责。好莱坞电影更是为有意误导铺路架桥的先锋，它反反复复地制造“孤独”英雄，以掩盖“集团”的真正力量来自精神集体主义，以及由此结成的他人看不见摸不着的网。受此潜移默化洗脑的人，由于长期看不明白个体这么“自由”、“个性”，与整体这么“有条有序”之间的逻辑是什么，便只能相信“神话”，自认劣根。

为打破他人的凝聚力而实施的有关“个人主义”的误导，利用的也是“精神”与“社会”、“看得见”与“看不见”的概念模糊法。集体婚礼这种事在西方是看不到的，以“精神同一性”暗结纽带的社会，因为内里的集体主义禁锢，都逃避甚至排斥“社会集体主义”，尤其是进入现代以后，私人生已从“精神集体主义”中解脱出来，而个人主义唯一的显露渠道就是社会习俗上的与众不同，所以怎么会放过这个机会表现“个性”呢？精神层面的个人主义依然是被打压的，有一道几乎全社会不分党派、不分立场均接受（或被迫接受）的建立在新宗教基本教义上的底线，斗胆越过底线的人，其命运不会比古代火刑架上的异端好多少。何况西方社会阶层是不混杂的，可为共同的理念上街游行，但绝不会一起结婚，连出入饭店、电影院这种事都是各入其门。

而中国那几十甚至上百个选择同一时辰结婚的人，不光可能阶层各异，更不会有一种纽带般的“精神同一性”，很可能婚一起结、但内心一个是弃国者一个是爱国者。不要说选择一起结婚的人之间没有“精神同一性”，就是选择加入同一个党的人又有多少“精神同一性”呢？他们中相信什么主义的都有，恐怕就是相信党纲的最少，甚至连底线都没有一条。由于没有暗里的“精神捆绑”，中国人一般不排斥“社会集体主义”，也不喜欢在社会习俗上刻意显露与众不同，有时到了不宽容的地步。这一点在都市小资群中已经部分改变，他们被自己都看不见的精神捆绑聚集起来，颇喜欢在社会行为上标新立意，以示“反叛”。能在舞台上表演的“反叛”，反叛的成分不足，撒娇的戏份很足。

三、真本事藏起来不让徒弟知道

中国人以其本性而只见西方的“表”，完全不知“里”的存在，更难以想象其表里不一到什么地步。我曾写过：“我从西游美梦中惊醒，是发现了藏在冠冕堂皇的美妙说辞下面的阴谋诡计。这不是发觉人家不如想象的好，也不是看到美丽中的污点，而是发现有两套东西，上面那套是让我们欣赏学习的，下面那套是根本不让我们知道的。后来进而发现在几乎所有向我们推荐的那套下面都另有一套，有的时候下面那套是上面那套得以实现的基础，并不是秘密的，但他们推销时却有意绕过，就像师傅传手艺，故意把真本事藏起来不让徒弟知道，然后等着看以为学到真传的徒弟一做就砸，等着看他总也做不成后的自我否定；有的时候上面那套是专为掩藏下面那套设计的，有点像赌牌时的花招，是用来让对手上当的，实际做的是下面那套，而这一手是抱团守秘的，连自己的百姓都不让知道。”

而“精神集体主义”就是“里”中的核心，是“上面那套”得以实现的基础。文明中缺少或几乎没有“下面这套”的国家或民族近代以来被诱惑或被迫仿效“上面那套”，基本就陷入了不断释放负能量的鬼打墙。百度百科里对“鬼打墙”解释如下：“在夜晚或郊外行走时，分不清方向，自我感知模糊，不知道要往何处走，所以老在原地转圈。把这样的经历告诉别人时，别人又难以明白，所以被称作‘鬼打墙’，其实这是人的一种意识蒙眬状态。”

有一种现象对“里”与“表”揭示得相当透彻，但并未引起被西方人灌满迷魂汤的国人的注意和思考，就是战争与集体主义。一般的逻辑是缺乏集体主义就打不了仗，集体主义与主动攻击性是比肩而行的民族性，已被历史证明是互为条件的，中国人不好战，缺乏集体主义是根源之一。而成天标榜个人主义的西方，为什么这么爱打仗也能打仗？世界警察美国就不用说了，形同一部战争机器（华尔街、军队和军工是这个国家的经济命脉）。就是“自由散漫”的法国，在其非洲殖民地诸国独立后的五十年中，也进行了五十次军事介入，平均一年一次局部战争，这还不算其跟随西方集团参与的其他战争。仅仅是因为武器先进爱打仗？那么参与战争的人呢？人靠什么凝聚成战争机器？靠的是外人看不见的“精神集体主义”！犹太人在建国前后的艰难岁月，无论是战场还是开荒的农场，也发生过很多牺牲个体的相当残酷的事，在生死存亡的大目标下，清剿异数、牺牲个体被整体咬牙接受了。这还是在外部不断有巨大财力输入的情况下，要是再被外部强权经济封锁、政治分裂，那牺牲会更惨烈，内部派别之争也会更你死我活，政治暗杀会更多，但人家的“伤痕文艺”从不进入自家阵营，只被当做与外敌斗争的武器。他们靠什么集体吞咽苦果？靠的也是“精神集体主义”。

毛泽东领导的中国革命，史学家怎么解释的都有，窃以为，毛泽东在同样武力落后的情况下转败为胜的奇迹，其实就是绕过花招、习得真传的结果。可能是出于天才的直觉，也可能是迫于条件，毛泽东撇开洋军师，也没靠进口装备，而是直奔要领，用“精神集体主义”把“散沙”似的中国人硬捏成团，终于使这个被列强踩在脚下的民族站起来。然而也正是因为中华文明原本没有“精神集体主义”，靠强人赶鸭子上架，又尚未学会与私人生及传统文明中的某些糟粕分离，加上因反抗招致经济封锁，中国人只坚持了几十年就苦不堪言，受不了倒也罢了，再也拔不出来的也大有人在。而西方的“精神集体主义”是靠长达一千多年的实体火刑架反复屠戮、百炼成钢的，早已浸透文明的基因。

四、是“普世救人”还是暗下杀手

“精神集体主义”一个突出的表现即中国人无法比拟的主观能动性，在公共生活领域常常体现为一种人人顾及整体利益的自觉意识和有限分权，此为西式“民主”与“自由”的基石，而基石之基石是建立在“界之意识”上的属性意识，属性意识的强弱决定了其能否意识到整体利益。注意：“精神集体主义”不可完全等同于一神教信仰，而是比宗教信仰更深更广更独特的精神同一性，同样信奉一神教的阿拉伯世界就没有类似于西方的“精神集体主义”。这种“精神集体主义”有一独有的特点，就是没有恒定的善恶、是非标准，只有随利益不断挪移的界内界外。这一点传统宗教是没有的，而是犹太精神的产物。试想，没有恒定的善恶、是非标准，哪来“普世”的胸襟？这种事情往深里想一想就一目了然，可就是有这么多痴人鬼打墙转不出来。

精神层面的集体主义是西方社会表面宽松、内核坚硬的关键所在，同时精神层面的集体主义要比社会层面的集体主义牢固而隐秘。这也是我们对西方社会整体误读的起始点。看到这一层你才恍然大悟：为什么西方社会强调个人主义，因为在精神层面上，西方社会缺乏个人主义；为什么中国社会提倡集体主义，因为在精神层面上，中国社会自古至今都缺乏集体主义！

中国社会有熟人间的“捆绑”，导致人与人的压抑，但“捆绑”到了陌生人之间又形成了不计其数的突破口，舒缓了压抑。每当政权势弱的时候，中国社会便秩序混乱、有规不守、有令不行，概源于缺少“精神同一性”，可不是人们想象的只要制定一部完美的法律，就可迎刃而解。中国式被迫集体主义止于社会层面，而没有类似于西方社会的几乎随时随地、无孔不入的精神捆绑，教堂内的忏悔室就是精神捆绑的“检讨室”，进去检讨的人并没有被人群押着，而是被灵魂绑进去的。我们从二十世纪三四十年代法国一个教区神父收到的教民来信中还能看到，连夫妻间自慰（为避免过多生育）和夜间梦遗（自慰是违背上帝教导的）这类不能再隐私的事，因与宗教精神不符，都在教民主动请罪的范畴。而中国社会往灵魂深处检讨还从未深达这个程度，这就是为什么传统中国社会没有自然生发对个人主义、自由主义的追求，因为在精神层面上个人主义、自由主义从来就没有被彻底铲除。而精神捆绑却是基督教文明的本质，基督教文明在十几个世纪里，精神世界囚禁于一本《圣经》，于今也只不过是换了一本“圣经”而已。想想华夏民族是多么幸运！要是鸦片战争发生在一千多年前，我们早就不知道华夏文明姓甚名谁，就算知道，十之八九也是个伪造的版本。

在如此天网恢恢、疏而不漏的精神控制下，经漫长世纪锻造出的“精神集体主义”，是西方工业化领先后征服欲不可抑制的文化根脉，为其武力打劫世界提供了牢固的社会基础；也是西方国家从明的寡头政治过渡到暗的寡头政治，却可瞒天过海、嘴上说一套底下做另一套的杀手锏。

要不是看到被奉为“医生”的人告诉脾虚胃寒便溏之人病根是肾虚胃火，并且给他开清热燥湿的药，把他往死里治，你“纽带文化”实质是什么我们没必要说三道四，甚至你们的真实历史想藏起来，我们也没必要去揭去掀。但如果兜售泻药的贩子赚钱还嫌不够，还要钻进脾虚胃寒之人的头脑，让他从思想深处相信自己的病根是肾虚胃火，欲从根上将其解构，以期一劳永逸地吸附其身上讹诈，我们若再不行动，就如同见死不救。

第二部分　我们怎么会落到这一步

悄然易手的审美权

最近我常想：我们怎么会落到这一步，又是怎么落到这一步的？现在回看这些年，就像看到一个精神被打劫一空的人，在什么迷幻药的作用下，拱手送出窃贼想偷的东西，还觉得无比荣耀。每一个时代都会有一层迷雾，像麻醉剂一样催眠了大多数，人群在潮流的卷裹下，惯性地冲向一个方向。但这样的结局却由悲剧主角当喜剧上演，在沙堆上搭起富丽堂皇的纸牌城堡，大肆庆功，还是打破了历史纪录。

一、从《泰囧》铩羽北美说起

有一次，我在国航飞机上凑巧读到《北京青年报》一篇署名本报记者的短评，开篇第一句便是丢眼、丢耳、丢心、丢脑借外打内的论调："中国电影只能'自娱自乐'的趋势似乎更加明显，不仅频频缺席国际三大电影节的主竞赛单元，就连刚刚在内地创下票房神话的《泰囧》也在北美放映时遭遇囧态。"

这是我们落到了哪一步的典型写照，我们来细看作者的思维逻辑。先看似乎无意识中使用的两个对应地名："内地"和"北美"。即便此处提到的《泰囧》票房只包括内地不涵盖香港，但撰稿人所处位置是北京而非香港，对应的地方是北美也非香港，用"内地"这个词就很奇妙。中国与北美（想必是美国）是国与国，身处北京的中国记者一般不会习惯性地将"内地"与"北美"并用。读下来好像中国与美国已是合众国，或者已是类似内地与香港的关系，好像作者不是香港记者就是好莱坞大亨的发言人。香港记者言必称内地，是因为与内地的特殊关系；好莱坞大亨眼里的世界只是一块块他们圈划的电影市场。我们由此看到，作者潜意识里已将自己外化，不是由内向外看（个体看世界的正常逻辑和秩序），而是由外向内看（中国某一知识群体举世无双的世界观），他们“地理”上坐到了香港，“心理”上早已坐到美国，所以才会张口“内地”，近乎本能地据“外”视“内”。

心理外化必然导致判断事物价值的逻辑背反。作者认为中国电影不够水准，作为个体或代表某一群体对事物持批评态度是很正常的，每个人都有自己的好恶。然而作者却并非代表自己或他所处的某一群体发言，而是在为西方“三大国际电影节”的选片策划人和控制美国电影院线的寡头代言。此话怎讲？因为此文开宗明义给出了中国电影不入他眼的理由：“缺席国际三大电影节的主竞赛单元”、“ 在北美放映时遭遇囧态”。我们可以分析一下他的思路，估计他本人或他所代表的群体看完电影后感觉不好（我前面说了，各有喜好，再正常不过），但他的判断标准却并非来自自己，而是已有一个他自己都未必意识到的前定标准，即唯西方人马首是瞻。中国电影的好坏，中国人自己没有评价权，连实实在在的票房数字都不说明问题，在作者眼里中国电影不行（至少大众电影夺回票房在我眼里就是一大成就），因为“缺席国际三大电影节”，因为取得票房神话的《泰囧》在北美遇冷。既然去不了“国际三大电影节”，又没有讨欢北美观众，中国电影再受本国观众待见也是不够水准的，夺回票房又有何用，只能自娱自乐。

至于作者究竟是因西方人不喜而不喜，还是不喜便拉来西方人撑腰，我在此无法判断。我只是发觉这种思维逻辑已成全民惯性思维，百姓追风而行是常事，可掌握话语权的人也无力突破惯性，视物如盲犬，恐怕也是举世少见，何况我们祖先是给我们独创了一个文明的。

凡事西方点头，才是判断好的标准，已经深入国人的潜意识，甚至近乎本能。我前不久偶然拨到北京国际频道，是个养生节目，演播台上请来一位知名专家，他本意是想引导观众尤其年轻一代恢复中国传统饮食结构，但他给出的理由，同《北京青年报》的记者如出一辙——先抬出是美国人说中国传统饮食结构合理，好像对中国饮食结构的研究，中国学者的发言权还不如美国人。即便认为中国营养学研究起步比美国晚，但中国自古就有养生学，其中学问浩如烟海，何必这般谦卑？这种谦卑，我以为已经超出中国传统的谦虚，而是自卑到骨髓，好像中华文明之上已有一个毋庸置疑的主子。

落到这一步以“开放”、“西学”的道德借口辩解已苍白无力。一个文明心理溃败至此，一般都是亡国巨创所致，国灭人去、永无抬头之日的人无处遁逃，只能在心理异化中寻求慰藉。然而我说的这一切却发生在一个国在人存的国度，还自称“太平盛世”，国土上既无占领军，强敌亦没有兵临城下，刀更没有架在脖子上。为什么要自设一个“主子”并自视为“仆”？

二、由“明搞中国”到“暗搞中国”

西方人究竟有什么高出国人的资质，来判断我们文化的好坏？我们引述他们的看法兼听并蓄无可厚非，但唯他们的看法是重，就像人无骨一样。何况以我多年的观察，西方视我们为真正对手，生怕我们比他们强，所以在很多领域（我熟悉的电影尤其明显），他们都故意说反话做反事，他们不抬举甚至说不好的事，恰恰是中国做得好的事，他们不抬举、不引进的电影人，不光恰恰是有才的人，而且肯定是妨碍他们占领中国电影市场的人。在这种事情上，他们是不打一丝马虎眼的，随时防着有本事与他们竞争的人，提携的中国电影人不是射向中国国家就是投向中国电影工业的炮弹。我在多年前就已看出，中国电影不再被选入“国际三大电影节的主竞赛单元”是好事，现在看，好处大大的：证明2008年和2009年以后，西方传媒已从明搞中国转为暗搞中国，肆无忌惮已有所收敛。

“国际三大电影节的主竞赛单元”是世界统治集团舆论战争的重要战场，表面看是由法、意、德三国主办，其实三家的真实掌控者皆隶属于“文艺国际”。判断一个西方文化机构是否是“文艺国际”的干将，不在行的人也有一个简单的办法，就是看“国际传媒”宣传的力度，如果没有或不完全控制在“文艺国际”手里，“集团”的嫡系军团“国际传媒”就会三缄其口，阻止其获得国际声誉，反之则会吵得天翻地覆。中国人跟着起哄是因为什么也不懂，绝想不到“国际传媒”的话语流向是个“人工渠”，更想不到他奉为圣旨的“国际声誉”是“集团”舆论流水线的产品。

所以“国际三大电影节的主竞赛单元”不是个纯粹“艺场”，由于影响力远远大于次竞赛单元，入选入围可不是电影艺术水平决定的，而是看你在“集团”国际战略棋盘上的位置。选片人并非我们一般以为的高水平品艺人，而是“集团”国际战略的心腹，所以“艺术总监”几乎是终身制，还有家族化的倾向，实行绝对的“独裁”统治。因为不独裁就难以保密，真正的选片内幕是绝密（内幕一旦暴露，机构会轰然倒塌），对外宣称的不过是设计好的谎言。足见此“战场”对“集团”的重要性。能进入“主竞赛单元”的一般分三大块（观察二十载从不破例亦从无偶然，足见目标明确、坚定不移）：一是“文艺国际”专门提携的人才兼摇钱树，有三个入门条件，即思想符合主流意识形态、有一定才华、出生地须在西方或至少其势力范围内。“文艺国际”不光靠这些人赚钱，还靠他们圈定各国小资文化。二是“文艺国际”的内部关系户（从不暴露之间族群或信仰组织关系，媒体在这种时候乖得很），时常无需才华，做“集团”的传声筒、接力棒即可。三是“文艺国际”的攻打对象，由于曝光率极高，搞起来声势浩大，近年主攻目标已非中国，甚至俄罗斯也已退居后位，而是伊朗。中国电影除了港台片历来是落入这第三块的，缺席即意味着不再被放入第三块，但也绝无可能升到第一、第二块。中国暂逃劫难，一是前面说的从明搞转为暗搞，二是财政陷入极大困境的西方要赚中国人的钱（奢侈品、旅游、留学）暂时压过“文艺国际”的攻击使命。其实攻击使命并未停止，只是不再打草惊蛇。

此外中国电影工业在十年中飞速崛起，已打破由“文艺国际”旗下的各“国际”电影节布设的荣誉和利益链，这种时候，再像当年挑张艺谋、陈凯歌那样从主流板块上挖能制造影响的电影人，无疑是为振兴的中国电影工业锦上添花，而且中国已自成利益链，能挖到心腹的可能性也已大大缩小。因此，早在所谓第六代电影人时，“文艺国际”便已改变方针，逐步放弃了中国主流电影人，而把侧重点放在异议电影人身上，其实是打了败仗的撤退，或至少是战略撤退。

此处对所谓“国际三大电影节”用引号，是想说人家自誉，而我们却追捧得连打个问号的胆子都没有。如果是九十年代，里里外外的中国人均被迷惑，不知这些“国际”电影节的深浅，如今先入虎穴的人早就探明虚实，点明其所属和运作机制，还这么唯“西方电影”马首是瞻，真不知迷魂汤的药力为何如此大。我们不但不能再对这些带有秘密使命的所谓“国际”文化机构唯命是从，而且对它们的信誉须打一百个问号。

三、文化领域的“人工市场经济”

至于《泰囧》未能在北美继续制造票房神话，不但不能说明《泰囧》本身的好坏，而且应该唤醒中国人，好莱坞向中国开放电影市场只是放了一个诱饵，为的是占领中国市场，因为中国没有秘密控制，一开就是真正玩市场游戏，而且中国媒体三十年来是好莱坞不必付钱的宣传机构。我在《被策划的中国文艺》一文中举的有关电影市场被控制的实例，已能说明在文化领域（从图书市场到电影市场），西方并未真玩市场经济，只不过人为控制得非常有技巧，而且上层抱团守秘。市场只在把控好的渠道内发挥效用，而渠道和放入什么是人为设置的。这个所谓市场其实就像纵横交错的水田，田埂的设置和入水出水的闸门，完全是人为严密控制的，市场只在可控制大小的田埂内自由行事。我差不多花了近二十年才逐步窥其暗手。在早已秘密结网的制片、发行、院线、媒体一条龙操控下，任何一部电影的票房都在可控范围内，控制的闸门在电影投放市场前都暗中设好，市场只在下游调节，何况掌控人还可随时关闸断水，而局外人完全不察。中国电影就更是毫无奇迹可言，卖多卖少全在人为把控，卖多往往逃不出以下规律：主题或细节符合“文艺国际”要维持的中国形象。在文化领域，“集团”才不会放任市场来帮对手，这跟在经济领域唯利是图完全不同。看起来全是私人掌控，但这些私人心中全都以“帝国”为公。市场这张牌只是引君入瓮的圈套，套的是傻乎乎真信了的人。

其实中国电影若能自娱自乐，就是个不能再高求的成就，中国人应该自豪才是。在“帝国”文艺和舆论几乎一统天下的世界，有几个国家有能力做到自娱自乐？又要多少财和才方能自娱自乐?！我从前被蒙蔽的时候，总是不明白为什么自1945年以后法国电影市场上好莱坞总能并至少占半壁江山，无论法国电影处在什么水平，平分天下的局面都已是定局。表面看起来极像是市场自由竞争的结果，舆论也引导我们相信这是两国的电影市场在斗争，我在很多年里真信了这一历史版本。我后来才看清这是个事先安排好的棋局，掌控法国电影的人——从制片、发行到院线、传媒——是参与“下棋”的。如果说二十世纪八十年代以前这个历史版本还有局部真实性可言，那么自那以后，“集团”的各路军已经会师。

“帝国”最怕的就是你自娱自乐，它能放你自娱自乐吗？那样它怎么洗你的脑还从你身上赚钱？看看关门自娱的朝鲜让“帝国”软硬兼施忙活得像热锅上的蚂蚁，就明白了。这颗星球上恐怕除了地底无一分值钱资源、地上无一分造富创财之能的荒蛮所在，才有望自娱自乐，其他地方早就在征服统一的大计之中，暂时的自娱自乐也只是历史间歇的喘息。

四、文明死亡前的漫长休克期

最近我常想：我们怎么会落到这一步？又是怎么落到这一步的？现在回看这些年，就像看到一个精神被打劫一空的人，在什么迷幻药的作用下，拱手送出窃贼想偷的东西，还觉得无比荣耀。每一个时代都会有一层迷雾，像麻醉剂一样催眠了大多数，人群在潮流的卷裹下，惯性地冲向一个方向。但这样的结局却由悲剧主角当喜剧上演，在沙堆上搭起富丽堂皇的纸牌城堡，大肆庆功，还是打破了历史纪录。

究竟是哪个突破点致使我们落到这一步？被凿了大漏洞却浑然不觉是文明休克期的典型表现。我在前文《被劫持的道义权：那些被反转被颠覆的历史》中说过，道义权被劫是雪崩前那致命的响动，但“精英”背叛的开始却并非赤裸裸地出卖道义权，而是先“优雅而洒脱”地出卖审美权。

道义权和审美权是一个文明生存的轴心，文明外衣是卷在这个轴心上舞动的，它使得所有的词语、画面、手工、技巧从被动的存在变成主动的宣示。这两个权一丢掉，一个文明就进入了死亡前的漫长休克期，最后的死亡连能确定死期的法医都没有，文明的载体已经意识不到什么东西弃体而去，休克期掩盖了文明被斩首的血腥。但医学上的休克分两种，一种是脑部未受创伤而遭人工催眠休克，一种是脑创伤引起休克。前者一旦解除催眠即获苏醒；后者则有三种结局：创伤太重不再苏醒；醒过来但留有后遗症；醒过来并恢复大脑原有功能。那么华夏文明的休克属于哪一种、又将是何种结局？就看道义权和审美权被劫持，是属于脑创伤还是被催眠。如果是被催眠，则一旦解掉催眠药即能恢复；如果是脑创伤，重度的则希望渺茫，轻度的可拾回或部分拾回。

由此推断，落到这一步的突破点是丢失了这两个权力。那么这两个权力是谁先丢失的？我剥茧抽丝追溯回去，发觉是审美权的悄悄易手，启动了道义权的被劫，就像破了前厅的门，才能拿走内室的宝贝。此二权虽然像孪生兄弟一前一后，亦步亦趋，缺一不可，但最初的突破口是审美权，因为它比道义权被劫更不带血腥味。摧毁一个文明是从审美权易手这个转折点开始的。审美权易手常常披挂着“弃旧图新”的“进步”表皮，征兆则是左奔右突、频频失度，整个文明“童稚化”。而“童稚化”看起来是很喜庆的，总是大张旗鼓改弦易辙。审美权易手还总是掩藏于所谓“政策失误”之下，最后找个替罪羊怪罪一番，致使清醒的片刻也难嗅到病根，左边补上漏洞，右边又捅出个更大的，时常大悲大喜。

五、钻石取代玉石：缓慢的吞噬

审美权易手并非局限在文化艺术领域，而是牵一发动全身，看起来却处处都显得无关紧要。从我们的国球由乒乓球实际转移到篮球的速度，就能体察到审美权易手在细枝末节上的反应之快和神不知鬼不觉。二十年来，我有规律地在国内一些大商场、大首饰店转悠，审美权被蚕食的过程悄无声息，但执着地、不可逆转地朝着一个方向行进。最早老牌首饰店由中国传统的玉和纯金首饰平分天下，然后钻石出现了，不起眼地只占小小的一个角落。每几年钻石的地盘便扩张一点，玉和纯金首饰的地盘收缩一点，像温柔蠕动、但知道自己的目标的蚕与被动的、无意识的桑叶之关系，看起来你吃我奉相安无事。渐渐地，对分天下的局面出现了。直到重新装修的华丽殿堂里钻石坐了大，一切都是那么自然，有无数人可以告诉你：市场规律嘛。

由此绵延数千年未中断的以纯金为价值依托（实为非常诚实的一种买卖）、以玉为贵重宝石（中国人手工智慧兼文化传承的聚合物之一）、利益链握在自己手里的婚庆饰物，在短短二十年时间里，被一种米粒大小、毫无文化内涵、也并无多少美感只是明确标榜主人钱袋大小的财富象征物巧然取代，看起来好像时代必然。在此请不要误解，并不是说我们不能或不该吸纳外来审美，兼容并蓄不是被取代，更不是自己文化的消失，更不该把市场拱手让给这种自己完全把控不了利益链源头、且分享不到定价权的不公平买卖。

等到玉器柜台彻底消失的那一天，玉匠也将消失，很大一部分华夏文明的符号将随之湮没，承载在玉器上的几千年文明，也将在追星捧月的时尚玩偶手里悄然失手。一如华夏文明自我意识的丢失早在汉服消失的那一刻就已经启动了。如果钻石真的稀有、珍贵倒也罢了，问题是这块小石头的价值虚构是人类历史上最大、最隐秘、最蓄意且持续最久的一场诈骗（完全不是由市场调节的），在西方讨论这种矿石真实价值的言论是被隐形封锁的，斗胆涉及的人均被边缘化。“独立”知识分子的批判和质疑精神不知躲到哪去了，放任并且推助垄断寡头靠着强大的精神劫持，硬是一国一国地人为制造习俗，而且制造得速度之快，且能逃脱时尚转瞬即逝的命运，构筑一条坚不可摧的利益链和被挂上链的无以数计的被劫者。在西方已目睹这以市场做幌子的诈骗和征服，眼看着自己国家一步步落入套中倒吸凉气。

审美权被蚕食吞噬，要比国家犯了政策错误甚至打败了一场战争可怕得多，因为它常常是不可逆转的，是最温和却最致命的攻心术。中国古人深谙此道，所以清人入关要强迫蓄辫，而有人以头颅拒绝那根辫子。可叹的是，今天的中国人在两百年失败心理的压迫下，在“开放”、“接轨”的迷药中，连看到、意识到的能力皆已丧失。小民潜意识卑贱到这种地步，与审美权易手密不可分，他们真受洋理念的捆绑吗？并非如此，“民主”、“自由”这些玩意儿只是时兴的词儿，与他们的日常生活相距遥远，对他们心理移变产生巨大影响的是利益链终端的象征物，故悄悄地覆盖这些象征物，换掉审美符号，就比一支庞大军队的入侵后果还要深远。当他们走进一家家豪华商店或购物中心，灯光布景、纸醉金迷，却不见一个中文，哪怕是中国牌子，也把中文缩到最小、外文放到最大，他们在感官的愉悦中，被利益链终端的符号渗透。这些符号无须言语、温馨随意但执着接力、始终朝着一个方向、一遍遍暗示他们谁高谁低、谁贵谁贱。

这种潜意识冲刷是随时随地的，让看明白的人触目惊心。这个在几乎所有国人眼里都比西方“落后”的国家，却满大街、满车厢的视频，从公共交通到公共马路，无所不在的视频铺天盖地地向平民百姓流泄着所谓“西方生活”的画面。由洋模特走秀和风景明信片构筑的虚幻画面，一直铺盖到各大城市的公共交通里，这么“发达”是谁在后面做推手？谁为这些画面付了广告钱？又是谁决定出卖这块民众必经之地？还是真的傻到没领到广告费还以为这样方可娱乐百姓？西方富国为什么不玩这种“发达”游戏，他们在公车上装不起视频吗？外国人付多少钱能让他们占领这样的阵地？模特走秀这样的画面在西方都是牢牢地圈在上层社会，只有特别付费台方能看到，任何一国的统治者都不会无意识到让百姓耳濡目染这样的画面，在本国尚且如此，引来外国如斯景象就更是不可想象了。这不是“开放”、“接轨”，而是“饮鸩”、“自杀”！这不光是国际奢侈品集团用来洗脑的武器，这种颓废的优雅对民众正常心理还有阴暗的解构作用（长期浸染的话），也是一种西洋生活的骗局，蒙骗百姓画面的那一边是“天堂”，而那不过是商品广告。而且这种画面熏染无须言语，比任何宣传都有效，染上了皆难以逆转。

是谁组织了这场世所罕见且史无前例的大规模洗脑和潜意识颠覆？为什么“主们”没有意识到这是自献城池的危险游戏？因为大门的钥匙（审美权）已被巧然骗走。

大门钥匙是如何被骗走的

有这条制造“国际声誉”的人工流水线，他们硬是让全世界各国各文明的人相信这世上存在着一群“超人”（超文明、超历史、超国界），不知喝了什么“仙汤”长大，眼光举世无双，他们的审美标准是高于一切的，可以不懂人家语言就设定了人家文学的最高标准，可以不懂纸墨就决定了人家家里谁是最了不起的画家，可以不懂人家历史就指明了人家必走的方向……这群因为生活在纽约、伦敦、巴黎、斯德哥尔摩、日内瓦……用一把银子设一个荣誉平台，就有了比历史上任何征服强权都霸道的审美终裁权，继而道义终裁权，可以直入各国“宫廷”劫权夺利挑卒。

一、设立“国际大奖”的真正目的

我一再纠缠于“审美权”，是因为我追到最后发现这是“城堡”崩溃被抽掉的第一批砖，而且砖并不是自毁，而是被毁的，但看起来极像自毁。在此请不要错误地理解为，我们不能借鉴外来审美，而是再也不能重新塑造自己的目光，丢掉最终评价权。那么要想让把守大门的人自动交出手中的钥匙，先得设局，让守门人相信来人早有比自己手中这串钥匙先进、高明的技术，钥匙已无意义，而且是阻碍“进步”的屏障。世界统治集团的计谋，看透了也就那么几手，而万变不离其宗的就是先骗钥匙。无论在政治、经济还是在社会、艺术领域，伸进手是为了劫持，劫持是为了让对方不打自送，而打劫的第一步是先骗钥匙。

审美权是直入一国上层建筑的钥匙，你城堡大门可以重兵把守，与围城的人鏖战到底，但审美权这把钥匙被骗走，城门的守护其实已经沦为摆设，没有太大意义，只是让众人看不见“宫廷”内室已经里应外合。看起来与华尔街、伦敦金融城毫无牵连的西方各类文化平台，诸如“国际”电影节、“国际”文学奖、“国际”现代艺术、“国际传媒”等，都是为骗这把钥匙设立的，为此这些看起来跨行、跨业、跨国、“独立”于任何政权的西方文化机构，像团伙作案似的暗中携手、轮流接力，把“荣誉”和“奖牌”送给被觊觎的大厦里能够或愿意送出钥匙的人。

这是个从设计轨道到把车引上轨道的非常巧妙且极具耐心的过程，与金融诈骗无本质差别，一上来并不敢扭直作曲，而是以看似顺乎潮流的方式，以利益垄断为手段，以打劫为目的，以颠覆为结果，人为制造“时尚审美”。由于近代以来所谓“国际传媒”就是世界统治集团一手缔造，操纵舆论，作弊炒作，统一口径，就变成了一条联手作业的流水线。更由于无意识的“传声筒”遍地开花，骗钥匙也一年比一年容易得手。有这条制造“国际声誉”的人工流水线，他们硬是让全世界各国各文明的人相信这世上存在着一群“超人”（超文明、超历史、超国界），不知喝了什么“仙汤”长大，眼光举世无双，他们的审美标准是高于一切的，可以不懂人家语言就设定了人家文学的最高标准，可以不懂纸墨就决定了人家家里谁是最了不起的画家，可以不懂人家历史就指明了人家必走的方向……这群因为生活在纽约、伦敦、巴黎、斯德哥尔摩、日内瓦……用一把银子设一个荣誉平台，就有了比历史上任何征服强权都霸道的审美终裁权，继而道义终裁权，可以直入各国“宫廷”劫权夺利挑卒，居然就让世人认了宗，让看穿的人揪着头发想弄明白究竟是世人疯了，还是世界遭遇了一群疯到极点的骗子。

以利益垄断为手段、虚构价值从而谋取暴利自古就有，一般长不过一朝一代，甚至历时更短，历史就会出来纠偏，还事物以本来面目。然而世界征服集团的目的却不会止步于谋取暴利，而是以颠覆为最终目标，对象则是阻碍“集团”征服的文明和国家，为此不仅虚构价值还伪造历史，致使历史纠偏的能力大大降低。其实“集团”征服战的主战场并不是军事打击和占领，那是碰到硬骨头时由打手们去干的，是粗活，先得把骨头打软。“集团”心腹擅长的是细活，“文化—传媒”是其真正武器，由金权秘密控制的文化—传媒和其一班忠诚教士保证了“隐形帝国”意识形态的统一，是取代了旧宗教的新宗教护驾着体制稳定运行，一如旧宗教护驾着王权。文化—传媒（新教廷）是金权收编打手、控制打手的忠实猎犬，由一班具有使命感的精神操纵高手主持。与打手们在前台踢腿舞拳不同，他们静悄悄地伸进手，用荣誉和随之带来的利益为诱饵，以审美权为突破口，和风细雨地移变。

二、为何古典审美全都逃不过“反审美”

从暴捧毕加索、马蒂斯一举切断西方古典绘画的审美方向（我们长期被误导以为此二人是从印象派自然衍生的，其实他们的“划时代”是由美国犹太阔商家族的三兄妹——从先锋作家、艺术批评到美术鉴赏和收藏家，最后到画廊、画商的家族营销机制——从抢夺审美权到垄断定价权一手策划的），到人为夸大普鲁斯特、卡夫卡的文学天赋反转古典文学的审美；从推出“新浪潮”以颠覆电影传统审美的方法全面攻占法国影坛、借此平台打劫世界各国影坛（但小心地不让此种颠覆型审美渗入好莱坞以保卫自己的电影大本营），到广荐“行为艺术”彻底颠倒审美取向从而将艺术直接变成政治工具，我们看到，路子是一以贯之的，用“新概念”的骗局让你相信世间某处存在着某种“先进”审美，悄悄地换走你手中的钥匙。

路子就是方向，看到“集团”的人都是看到其行事方向的人，只有“方向”是不变的，其余都在变，过程充满骗局，随时适应变局，可以从正角一直演到丑角，为的就是被征服者看不见“方向”同时丢掉自己的方向。这个过程无论在什么领域起步都是“虚构价值”，这个被称为“现代文明”的家伙，起家、立家、守家都是靠“虚构价值”，一上来靠着旧价值的延续，看起来像是旧审美自然演变，到垄断的网铺好后，就开始了实际意义上的“反审美”，把丑说成美，把歪说成正，等到“反审美”也被人群接受后，完全的诈骗——颠倒黑白就开始了。

这一手，看穿了也并不复杂，通过资助策动“新潮”暗劫审美权。此处“新潮”用引号，是因为这种“人为策划”并非艺术史上早已有的“自然演变”：即不是向完善的方向发展，而是通过颠覆艺术史既成轨道，靠强大财力和话语权插入的，对看明白的人就是肆无忌惮直入他文明上层建筑抢劫。而艺术观有时就像个贱货，谁出钱谁是主子，很容易就能改变它的轨道，如若操纵者还心怀打劫的图谋，暗做而不明说，则看起来极像“自然演变”。历史上一个文明的审美权都是世代交接的，只有遭受野蛮入侵时会被蓦然斩断或移变。

不绑在马蹄上的文化入侵，在历史上也不是没有发生过，一般就像一粒外来种子进入异体，如果顺应原体内的审美方向，则种子会被慢慢接纳，融入并丰富原有审美，最后合为一体。这就是艺术史上的“自然演变”，与近、现代由一个外部强大集团带有打劫目的、暗地里资助和策动“新潮”劫走审美权截然不同。后来的这粒外来种子不但自身被大大虚构了价值，且不顺应原体内审美方向，而是靠颠倒方向来颠覆原有的审美，这一时常自誉为“进步”的“入侵”不是融入和丰富原有审美，而是像杜鹃入他巢放卵，不但欺骗原巢主为其孵卵，还不愿与原巢主的卵一起生长，暗中把巢主的卵摧毁，让代劳的巢主断子绝孙，以图占巢为主。

当然从杜鹃开始寻找合适的他鸟巢，到通过层层计谋最终占巢为主，过程是漫长的，常常跨越几代人，故能看清首尾的凤毛麟角。期间迷雾重重，也是因为“窃者”是隐身的，在上百年的时间里登台主演的是大厦内送钥匙的人，他们送了钥匙后做了临时主角，但他们意识不到这“新主”其实已是被牵线的木偶，他们的存在和风光只是为了“窃者”不暴露“窃者”的身份，让大厦内的人看不见大门钥匙已经不在自己手里了。对这一精心掩盖的文明战争，我以为中国人无分立场应丢掉幻想、达成共识。

三、一场暴捧中国“影坛新秀”的闹剧

巴黎“Forum des Images” （“影像论坛”）举办过一次“北京—台北影展”，我借这个机会看了“文艺国际”一手栽培的一位艺人的成名作，此人的其他作品我一部未错过，唯独这部我当时错过了。为什么后来又没有机会补上呢？是因为此人一直被当枪使，人家私底下没把他的艺术生涯当回事，从未在艺术影院或电影资料馆为其设牌

位，作品也就没有回放的机会。所以十几年间，我就没领略到当年一捧而红之指鹿为马到什么程度。

先得交代一下，“影像论坛”是个“官办”电影中心，表面是属于巴黎市政府的文化机构。为什么是“表面”？为什么“官办”打引号？就是建和维持运转的资金确实是市政府提供的公款，但控制的那帮人却是实际为“文艺国际”效劳。这就叫花别人的钱办自己的事。“集团”的拿手好戏就是花别人的钱以达自己的目的，占他人巢的好处即在此。从“文艺国际”的干将法国电影批评人付东已成上海电影节的座上宾，从这个中国人自办的电影节，却让在国际上大搞西藏问题、严重损害中国利益的法国导演阿尔诺作评委主席，足见“集团”在中国也已做到花别人的钱办自己的事同时兼损掏钱人的利益。怎么发现一个文化机构或一个艺术家、知识分子是不是“文艺国际”主动或被动的卒子，就看它（他）做的事或做的事中的细节在不在“文艺国际”策划的接力线上，如果在，基本就可以判定它（他）是隶属于（表面没有行政关系，而是结网的隐蔽关系）“文艺国际”的班子或卒子，只有被动的班子或卒子存在偶然性和不确定性。我们从今往后看西方的“国家机构”或“独立的私人机构”，这个复杂的实景必须印在头脑里，绝不能相信他们宣称的组织性质。很多“国家机构”不是为“国”服务，而是秘而不宣地为“集团”效力，实质类似于中国古代挟天子以令诸侯的篡主行为；很多“独立的私人机构”也毫无“独立性”可言，而是“集团”的秘密组织，“独立”只是障眼术。但中国人不明白其中花招，不是以为在与国家机构打交道，就是以为打交道的是与权力毫无关系的“独立”机构。总之“国际”、“独立”就是“集团”的两枚大印章，不在“集团”手下的，这两个头衔是拿不到的。“冷战”时期还有两个“国际”，如今“国际”就是“集团”的天下。

话说回来，这部成名作叫《苏州河》，出品时从巴黎、鹿特丹到布鲁塞尔一路得奖。我那会儿正好离东西渐，忙乱中错过了两头的炒作。我是从他下一部作品《紫蝴蝶》开始略窥指鹿为马的闹剧，但因为《紫》片既无艺术水准，又没提供政治炒作的佐料，在戛纳无赏而归，我当时就并未吃透戛纳看中了他什么，还以为闹剧是由于作者太嫩、水平极不均衡所致。现在回头想，入选戛纳就是“文艺国际”的正式门票，是提携他的接力之重要一环，他水平不够根本不构成问题，要的就是他在西方各大文化平台上露脸，如果看似各自“独立”甚至国籍都不同的“电影节”一而再再而三地“看中”他，价值虚构就完成了，敢质疑的人本来就少，有能力质疑的人就更少了。果然从影片《颐和园》开始刚脱离拙劣模仿的他，很快就发挥“集团”要他发挥的作用，卷进国际战略博弈的漩涡，成了政治弹丸。他个人得到的好处是，在西方电影爱好者中，对政治异议者的支持压倒了对艺术无才者的嘲讽，但这个便宜，将烙印他的一生。

那天总算一窥“以鸡易牛”的转折点，不看则矣，一看那个悲啊，从那个下午起，有一句话再也没离开我的脑子：“我们怎么会落到这一步？又是怎么落到这一步？”“文艺国际”有指鹿为马的本事是一回事，人家像点穴一样一点就弄得我们全身抽筋，而这穴是人家硬生生制造出来不能称其为“穴”的玩意儿，居然就能一举放到通达神经的位置上，让我回不过神来。没有一个国家能让一个外部力量花如此小的代价制造攻击自己的炮弹，连对付阿富汗这样的国家，都要付出成倍的代价。

我一般从不对文人艺客的作品本身说长道短，一向以为大狗小狗都要叫，叫完了由历史结算。我之破例谈作品，皆因作者与“文艺国际”的交易。与外部颠覆势力交易，哪怕以“艺术”之名，在我看也是上不得台面的交易。这部“成名作”无论从哪个角度都不够水准，不要说电影学院毕业后的作品，就是入学考试拍出这样的水平，其录取的理由也不充分，因为无天赋已显露无遗。这样一部电影在西方一路受捧，本身就足以引起眼光正常的人打一百个问号。片子的整个故事，拿掉中国背景和演员，放到纽约也太做作了。没有王家卫的才，千万别去依样画葫芦，可偏偏就是无才的人以为画葫芦只要有同样白的宣纸和大小相同的毛笔就行。那为什么给予荣誉并将此人一举捧为国际名导演？因为看中了作品的某些细节和相中了这个人。

四、如何挑选“送钥匙的人”

“文艺国际”挑选的送钥匙的人，一般必须符合这两个必备条件中的一个，时常是看中作品主题或某些细节，再通过“荣誉平台”（各类“国际”文化展及奖）培养人。但这步棋也要冒风险，要是事先照顾到一定的艺术水准，培养的人就不一定愿意被当枪使。有时给了“荣誉”捧出名后，“人”却并未被培养出来；有时先培养出来了，但人成熟后不唯所命或看清陷局就不配合甚至反骨了。前苏联作家索尔仁尼琴就是典型的先效力后反骨的例子。八十年代被戛纳捧出的一些前苏联、东欧及中国导演，也有后来不甚配合的。这往往发生在有才的文艺人身上，“集团”知道不会百分之百收获，但不得不走这一步棋，尤其当手刚伸到一国文艺界的时候，必须有一批人才来铺路，才能为手伸到更深处打开缺口。就像若没有印象派绘画，没有莫奈、凡·高们的铺路，就没有后来捧出毕加索的便利，而没有毕加索们的铺路，再后来“行为艺术”之类颠倒黑白的行径可能就行不通。再如“德国之声”，早期挑的、如今被解雇的那批华裔编辑记者是为今天登上舞台的极端反华分子铺路的，没有天真派“民主自由”十几年开口子，极端派何来市场？没有张艺谋、陈凯歌们的铺路，后面指鹿为马在中国电影界直接培养政治猎犬就不敢这么明目张胆。

所以“文艺国际”先偷了钥匙，行动的自由度就大了，这时为了政治上有用得顺手的枪使，它会运用上述两个条件中的后一个：相人。如果说前一个还得挑些真有才的人，后一个恰恰要挑无才的人方好操纵。应该承认，经过几百年的摸索实践，“集团”的眼光之准非比寻常，它能在漫长的篡变中始终战胜对手，从人性的弱点下手挑人乃制胜法宝。“给利益小人以大荣誉”已被证明是比军事占领更有效的颠覆手段，为此一张由驻外记者、“国际”艺术掮客、制片人、书商、学者等组成的情报网迅速进入一国上层建筑，通过“荣誉平台”为挑中的人提供道德优越感和利益。这些被挑中的人，不管自我感觉如何，在“集团”眼里，除了政治猎犬并无其他名头。看到这里，你才明白，“集团”最怕别人不“开放”，就怕你拒绝按它的游戏规则跟它玩。让它伸进一只手，迟早你就是它的瓮中鳖。只要按它的游戏规则跟它玩，结局往往分两个阶段到来，前期会让你经济上致富，由于是在长时间经济封锁之后到来，会让初尝甜头的人忘乎所以，更加伸足摊掌向其开放，为它布网大开方便之门；等到网布好了，封瓮斩首。它玩这一手老练了，等到第二阶段的结局被看见时，被玩之人已病入膏肓。

那么“文艺国际”看中了电影《苏州河》的哪些细节、又从哪些方面相中这个人呢？从作品细节的角度可分为两个方面：一是背景的穷；二是人物和故事里中国外壳下面的洋酸味。被“文艺国际”选进“荣誉平台”的中国电影、文学、美术作品，背景的穷是被筛子捞住的基本尺寸。背景的穷又分物质和精神两方面，物质上常常表现在穷、脏、乱的地点，精神上则是地点之上的人展现的猥琐、丑陋、卑贱。而《苏》片从这两方面都提供了背景的穷：影片开始颇似纪录片的那段，以写意的手法表现了上海苏州河的灰暗、肮脏及行船的破旧，船工麻木、因贫而丑的脸。故事展开后，人物不是在阴暗的雨中、夜中，就是在一个废弃工厂的废墟上（估计是导演特意选择的拍摄场地）。雨、夜、废墟加上没有好人的世界，充分满足了“文艺国际”为中国文艺布设的基本尺度。如果说影片的中国外壳一个“穷”字了得，藏在这个外壳下面的洋酸味，是“博彩”的另一面。洋酸味即幼稚模仿来的洋味，看多了西洋电影又没有能力消化的结果。那份模仿的做作，让“文艺国际”那帮明眼人一眼就透视到画面后面那个人精神世界的屋脊。优越家庭长大的人去表现底层边缘生活，结果就是没有一点真实的拙劣想象。艺术不一定要真实来衬托，但无天分的人再连点真实都不能摆布，那真是无物可卖了。

读到这里，“文艺国际”从哪些方面相中这个人其实已经显露大半，加上体制上层出身，让嗅觉很灵的“帝国”文艺“侦探们”找到了指鹿为马的合适人选。这是荣誉和利益诱饵最容易钓上钩的小鱼，而由于身居体制上层，一条小鱼能产生的负能量大得惊人。

然而，“帝国”文艺“侦探”嗅觉再灵，图谋再深，如果我们没有卑贱地奉上眼睛、耳朵、心脏、头脑，那只被硬捧成骏马的弱鹿，也没有可以驰骋的草场。可我们真就变成了无头无脑的“草场”，让他们豢养的那些弱鹿变成了风景。这个事例是骗钥匙的一个具体操作步骤，也是我们看不见的那条隐线上的一个横切面：如何挑选和怎么提携送出钥匙的人。试想一下，如果没有人目睹这一幕，如果帝国完胜天下，弱鹿就成了一道不可跨越的风景，后人再也不知指鹿为马的过程。

我之悲观就是看到华夏文明遇到了前所未有的天敌，他明枪只是为了掩饰暗箭。事实是，两百年来，他们从未改变方向，将我们的精神城墙一道道拆除了，看起来全是我们自己动手。而我们从左到右信奉了他们推销的所有理念，只看见大起大落的那一面，从失败到胜利敲锣打鼓，却丝毫未察几乎没有起伏、始终一以贯之、目标坚定不移的另一面：精神解构（高技巧的文明战争）。当我们尚有精神城墙的时候，他们直接将战舰开过来，公开打劫，这虽然造成极大伤痛，但被打的人多少还知道有人在打自己；等到我们有了还手之力，前台的打手就收敛了，打劫的高手是让大厦里兴致勃勃的人自己送出钥匙，然后入室窃魂。文明战争说到底，就是个守不守得住“魂”的问题。

文明战争那条隐线

我们对“文明战争”的体察和理解止于“和平演变”，这四个字由于早已带上“冷战”烙印，变成了“推翻制度”的代名词，非但不能引起人的警觉，倒掩盖了早已秘密策划的文明战争，为很多幻想者提供了背叛者的幻觉。“集团”锲而不舍在做的，就是不让被征服者看到其行事方向同时丢掉自己的方向。只有深到“文明战争”这一层，曲折血腥的近代两百年才蓦然被划成了一条直线，一条不偏不倚通向华夏文明彻底消失的直线。

一、两百年来一路碾压的“文明推土机”

“文明推土机”这种一遍一遍、一道一道、一层一层的征服，中国自有史以来头一次遭遇，在不断地发动看得见的战争——第一次鸦片战争、第二次鸦片战争、中法战争、甲午战争、八国联军侵华、日本侵华战争乃至挑动内战、攻打周边国家的同时，悄然发动的文明战争一刻未停。这是征服中国的两条战线，我们看到了前一条，殊死抵抗，却完全没有发现第二条，而这才是躲在挥拳鼓舌的打手后面的真凶，是我们文明的终结者，灭了你，还让你感到无比荣耀。

我大约在五六年前想到“推土机”这个名词，就是在发现“文明战争”的战术之后，联想到这种机器移山填海的本领。我们对“文明战争”的体察和理解止于“和平演变”，这四个字由于早已带上“冷战”烙印，变成了“推翻制度”的代名词，非但不能引起人的警觉，倒掩盖了早已秘密策划的文明战争，为很多幻想者提供了背叛者的幻觉。"集团"锲而不舍在做的，就是不让被征服者看到其行事方向同时丢掉自己的方向。只有深到"文明战争"这一层，曲折血腥的近代两百年才蓦然被划成了一条直线，一条不偏不倚通向华夏文明彻底消失的直线。

这条线，绝大多数人是看不见的，因为历史上我们从未遭遇过如此天敌，完全不懂暗地里精神控制的战略战术；因为是被预谋着且深深掩藏的，为此早就为各国为数已经很少的窥其暗手的人设计好了大帽：最粗糙的那顶是"民族主义"，真遇到眼尖之人，会再加上"偏激"、"极端"二词；其次是"阴谋论"及其"论者"，这顶帽子已精细不少了，用的是"正正得负，负负得正"的公式，为质疑者制造了一个预设答案的围墙；最精细的帽子是从心理学角度构造的，由于窥其暗手的人人数极少难为世人理解，他们就设计了精神病学的几个名词诸如"妄想狂"、"被虐者"、"狂想"之类，事先解构其话语。这几顶帽子，帮着"推土机"一路碾压，清除眼尖之人，至今非常有效。只要几个心知肚明的人放出名词，就会有一大群"猎犬"如获捕猎器具。"集团"深知人性的弱点，知道大多数人是顺风而行，哪边风大靠向哪边，以"集团"的财力物力人力，以及几百年来缔造"国际传媒"牢控话语权，掀大风裹愚众，易如反掌。

自我开始有悖主流意识写作，"偏激"这个词就成了我甩不掉的影子，究其根本就是大多数人不知我在说什么。对看不见隐秘战线也拒绝相信的人，我说的一切的确如同"天方夜谭"，就像你告诫完全没意识到自己在走夜路的人小心劫匪在侧，他不视你荒唐甚至神经病才怪。所以当我看到人云亦云的人，张口就把"妄想狂"、"被虐者"、"阴谋论"这些"集团"特意为看穿他们的人设计的大帽扔到我头上，真不知哭还是笑好，果真是套中有套，套外有套，你能找到的突围口，他们都想到了。这些鹦鹉学舌的人，与明白世事隔着十万八千里，却以为只要抢先一脚夺得几个名词就比明白人还高明。我的观点尽可反驳，只是反驳之人要有自己的观察和思想，要有看世事的另类角度，而不是判断事物正好落在“集团”设好的预设答案的围墙上，被人家专门用来捕捉“突围者”的几个名词一网打尽，为“集团”打打下手，像“猎犬”一样奔去叼回主子射中的猎物，自己却丝毫不察。这些根本不知自己究竟在干什么的人，奋勇争先地站到我与“集团”之间，不知道即便做“猎犬”，至少也要“集团”亲自收买收编了才有个名头，何必猎犬证都没领到就这么效力呢？可如今这类证书都没领到的“猎犬”多如牛毛。

二、“头颅拴在谁的腰带上都无所谓吗”

我有幸在外一瞥征服隐线，单从法国观察，只追到十九世纪，已经像看凶手诡秘的谋杀悬疑片。这些已被斩首的国家，一个个沦为打手，而“文明战争”的暗棋还在继续下，而且速度大大加快，还是走到哪里，哪里皆不察。很多人包括一些明眼人，也觉得审美权、道义权之类和国与国实力之战相比微不足道，并且以为只要富强起来，文明战争必定打赢。那是不知道谁才是我们的真正对手！不知有明暗两条打法完全不同的战线，第一条并不能保障第二条战线，倒是第二条终将毁了第一条；不知道那个“富”的过程，就是为猎物设套、诱其上套、终致捕获的过程！还没有碰到猎物美美地吃了套上的奶酪，最后不交出一身皮毛的，那一把银子下面交换的恰恰就是头颅。三十年让你从匮乏社会一跃而成消费社会，固然有你自己苦干的结果，但前三十年苦干也没少啊，“奇迹”为何没有早点降临？其间固然有工业化到了哪个阶段的问题，但如此的“飞越”，你就没有想想“奇迹”从哪里来？在此也请不要望文生义，我并不否定“飞越”本身，以及华夏文明超乎寻常的致富本领，而是发觉凡“如此飞越”的国家，不上“套”是不可能的。这个“套”不说别的，至少是海量外来资金的注入，人类自然生产致富的过程从来没有在两代人之间划出难以跨越的鸿沟，也从来没有在一代人的时间里彻底改变一个社会的经济和文化面貌，更从来没有在历史瞬间让一个国家的发达与失魂像同卵兄弟一样不可拆分。

也许已有很大一部分“精英”觉得只要好吃好喝、潇洒自在，头颅拴在谁的腰带上都无所谓。我也能理解这样想的人，他们目前正处在“享受诱饵”的历史阶段——近两百年来难得的好时光，在一个多世纪被打得骨头已然酥软了之后，你提醒这“历史最好时期”既有自己劳作的收获，更有猎手悉心放置的诱饵，就像要把糖果从小孩手里抢走一样粗暴和不为人解。“头颅拴在谁的腰带上都无所谓”的思想也已在民间大量渗透，已经致使国民精神分裂。你问他们爱国吗？他们必定回答说爱，但孩子若能入美国国籍，他们还是比得到什么都高兴。而且已经从十年以前的简单利益驱使，潜移默化地转为潜意识被控，不再是富与穷的问题，因为有经济能力自己或送子女移民的人，都是在国内生活得相当不错甚至非常好的人，远赴西方基本讨不回原有水平的生活。世上任何一个国家在未发生战争的情况下，都不会发生处在这种社会境况的人弃船而逃——哪有在船上逍遥自在，倒要下船的人呢？什么事情逻辑推理不了，就是出了大问题。

精神被解构的文明一般难以觉察，就在于其顶尖思想者被埋葬，这是这场文明战争中征服方手中最致命的秘密武器。为什么说是秘器？因为斩首埋人是杀人不见血的。具体操作的第一步就是我在上一篇文章中讲述的如何骗钥匙。有人说《苏州河》这部电影并没多大影响，因而“工具”的作用微小，那是不知道文明战争正是从微小处甚至细节入手，送钥匙的人之任务并非一上来就影响大多数，而是一个领域一个领域油点似地扩散。指鹿为马直接移变的是电影业内人，尤其电影学院的学生，他们会被那从天而降的“荣誉”深深诱惑。影响了电影就会波及电视，现代社会上层建筑的一大块就会被浸染。诱惑—模仿—蜕变，就是这架“文明推土机”的活计，它是一层层、一遍遍推的，从圈内渗透到圈外，由电影艺术渗入百姓精神世界，这需要一个过程，首尾并无一眼可见的直线连接，被推者往往都是等楼倒了才瞥见端倪。

就在我写这段话的当天，法国“89 街”网站还在当日的一篇影评里宣称该导演为“他这一代最优秀的电影人”。我对西方知识分子中那帮掌权者最终失望，就是看到这种深及骨髓的不诚实（表面上、小事上看不到的，但撞骗历史的胆子贼大），一座山上一万块石头，他只挑其中半块，就有胆量说这是全部，且联手骗百姓：山就是半块石头这么高。他们已经失去中国知识分子中尚存的追真求实的本性，这种公然的、毫无后怕的“没有真假，只有界内界外”的思维方式，令人恐惧。“帝国”一旦完胜天下，连真实都不存在，那岂不是人类末日？

骗钥匙是为了直入对手上层建筑，进去又为了什么？为了将他文明的顶尖思想者边缘化，推出他们的替代者。其实单从这一点，便能体察我说的那条征服隐线的存在，正常文明、正常国家和民族，如果不想占他巢为主，远远地观察或欣赏人家的上层建筑就行了，干吗要通过审美权这个突破口将手直接伸进去？花那么多钱、组织那么多心腹搭建那么庞大的“国际”、“独立”荣誉平台，就为了向他文明送礼吗？我前面说了，第二战线说白了是“一小把人”对“另一小把人”的战斗，是高手的棋局，所以要战胜对手就得擒贼先擒王。选择审美权这个突破口目标即在此。

三、边缘文化中心化，中心文化边缘化

只需两三代人，真正有能力引领一个文明的人才就会因边缘化而消失。这样的人吉光片羽，只有他们能逃过时代逐浪儿的命运，没有他们，一个被四处围剿的文明就进入了死亡前的休克期，此时大量二流人才被推到前台，他们由外力推助，以送钥匙做交换（自己未必意识到），站到了原本无法企及的位置。再经数代人的演变，三四流人才又把原来还有点旧文明根底的二流人才推下历史舞台。你看看如今都是些什么人处于话语舞台的聚光灯下，就明白了。五四那批文人，西学虽浅尝辄止，但尚有旧学底子支撑；到了1949年前后，余脉仅存；1978年以后，就出了旧学、西学皆无的一代，只剩下本能写作了。这就是审美权移交了近百年的结果，由这空无所有的一代最终丢掉道义权，也就不足为奇了。文明深度休克的特点就是三、四流人才占领了历史舞台，而下面“看戏”的大多数也已失去辨别“演技”的能力。何况台上三、四流人才因为无才，才极擅长投台下人所好，满足人性卑劣的一面。

整个过程由于跨度上百年，被掩藏在挣扎反抗的血腥之下，只有

一个表征裸露在外：文化水准江河日下，像瀑布一样一个落差、一个落差地往下掉，且难以逆转。

对这一逐渐加剧的现象，人们找到了表面解释，诸如“大众化”、“平民化”甚至“民主化”、“多元化”。在一两个世纪的时间里，各大文明都出现了大致相同的现象：边缘文化中心化，中心文化边缘化。具体表现在大众文化和少数文化成了台上主角。这两个现象看起来很对立，其实是“民主化”、“多元化”的两副面孔：一边是以“节日”为表征的大众文化，吃喝玩乐为主要节目；一边是以少数群体为代表的边缘文化，诸如同性恋文化（及各种边缘性取向和心理变态）、原始文化。无独有偶，同性恋文化和原始文化都是“集团”力推的“文化”，已在各国成浩荡之势。从此“代言人”取代了顶尖思想者占据了历史舞台，野兽终于出笼了，多么伟大的篡变！群魔乱舞，败了都有胜的表象。我们看到是“宽”和“广”掩盖了文化的堕落及一流人才的陨落，以及堕落之下文明解体的实质。

我在前文中提到文艺的“猴化”（《被策划的中国文艺》）、文明“童稚化”（《悄然易手的审美权》），不仅是上述现象的形象比喻，而且是落到哪一步的总结。童稚状态就是整个文明已失主心骨，只剩下一群玩伴，没人愿意担待，也没有担待的能力了。在这个隐蔽战场上，两百年来我们没有打过一场胜仗，而是一败涂地，溃不成军，并且我们不知道打败自己的是谁，他们是为何及如何办到的。近代血腥的历史让我们看到亡国灭种的危险，但那都是在明的战线上，我们拼死挡住明枪，却不知已被暗箭射中。致命之处就在于我们不知道谁是真凶，在殊死决斗的战场上，不知彼也就不知己，自然是每战必败，甚至败了还有胜的幻象。

古典时代辉煌的文明一路走到现在，一般都形成了其光明正大的本质，由此它就像个暴露在外的靶子，一旦“开放 ”（让“集团”满意的开放），就成为一直以“黑社会”及“宗教集团”模式运作的世界统治集团巧取豪夺的征服对象。一个在明，一个在暗，一个被动，一个主动，一个防守，一个进攻，一个没有提前量，一个早有预谋，一个有牢不可破的意识形态，一个意识形态被破（说得准确一点应为文化形态，因我们没有占统治地位的宗教），胜败几乎没有太大悬念。

剩下的问题是，败，败到哪一步？丢魂，丢到哪一步？正在套上“享受诱饵”的猎物还有没有可能死里逃生？逃生的最大障碍是没有办法唤醒大多数，“集团”以审美权作突破口已将手伸进上层建筑，悄无声息地将一个文明需要的思想者边缘化。坐在棋盘两边的人已不成对手，那就不是对杀，而是一方对另一方的屠杀。真乃知我者谓我心忧，不知我者谓我何求！悠悠苍天，此何人哉！黍离之悲，知者为谁？

被静悄悄抽空的信仰

精神解构最便捷的途径是解构信仰，而致使信仰崩塌的是道义权被劫，可直接拿走你的道义权，你是不服的，从审美权入手，就轻柔得多，尤其骨头被打软之后。审美权这把钥匙被骗走，你会一步步自己交出道义权。

一、前苏联藏匿已久的“送钥匙人”

我两年前一口气看了六十多部前苏联建国以后的电影，看到六十年代，已经明白三十年以后的结局了，不管出不出戈尔巴乔夫。戈不过是因为头脑简单，致使崩溃愈加突兀和惨不忍睹。表面看是一个政权的垮台，实为俄罗斯民族的又一场大劫难，将其近代以来一系列不幸推到高潮。打倒斯大林后，隐匿在苏境内的送钥匙人就开始行动了，他们与中国的送钥匙的人有一本质不同，后者是被动的，而他们是主动的。所以我看到苏联六十年代后期的电影，便知1989年—1990年这个历史转折点中苏命运截然不同的真正由来了。一个审美权早已被劫，一个审美权部分被劫；一个内部早有里应外合的送钥匙人，一个没有直接内应，送钥匙人只是卖了自己都不知道。

我在此不是说审美本身，而是颠覆技巧。精神解构最便捷的途径是解构信仰，而致使信仰崩塌的是道义权被劫，可直接拿走你的道义权，你是不服的，从审美权入手，就轻柔得多，尤其骨头被打软之后。审美权这把钥匙被骗走，你会一步步自己交出道义权。

你这才恍然大悟，为何早在六十年代苏联电影就被选入西方电影节，那些被挑中的电影走的路子与中国八十年代进入西方“国际”电影节的电影有谋而合，看得出挑的人是谋算好的，惯用的偷钥匙步骤的每个环节都被隔了一代的操作者按部就班地遵守着，先挑什么人，后挑什么人，选择什么样的主题，关键是看中什么样的细节。恐怕只有艺术本身不在谋略之内，这不是说被挑中的电影没有艺术性，而是挑的理由与艺术无关。如果我们能深明这一点，则门尽可开着，也不会丢审美权。“集团”的方向是始终如一的，而它要打劫的对手，隔一两代人就看不清甚至丢掉自己的方向。

当时有几人意识到这不是简单的艺术品位甚至艺术观的问题，而是核心问题，只要审美权的口子一开，道义权也会失手，最后必致信仰的崩塌。无论信什么，若没有审美权做基石，无异于难以为继的乌托邦。中世纪以后，欧洲天主教不可一世的权势逐渐式微，就是从艺人工匠一步步脱离圣像主题开始的，审美权已经在另一个集团手里了。所以欲建信仰，先得掂量你能把控多少构筑这一信仰的审美权，须从这一点着手确立你要建构什么信仰，否则必是沙上城堡。换句话说，审美权—道义权—信仰—制度，审美权是建楼的根基。二十世纪全球一系列革命，从阿拉伯世界的世俗化革命到中俄的无产阶级革命，都是嫁接了信仰而无审美权做基石。我从苏联六十年代以后的电影陆续看出，一个失去了信仰的制度，无需外强直接攻打，它自己就会倒掉，如同早已安排好的定向爆破一样。而那么容易就崩溃的制度，是信仰已空，信仰这座漂亮大厦的一砖一瓦不是别的，就是审美权和紧随其后的道义权。

世界统治集团文明战争的战舰钉钉铆铆都关系到审美权，无论打到哪里，先偷审美权的钥匙，这个权一篡夺，上层建筑尤其文、艺、娱必匍匐在得权者脚下。这是“集团”几百年打下来使的最称手、最隐匿的武器，解构他人的战船一钉一铆地拆卸，对手到船沉了都不知漏洞出在哪儿。没明白这一点的对手，无一例外都成了其手下败将。仔细想想就明白，没有一个制度的政治信条不是一大堆漂亮话，那么凭什么一堆漂亮话被另一堆漂亮话打败呢？表面有经济成功、物质富裕的理由，但那不是胜败的转折点，前苏联六七十年代中产阶级的整体生活水平与西方同等阶层并无太大落差，落差只发生在八十年代，西方进入了消费社会，那大大丰富的物质也不是西方人自己生产的，而是先四小龙、后一大龙胼手砥足送去的。所以穷与富、工业化先进与落后并非一个文明失魂的决定因素，真正的转折点是审美权进而道义权的失手。这才是信仰崩塌的突破口。

但征服者从来不把算计对手的杀手锏告诉被打败的人。在这条众人想都没法想象的征服的第二战线上，说到底就是“一小把人”与“另一小把人”之间的战斗，就看谁能让大众信服。在经济、制度统治之上还有精神统治，这才是最高统治，是看起来最不用统治的统治。玩得转的“民主”社会，都有高度严密的精神统治稳定根基，“独立”知识分子乃精神统治的掌门人，他们的角色与古代传教士没有本质差别，左手送出的东西正是右手牢牢抓住的东西。

二、一张精神解构中国人的天罗地网

为什么比中国严密百倍的精神统治却让百姓浑然不觉？靠的是教士们一砖一瓦用审美权搭建的信仰，只有信仰可以让人自生敬重与畏惧，实行自觉的自治。这种由教士（知识分子）牢牢掌握审美权的信仰，扎实、隐蔽，是看得见的战争或看不见的战争均难以移变的。我强调丢失审美权与道义权必致文明失魂最终死亡，说的就是这第二战线上的战略战术，读的人如果分不清这是明暗两条战线，就觉得你是不是夸大了危险性，过于悲观了，甚至偏激了，这个国家靠的就是人民之类，因为他们把国家在另一条战线上的进步，与我说的在第二条战线上的大败，混在一起解读了。在隐形的第二条战线上，我以为民众是靠不住的，他们会被精神解构，事实上他们已经被解构得差不多了。

我每次回国，都一次比一次深地看到，在中国境内精神解构中国人民已天罗地网，可谓无孔不入，那天网恢恢对看见的眼睛真是触目惊心！令我恨起自己的眼睛，因为我走到哪里，都像目睹一场对手无寸铁的人的屠杀，想挺身相救，被救者都不知你要干什么！而直接操刀的都是傻乎乎的上层建筑。在这第二条战线上力量的对比，比鸦片战争时还要悬殊，不仅攻击方蓄谋已久而被攻方毫无意识，而且技术操作上也不成对手。例子不胜枚举，尤以传媒、影像领域，一个攻一个被攻得快乐，让人惊颤。

比如我们完全不解画面本身的心理操纵力量，尤其动态画面可以超脱主题和话语，抬自己、整对手全可暗中进行。这就使得剪辑师的责任比总编还重大，在西方，这个位置控制在人数极少的接近权力核心的人手里，而且这些人必须极具天赋，绝对不是个技工的角色。不懂这一点，看起来掌控在自己手里的电视，既不会为自己服务，还为他人作嫁衣裳（很多时候是无意识的）。而画面对他们早已不是信息传递的工具，而是武器，已经研究了上百年，娴熟操纵了几十年，其炉火纯青，已到进入你的灵魂你都不察的程度，对中国更是从没放下武器。我们不懂操纵倒也罢了，还自掘坟墓，在公共场合大量安装视频，为原本应为静态的画面提供让人难以想象的操纵力量，好比只有长矛的人，为正在攻打自己且武装了火炮的人预备好了坐骑。巴黎的机场、地铁、巴士、街头所有的广告都是静态的，他们没有技术和条件安装视频吗？显然不是，而是意识到广告钱要赚，但要尽可能削弱画面的操纵力量。我在国内一省会城市的机场，看到巨大的视频俯视整个大厅连篇累牍地播放外国商品的广告。没人意识到这些广告可不是外国一个普通商人推销产品，普通商人是没有这个财力的，这些广告正是“集团”旗下的跨国公司用来精神控制的秘器，它们早就超越单纯推荐商品的功能，而重点在精神操纵，那视频画面的冲击力是静态广告的成百上千倍，出卖这个公共空间的人，在与谁做交易、为什么这么做交易？不懂潜意识控制的“主们”，不知不觉地让“集团”在自己家里铺好了潜意识操控的所有渠道（铺天盖地的视频、广告、信息网和一大群并不知自己在干什么的“猎犬”），不知他们在干什么，却以为自己“开放”、“接轨”。由此形成的愚蠢的汪洋大海，足以让任何清醒的声音形同沧海一粟。但我已厌倦与看不见的人争论悲观与乐观了，在我看，根本不是诠释现实的问题，而是现实本身，已经残酷得滴血了。

三、对文明斩首的“温柔一刀”

但即使被杀得血肉模糊，也要奋起自救。在武器和能力不对等的情况下，我们只能寻求制胜的捷径。我们在文明战争这条隐线上一败再败，就是因为征服者用坚船利炮不但曾夺走我们的主权，还悄悄地斩断了我们的信仰，看起来却像是我们自己动手。我们之所以看不见这场血腥的斩首，正是因为屠戮是从审美权温柔地下手的。追到这一层，你才赫然明白十九世纪的“国际传媒”（已是指哪儿打哪儿的军团!）为什么异口同声地盯着男人的辫子、女人的小脚不放，那只是无比宽广的华夏文明审美的一个枝节，却被放大到全部，成为这个古老文明野蛮、落后的证据。我现在不知道为什么当时的中国知识分子没人站起来反问：印度锡克族的男人不能剪发，至死不得拿掉又臭又长的头巾，传统犹太教的男人世代一身黑衣还拖条小辫、女人不得露发(只能戴头巾或假发)，欧洲妇女为了身材窈窕，一直到十九世纪末还在使用摧残身体的紧身胸衣，这些怎么没受西方知识分子同等（上升到文明优劣）的厌恶和指责？为什么西藏的天葬在目光如此“文明”、“进步”的西方人眼里倒充满了神秘和美感？我在此无意为辫子和小脚辩护，何况那审美有一半是游牧民族的入侵强加的，我只是为征服者寻找突破口之精准、被袭之人完全不知如何被袭而脊背发凉，凡“集团”要精神摧毁的对手（往往乃其真正对手）都是在审美权上被掀翻的。从这两个审美禁锢的缺口，“集团”麾下的“国际传媒”携手作战，三下五除二就把一个绵延数千年的文明送上了绞架。如今回看那场惊心动魄的策划和颠覆，你还认为是文明自然的演变或资本天然的力量吗？

上百年的挣扎最后只剩“祖国”——仅存的信仰——这一线支撑，而刚刚过去的三十年，还把这最后的信仰也大半解构了。丢掉这最后信仰的人，多半是与背叛者的幻觉做了交换，在第一时间投进了“帝国”怀抱。他们认为有一天国家都将消失，这是“帝国”许诺的未来，不管是从左边还是右边实现。只是他们不知道那个没有国家的世界并非他们想象的大同世界，而是上帝选民为主人的世界，中国人在其中只有两个角色：被主子接纳的上等仆人和未被主子接纳的下等仆人。失去了信仰的文明，实际只剩为“帝国”甄选上等仆人的功能，三十年来我们的教育和思想体系，都在为“帝国”培养上等仆人，且全民都在为得到上等仆人的位置而努力。

在第二条战线上，三十年的“飞越”让我们失魂落魄，我们靠什么来保卫自己呢？文明战争乃精神战斗，在精神战场上赤手空拳如何抵御有两套信仰（旧宗教和新宗教）的对手？更荒唐的是，我们接受了他们的信仰体系（对世界的解释权），却幻想着保住我们的独特和独立，这使得我们的挣扎与反抗充满了与自己影子的战斗。有些人心存幻想，以为只要诚心西学，就能学到真传，却忘了：一、人家让不让你学真传。毛泽东是学了几手真传的，看看他被西方人恨到什么程度，西方人只喜欢你按他说的做，最恨你照他做的做。二、自失主心骨学坏容易、学好难。无头无脑的人把服用人家精神解构我们的秘方当成了西学。

在再也不能关起门来、一手遮天统治的今天，“头脑”对大多数人就是“信仰”，大多数人的“想”基于“信”，甚至只有“信”并无“想”，如今那些“叛逆”“精英”也并未聪明到摆脱信仰，只是把新信仰直接当成了头脑而不自知。以为每一个人都能独立思考是上了“进步论”的当，大多数只能靠信仰牵引。在“头脑”尽失的时代，舍远求近直达“信仰”恐怕是别无他法的选择。在近代民族危亡的时刻，中国人已抄过一次近路，靠信仰提供的精神力量克服能力的不足，在第一条战线上打赢了，夺回了主权和外交层面的尊严。在第二条战线上，如今也已是救亡如救火，重建信仰乃逃生之途。在“集团”秘密发动的第二条战线上打败，就会让在第一条战线上的成功变成空中楼阁，没有稳固基石的华丽大厦，在群狼围伺之下，总有一天自己会轰然倒塌。

何况不管什么制度，要维持都得化身为信仰，让百姓觉得自己在统治自己事半功倍，非此，你经济再好、制度再完善都没用。我们一直以为西方“民主制度”是一种理智安排，那是太天真了，那首先是一种信仰，甚至是宗教信仰，没有教士，那个制度也是没有神话的。我也许看人性看得太穿，制度就是信仰，理性能安排的只有规则，把制度与规则混淆，以为人可以以理性统治、并被理性统治，那是既没学到西方的真传，也丢了自己的根基。奇迹是没有的。

四、我们还有最后的逃生机会吗

但这殊死一搏不是乌托邦对乌托邦，它的技术成分即在于只能从审美权入手，既然审美权是精神失败的突破口，转败为胜，为什么不能也抄这条近路呢？我们要学会文明战争的战法，从微小处、从细节入手，而不是我们历来只会做的撒大钱办大事（孔子学院、外宣传媒），那是一千块钱收不回几块钱的赔本买卖。要先从自己做起，从审美权做起，方能扶正自己的力量，而不是腹中空空却往外送粮。比如在贸易已无国界的今天，建议立法规定进入中国开店或销售的所有洋品牌，皆不得使用原字母名，而必须另用中文名。在中国境内所有广告、店铺、商品（包括中国自己的品牌）皆不得使用字母用名，也不得用类似译名的用名（诸如格兰士、雅戈尔、海尔之类），必须申请一个正式、能解义的中文名方可刊载上市，就像我们进入欧美的品牌，中文名全部用字母名代替一样。有些“国际化”不是蜜饯，贪嘴是目光短浅，日、韩自古就是谁强跟谁，我们没必要亦步亦趋。这只是个小小建言，因主动权在自己手里，可先从这类“小事”做起。

我前不久乘车经过国内一建材城，车正好被堵在路上，让我有时间细看商业中心巨大外墙上昭示的各种建材品牌，有一大半是洋名，直接用字母，其次是貌似洋文译名的中文名，用纯正中文名的少之又少。这与如今全国各地各大商场、中心商业区的情形一样，纯粹中文成了叨陪末座。我偶然看过一个节目，介绍广州市中心商业街北京路的悠久历史，节目做得不错，古迹保护人员也有意识，将这条千年古道的考古发现，用玻璃罩起来供人参观。但不知做节目的人意识到没有，镜头拉上去俯瞰全街时，满街广告、店名还剩多少中文？一上一下形成荒诞对比，我实在没法将这一幕视为有些人津津乐道的“开放胸襟”。你可以花大把钱宣传爱国主义，甚至动用洋人来制造幻觉(汉语桥之类)，但若不牢牢抓住自我的重心——审美权，所有的努力就像吹气球一样，不但说破就破，还会来一阵风就飘走。

信仰不是海市蜃楼，而是要一个细节、一个细节搭建的，每个细节都跟审美权密不可分，而审美权又连着道义权。在西方每时每刻都在劫取你道义权的今天，单单嘴硬或低头抱着不放是没用的，那是碰到打手才用得上的逃避办法，可你面对的是温文尔雅的偷钥匙的人。你能做的，只能是改造或改造不了关掉为送钥匙培训学徒的地方，比如文科类学校的某些学科。所有轰然倒塌的国度，都是只由文科学校和电影学院输送传媒和电影人的国度，我后来知道法国很多媒体和电影界的掌门人恰恰不是从这些地方来的，而来自血统（这才是他们的真传)。所有被好莱坞占领市场的国家，也是电影人才只由电影学院输送，世上电影发达的地方恰恰是没有电影学院或不全靠电影学院培养人才的地方。香港电影最辉煌的时代、其最杰出的电影人与电影学院八竿子扯不上。如今那些电影专业毕业的香港年轻电影人，多半成了“文艺国际”的工具。这一点不奇怪，因为某些电影专业的教育体系已经完全“文艺国际”化了，它几乎就是为西方“国际”电影节专门输送年轻血液的。

这不是说我们不能与外国有正常的文化交流，也不是所有国外文化机构都执行“集团”的使命，辨识“集团”直接控制的组织有粗浅的办法：一、“国际”名声被炒得最响的，也就是那些你以为具有绝对“国际”权威的，它们的名声是那么大，以致你想都不敢想它们的声誉是从哪里来的，它们话语的权威性是谁赋予的；二、“国际传媒”必接力炒作的，由于所谓“国际”话语的源头和方向都把控在“集团”手里，最高的“国际”名声就是这么携手诈骗得来的。

但我们谈审美权时常会让人误解为审美本身，他们会问：那怎么办呢？总不能回到样板戏的时代吧。当然不可能，不要把审美权当成审美禁锢，那是两码事。但处在弱势的抵抗的一方常常只有要么投降、要么落入将审美权当成审美禁锢的陷阱。“集团”正是从审美禁锢上找到突破口，它四面攻打，被攻击方为招架，不得不越收越紧，这正是以“解禁”的钥匙偷偷地换走审美权这把钥匙的时机。从历史阶段看，好像是推动进步，但偷窃的手恰恰藏在礼物之下，因为这并不是我们以为的一种自然进步的产物，而是带有颠覆的原始动机的。观察西方文明堕落的曲线，追到审美权这个突破口，你就会看到资本的力量固然有其自然的惯性，但这头怪兽是有驯养和牵领的手的；从历史长河、文明延续的角度看，图景就更冷酷了，一把另配的假钥匙不声不响地换走了真钥匙，发迹的只是一小把送钥匙的人，大多数实际是被打劫了。

若以为审美权算不上国家要务，意识不到在第二条战线上我们已是危在旦夕，不倾举国之力，像当年研制保命的原子弹那样集中核心力量应对的话，我们将失去最后的逃生机会。因为重建信仰，关起门来硬灌输是不行的，等待已经毫无信仰的官僚机构和吃里爬外无头无脑的知识群体自醒也远水救不了近火。这是一场高技术之战，是尖锋战尖锋的对决，也是背水一战。不认识到这一点，是绝无可能突围的。

被史上最大神话阉割

任何文明除了历史、文化，还需要神话。那么十九世纪以后的现代文明也产生了它的神话，即“上等国”与“上等国民”的神话。这个神话让我们相信，我们不相信也难，“国际舆论”不遗余力、从不间断地提供着证据：这颗星球有几个国家，有的历史还很短，是人类横空出世的一群“上等人”的家园，他们在两百年的时间里富甲天下，成为世界理所当然的统治者。

一、“上等国”与“上等国民”的神话

我在本书中反复谈到审美权的钥匙如何及为何被骗走，并且我们发现随着第一把钥匙的脱手，越来越容易受骗。整个过程伴随着一个神话，神话被人接受的程度，决定了被骗者配合的程度。如果说任何诈骗都需迷幻剂开道，这个神话就是世纪大骗子的幻药。那么这个神话是什么呢？它是怎么被接受的？

任何文明除了历史、文化，还需要神话。那么十九世纪以后的现代文明也产生了它的神话，即“上等国”与“上等国民”的神话。这个神话让我们相信，我们不相信也难，“国际舆论”不遗余力、从不间断地制造和提供着证据：这颗星球有几个国家，有的历史还很短，是人类横空出世的一群“上等人”的家园，他们在两百年的时间里富甲天下，成为世界理所当然的统治者。他们的得天独厚来自他们的文明——西方文明，这个文明制度民主、人民自由、社会文明。只不过跑去看的人分了几波才相信，十九世纪的那波认为真正可信的是技术

和随之而来的坚船利炮；二十世纪二十年代那波跑到那里，多半成了反西方文明的革命者；直到八十年代，神话才完全被接受。

在此请不要将接受现实（西方武力强、工业化领先）与相信神话（“上等国”与“上等国民”）等同起来，否则就会误解本文的主题。看到西方优点与相信神话也是两码事，神话不是现实，而是幻药，而且是人家专门配制的、有着明确打击目标的幻药。

我们来看神话被接受是由哪几个因素决定的。为什么抵抗了一个半世纪最后精神彻底崩溃？崩溃的内因我在此不赘述了，人人自有看法，我一点也不否认这些内因的存在，但在我年长以后，看问题的眼光也长远了一些，认识到外部强权如此敲骨吸髓、包围打压，且历时这么长久，反抗者被逼到墙角，是不可能从容潇洒地处理一切问题的，那是势强的一方才有的“优雅”。为了抗击外部压力，内部不得不一次比一次收紧，但人毕竟是人，退无可退的时候不疯狂一下是不可能的。

有了这样的内因还需要外因才能轰然倒塌，外因就是抵抗了一个半世纪的对面豁然飘来的美景。这美景虽说有诸多方面，但起决定因素的，其实就是消费社会。这是人类历史上从未有过的一种社会，这种社会“神奇”的地方，是它并未消除社会等级，只是因物质极大丰富（吃穿用皆供大于求）及低廉价格而达到了某种物质的平等，以及由之带来的表面的社会和谐。这在六十年代以前的西方也是从未出现过的，靠着被盘剥国的廉价能源和廉价劳动力，“上等国”人人丰衣足食。八十年代初再涉足西土的中国人，正赶上西方最好的历史时期，基本上是被这副美景击倒的，但一般意识到和愿意承认的人不多。按理，一个被打压的穷人，尤其是被打压才穷，是不应该艳羡打压自己的那个阔人，尤其阔人是抢了自己才阔。但呈现在这个穷人眼里的这种他也能分享的“特殊平等”，却让他产生了幻觉，他感到的这份“公平”悄悄地抚平了他心中的不平，而这“不平”曾经支撑着他漫长的抵抗。这就是为什么二十世纪初西去取经的人未接受神话、极少选择留在哪里，而隔了大半个世纪再西去的人，却走了相反的路。

有神话，也就有神话的背面，这个世界就像有人用巨刀切了一道口子，分成了神话国家和落到神话国背面的国家。由这道切口产生了一个史所罕见的现象：神话背面的国家之国民，以挤进神话国家作国民为目标，且上层建筑大面积投效，一改古往今来投奔异文明的人群多为下层社会的惯例。

二、“神话国家”究竟是如何炼成的

可见神话国家的确很神，它们有几个历史特点：一、基督教且以新教为主的国家；二、盎格鲁—撒克逊国家；三、国王保住了王位的国家（近代以来世间仅剩的政局超稳定的国度）。这三点有的国家只占一点，有的占两点，有的三点皆占。神话国家还有几个政治特点：一、民主标兵国家，选举从不出差错，左右两党选战骂完了，就像裂口装了拉链似的，说合就合上了；二、左右两党没有根本分歧，对外如同一党，而不似神话背面国家左右势不两立，总有保守派和改革派之争，而且往往改革派的指挥部还在国外；三、知识分子“独立”于政权，却是体制的柱石，不像神话背面的国家，知识分子被政权管着，照样背叛体制。

神话国家还有其他特点：一、世上首富，不光货币值钱，而且有吸血机制，让全球财富与人才滚滚地流过去；二、凡出自这些国家的机构，均为世界最权威的国际机构，每个奖、每个评定都是世界顶尖；三、凡产自这些国家的文人、艺客、学者，都是世界级的，再低级的作品和研究都能流传世界；四、奇迹最多，比如特别容易发惊人之财，二十来岁，一个发明，立马就打造起了全球最有影响的公司；五、国民风度好、仁爱多，不见腐败、唯见诚实。

综上所述，不信也得信，这世上就是出现了一群上等人种，他们在三百年以前还无甚建树，甚至连一部完整的信史都没有，却忽然之间创造了人类最伟大的文明，伟大到其他文明不被消灭也要自动消失。据说这个文明，他们自古就有，没有信史记载，甚至没有考古发现都不要紧，反正人家是继承三千年前的希腊文明，中间隔的两千年全不作数。在彻底相信神话的八十年代，年轻幼稚的我，自然只有跟着信的份，如果我那会儿有更丰富的阅历，就会打个问号，因为太神奇了，神奇到我们华夏民族白活了，我们苦苦坚守了几千年的文明也白守了，早知今日，何必当初！所有的妄自菲薄、自贱自虐都是从这一刻开始的，以致三十年来出现了一个史所未有的现象，即秦桧遍野，名正言顺。

这个神话的建立，对我们这个古老文明前所未有的冲击，就是我们一下子全变成了劣种，劣种创造了拙劣的文化和文明。所以有人才会走得比秦桧还远，认为我们应该像印第安人和黑人那样，彻底被殖民才是光明之路。盼来盼去盼不到这一天的“精英”，才会鼓噪着快点移民，自押着去。最可怕的是，神话的阉割已经进入潜意识，不再受理智控制，由此产生的自戕愉悦举世罕见。自贱已形成一种思维漏斗，无论什么事、不管多么有学识的人，都会顺势掉下去，避不开自卑的出口。比如香港《南华早报》网站有一则报道，内写“有军事专家认为，精密机械工业基础薄弱和创新不足，是解放军在升级其最新国产战斗机时面临的主要障碍”。我相信这是中国军事工业存在的现实困难，因为急需克服，才有人出来呼吁国家鼓励机械工业的发展。此文让人感到别扭的是它的结论，采访完解放军少将，记者又采访了一位澳门军事观察家，这位专家认为问题出在“在一个全民丝毫不重视独立思考的国家，何来自主创新成果呢？直到现在，对内地从幼儿园到大学的无数学生来说，服从仍是压倒一切的重点”。如此一来，这篇文章提出了一个问题，又封死了这个问题的出路，因为要想解决机械工业的问题，先得解决文明的问题。这就是我说的“漏斗式思维”，我们来分析一下这种思维荒谬在哪里。

首先是以偏概全，大而化之，将工业技术上的一个薄弱点不打弯地上升到整个国家民族的劣质劣等（“一个全民丝毫不重视独立思考的国家”）；其次，直线揪到文化文明（“对内地从幼儿园到大学的无数学生来说，服从仍是压倒一切的重点”）。转这篇报道的网站多为一些爱国网，可见转的人潜意识里也已深受此种思维浸染，不管有没有民族自强的意识。任何一国的工业都有其强项和弱项，有传统早就发展起来的取得优势地位的技术，也有后发的始终落于人后的弱势技术；任何一个民族都有其天赋和能力弱点，有些技术极具天赋，有些就不擅长。这跟思考有什么关系？跟文明又有什么关系？如果跟思考有关系，那么哲学家应该都是最好的机械工程师了？如果跟文明有关系，那么同为基督教文明的西方各国，为什么只有一块金三角地带精密机械最发达？作为精密机械技术发源地的这个金三角，跨三四个国家的边境，尤以瑞士德语区和德国的一部分为中心，钟表技术（精密机械的始祖）就是在这里发展起来的，美、英、法都是输入了这里的人才（尤其二战后抢劫了一批），机械工业才发达的。连俄罗斯在叶卡琳娜时代也大量引进这一地区的工匠。至今全世界精密机械也还是这一地区发达，因为起步最早，日本人追了上百年，最后是抄了电子的近路，但传统精密机械尚未能赶超。以众所了解的日本，“不服从”和“独立思考”也不是其民族性吧，怎么人家照样能以电子技术抄近路呢？同样，这个精密机械发达的地区，其电子技术、计算机技术却并不发达，甚至落于中国之后，是不是也可以因此下结论：在一个全民丝毫不重视独立思考的国家……

什么事都只能比可比的、不能比不可比的，否则逻辑就要出问题，一分析便漏洞百出。如果说“内地从幼儿园到大学的无数学生”受害于服从纪律，被扼杀了创造性，以致中国机械工业没有创新能力，那澳门、香港的学生有西方殖民历史的保驾护航，理应不在受害行列，怎么也没创新能力引领中国机械工业呢？再说以“服从”、“独立思考”下结论也误导了不了解西方的国人。

三、被国人误读至深的西方民族性

由于我在上文提到的现代文明神话，中国人在诸多方面误读了西方人，中国人特别容易误读，也是因为我们常常以己之性来解读西方人。比如服从，说西方人不讲服从，真是天大的笑话，西方的强盛，精神同一性和组织纪律性是一大要素。近几十年受六七十年代左翼思想的影响有所放松，尤其公立学校乱象丛生，正是他们衰落的起因，可别把反的当正的引进。我在《人与宠物》（见本书第三部分）一文中写过，忠诚与听话乃西方人最看中的品质，不仅仅在人与宠物之间，人与人之间亦然。只要深入他们人际关系的核心地带，而不是听他们嘴上说和看他们外在表演（由于在这一点上特别压抑故专爱做这方面的表演，不逊于阿Q），就会惊心地感觉到，我们在这个问题上的误解之深之谬。

“表演”是我们与“上等国国民”打交道时要时刻提醒自己的词，这不是说他们如何阴险，而是自我意识过强，加上从小的驯化让他们在人前习惯于另造一个“我”，时常不由自主。这种个性的优点是在人前注意风度，坏处是集合在一起就形成了一种集体面目，这些国家在国际舞台上也极擅长表演。我在法国听到法国父母最常挂在嘴边的词就是：“obéis!”（服从），而且干干的不拖泥带水，意思是“我不跟你讲道理，你先服从”。在很多方面是无理可讲的，小孩就得按规矩做。西方人服从规则就是从小被驯养的，驯养的力度远强于中国人的教育，法国至六十年代，学校都可体罚学生。可不少中国人总是把西方人的“服从”与中国人的“服从”对立起来，这不过是一码事的两种视角，各有切入点，但目的是一致的。

再说“独立思考”，这又是个西方人常挂嘴边的词，凡他们说个不停的，国人一般就以为他们必定满坛满罐。其实这是一大误解，西方人只是自我意识强，自我意识强不等于独立思考，至今带着很强宗教文明色彩的西方文明，恰恰缺乏独立思考，才将之立为追逐的理想。他们那种精神同一性对看明白的中国人来说，是极其压抑的，经常有“文革”（只是充满技巧的）在这里万寿无疆的感觉。为了证明机械技术水平与独立思考并无必然联系，我再举一个例子。金三角地带不但出机械工匠，还输送卫兵，梵蒂冈只在这一地区挑选卫士，因为这里的人像“猎犬”一样刻板守纪。可见机械技术能力与独立思考能力是不可比的两码事，脑袋太活了反倒不行。

四、破解“神话”背后的秘密

有人读到这里可能会反问：我怎么觉得这不是神话而是现实，神话国家就是比我们好，也比全世界其他地方好，你凭什么说这是神话？

破解政治制度、“独立”知识分子之类的上层建筑的神话，我在以前的文章里已做过，现在我们就来说说所有神话之成立、之被接受的基点：富。一国之富，正常情况下（不偷不抢）就是其创造财富的能力，能力强的国家、民族在历史上如果不遇大盗或大灾，就能富甲一方。中国在鸦片战争前就是这样的情况，一直到十八世纪末都比那几个神话国家有钱，这意味着创造财富的能力比它们强。神话国家魁首英国，因为拿不出购茶、瓷、丝的白银，又制造不出能吸引中国人的商品，才密谋了鸦片走私。如果说那遥远的过去不足以证明神话国家并不具超人的创造财富的能力，我们就来看看两次大战后发展到六七十年代的英国。

为什么选这个时期？因为经历两次大战，虽是战胜国拿了战败国的巨量赔款，且战场并不在本土，但毕竟人力物力损失惨重，所以我们假定有一个恢复期。期间世界霸主的位置虽然丢了，但与新霸主美国关系特殊（皆为“集团”核心国家），依然是世界经济秩序的制定者。这意味着十九世纪暴富的基本条件依然存在，唯一少了直接抢劫中国及英帝国殖民地的便利。那么七十年代英国更富了吗？非但没有，而且衰退得负债累累。以致铁娘子上台不得不向金融家让步，放宽金融管制、私有化国企，将这个曾经的工业国家转为金融产业国。这剂在当时算是改革良药的方子，并未真正拯救英国经济，只是打了一针强心剂，将衰落推迟了二十多年。

读到这里，我们已经没法不得出这个国家劳动致富的能力并不强的结论，既然并没有超出全世界尤其中国创造财富的能力，那么近两百年来人家成为神话国家，而中国家道中落甚至破落得让某些“精英”觉得如果神话国家殖民了我们更好，靠的是什么呢？显然不是靠制度优越，因为英国政体自十九世纪以来至今未见改变，而且随着时代进步还更完善了；也不是靠人种优越，因为英国人并未被换血，而且教育和文明水平还提高了……总之英国十九世纪暴富的所有先决条件均未改变，只有一个条件变了，就是明的摧毁和抢劫不能做了，尽管暗的还在继续。如此追下去，我们不得不做出一个推断，神话国家的富与摧毁和抢劫他人有着千丝万缕的联系。

先来说说摧毁。近代以来只有“集团”直接掌权（或秘密控制）的“上等国”免于内部政治动荡，此奇迹既非文明亦非人种的优越，而是只有这几个国家幸免于外强插手的政治分裂，这使得其党派之争既不是内外之争，也不是上下之争，而是既未被推翻、也未被分裂的上层，从初始就设计好的轮流坐庄的体制。只有拥有共同权力核心的两党才能产生此一“民主”奇迹。而其余未被“集团”直接控制的大文明，只有两个命运：被肢解或被折腾。也就是说加在一起也就三条路：或被控制、或被肢解、或被折腾，逃得了前逃不了后。曾经包括西欧内部的法、德、西、意、葡这类国家，都未幸免于外力插手、政治分裂、改朝换代，欧洲之外更是动荡不止，全都给翻了个底朝天。在欧洲内部被毁的有西班牙帝国、奥匈帝国，俄罗斯帝国，发生在俄罗斯的革命、内战、制度更迭，有一条隐线就是被折腾，只要你拒绝被控制，或你内部传统势力过大难以被控制，就躲不过政治动荡。沙皇如果像英王室那么合谋共事，哪会死无葬身之地？在欧洲之外被毁的，有奥托曼帝国和中华帝国。我们由此看到，“上等国”建立的基础之一，就是在两百年的时间里把这颗星球上所有能创造财富的地方都毁了。我们只要看看曾经富足的伊拉克，二十年间在还有丰富石油的情况下落到什么地步，且五十年、一百年都难以复生，就明白了。

毁了之后自是抢劫。我在此就不说十九世纪对中国的抽骨吸髓了，那段历史人人知道，只不过有人过了就忘。就是欧洲内部的抢劫，到大英博物馆、纽约大都会博物馆和巴黎卢浮宫也能体察几分。每毁一个地方，都是人财两获，两百年间不间断。试想在被毁被抢的逆境下都能赶上来的中国，如果有同等条件，那还不富得流油？怎会让那么多“精英”以弃国为荣？

如果只毁、只抢倒也罢了，华夏文明自古也没少遭遇霉运，问题是人家还以毁和抢为手段制造神话，把因富而获的所谓“西方现代文明”说成是富的先决条件，进一步在精神上摧毁你。每制造一个废墟，他们就让废墟上身心俱毁、骨头被打软的人相信，他们的富强皆因文明和种族的优越，十九世纪直言优越，如今“文明和种族优越”换成了“民主与自由”，词换了，义未变。由于两百年来他们掌握了文明战争所有的话语机器，设计了一整套理论，什么神话制造不出来呢？更由于传播神话利用的是审美权和道义权这条近路，被毁、被劫的人最后连灵魂都附送上了。

有人可能还会问，那你怎么解释是英国打响了工业化的第一枪、发明了机器革命的鼻祖——蒸汽机？这难道也是神话的一部分？我们其实只要反问两个问题，这个“第一枪”是不是由文明和人种作为决定因素自然演进的结果，就会显露出来。问题一：从工业革命后来的发展看，德国人要比英国人更具机械技术的才干和发展基础，按自然演进的逻辑，为什么工业革命没有最先发生在德国？问题二：按自然演进的逻辑，率先发明蒸汽机的英国人应该一路引领工业技术的创新，为什么其后一系列重大发明都与之无关了？从后来新技术革命发生于美国看，工业化第一枪与新技术革命之间有一条真正引发奇迹的隐线，即世界金融中心的转移。这个中心移到哪里，哪里就成为技术革命的中心地带。

这从另一角度显示，支撑现代文明这些摧“枯”拉“朽”的神话之真身，是国际金融资本。无论是前面说的毁与抢，还是金融中心在哪里，其实就是旷世之财从哪里来并流向哪里。这才是“上等国”和“上等人”之由来，以及为什么只有这些国家近现代史像毫无悬念的喜剧，别国都是悲剧连连，每次搅得天下大乱，自己都是最后的赢家。

如果说审美权、道义权、信仰尽失是精神堤坝在内部被蛀空，那么神话就是为精神决堤从外部提供了洪水般的力量。精神堤坝是这内外夹攻才垮的，由此可见神话对文明战场略占上风的一方无比重要，它并不是自然产生的，而是有着明确的受益者和动机的。

伸进文明心脏的手：写在莫言获诺奖之后

这类由西方某国颁发、有“国际”声誉的奖，真实操纵人往往与颁奖国没有多大干系，他们要么是暗中篡变了原来由该国创办的组织，要么是以此国的名义成立，实则为国际征服集团服务的组织。很多我们以为的正式国际组织都有这个背景，更不要说那些非政府组织；很多我们以为的“国际奖”或“某国奖”都是由这群人操纵，以西方列强或国际社会的名义影响世界甚至发号施令，这才是今天世界被隐藏的现实。

一、这份“厚礼”是白拿的吗

几年前，我在法国电视三台看到一个名为“Thalasso”的海上旅游节目，有天晚上极其偶然地节目讲到中国青岛。在法国，哪怕是文化旅游节目，制作者也都非常自觉地按西方战略利益和意识形态斗争编排，鲜少例外，被视为意识形态敌人或利益对手的国家，连名胜古迹都遭殃，所以那期节目破天荒游到青岛，令我“受宠若惊”。那晚上看到的一个场景和配的解说词，多年过去了，我也没忘。

记得节目摄制组在青岛受到青岛文联一位作家的接待，估计是特意安排了一个较少官方色彩的文人出面，以为能跟洋人有共同语言。对西方的了解恐怕止于一打神话的作家，热心地带摄制组参观自己装修讲究的新居，想必是刚分到或买了一套房子，觉得自己经济上颇成功，再有模仿来的满嘴“人性”，人家就视他为“同类”了。可他不知道节目在法国播放的时候，解说词对他是多么蔑视，说他“不可避免地是穷人出身”（forcément pauvre），言下之意“最底层阶级窜到上层文人”乃共产党国家的特色。配着这段话外音的，是正敞开客厅的作家，用等待赞誉的目光让他们看锃亮的地板和新添置的沙发。这是很多中国新贵与有意和他们套近乎、骗得他们露怯的西方记者打交道时的常态。时常是看到那只戏弄的手沾满了被戏弄者的亲吻而哀到心死。

别以为自己脱掉旧衣，套上“名牌”西服，西方统治集团就真把你当“朋友”了，要不是为了拉起围剿中国的统一战线，人家都不屑让你进沙龙。你忘了一百多年的屈辱，人家连1949年被没收的一块面包都不会忘！他们永远不会放弃一个目标、放过一个敌人。西方政治如此“稳固”、几百年不出一回上下搅动、“民主”而不“走火”，就是暗封底层向上窜的直通车，因为他们深知让饿扁过肚子的人一步坐进贵族沙龙，就不必期待他的忠诚，那满腹的生存本能会孕育出狡猾和背叛。那么他们为什么要在境外向他们最防范、最轻贱的人抛出橄榄枝呢？

对这次诺贝尔文学奖，我本来是不想置评的，因为一时之间我尚未洞察这步变线棋的真实意图，没有想明白这是礼物还是毒药。有那么多人为这个奖欢欣鼓舞，甚至有扬眉吐气的兴奋和胜利者的得意，泼冷水的人岂不要被骂疑心太重？总算有一次正面接轨，你也要鸡蛋里挑骨头吗？

我沉下心来想，他们“备了这份礼”究竟图什么？连打了三记耳光，这一次套上丝绒手套就让那张尚带着手印、火辣辣的脸忘了疼痛，你不就是承认它打人的权威和捉弄卑贱者的权利？我们这个在整个近现代史受尽欺辱的国家，真能换上礼服走进沙龙与打手们共进晚餐？

如此具有颠覆力的奖，一个中国人去领受会不付代价？这头接礼的人真能白拿？

由西方国家经营、既有“国家”名义又以“国际”名义颁发的各种奖，挑中的“石子”无一不皆具政治和利益两个因素，无论是美术、建筑、舞蹈还是电影、文学、音乐，作品和作者的本质都被偷偷抽换掉，而是为一个庞大的征服全球的计划服务的。但这个计划并不摆在桌面上，也没有一个明示的纲领，操作技巧更不公开，唯一暴露的部分是对目标物的选择，整个计划的实现就是靠疏而不漏地挑选卒子，由此潜移默化地篡变艺术观、审美观、价值观、历史观，收拢解释权，垄断定价权，致对手不战而败。由于被挑选者只见局部，而只有挑选者能见全局，卒子的接力角色就在不知不觉中完成了，而卒子却不知道自己只是整盘棋中的一粒棋子。

二、“看不见的手”伸进文明的心脏

得诺贝尔文学奖、被奉为二十世纪的伏尔泰，是“看不见的手”培养颠覆历史的偶像之惯用步骤。所以每听国人感叹中国文学离诺贝尔奖还有多少年的距离之类的傻话，啼笑皆非之余，既觉得国人完全被蒙在鼓里、天真无比，又觉得傻也能傻得歪打正着，距离的确还没有缩短到足以让“看不见的手”称心地挑人，那年选中弃中国籍取法国籍的作家显然是匆忙而笨拙的一手，只起了破神话的作用，所以必在若干年后纠偏，下一步变线棋。“距离的缩短”与文学水平十万分扯不上，而与一国进入“狼群”猎食场的程度直接挂钩。

这类由西方某国颁发、有“国际”声誉的奖，真实操纵人往往与颁奖国没有多大干系，他们要么是暗中篡夺了原来由该国创办的组织，要么是以此国的名义成立实则为国际征服集团服务的组织。很多我们以为的正式国际组织都有这个背景，更不要说那些非政府组织；很多我们以为的“国际奖”或“某国奖”都是由这群人操纵，以西方列强或国际社会的名义影响世界甚至发号施令，这才是今天世界被隐藏的现实。只要破除迷信用正常的脑子推理一下，就一目了然：一个小国、几个评委何来操纵他国历史的能量？在当今被垄断的世界文化艺术市场，“杰作”早就不再由创作者本人和鉴赏者决定，这两个昔日艺术作品价值的真正决定者，被偷偷夺去了权力，尤其当有语言和文化内涵的作品不再由本文明的鉴赏者评判，而由毫无资质的“国际”机构定夺，这场史无前例的夺权战之杀人不见血，让看到的人倒吸一口凉气。从此一个流氓可以一夜之间被捧为艺术大师，一个小人可以翻手成为斗士，一个民间说书人可以一个跟头窜到精神领袖的宝座上，会有成千上万追逐荣誉的人贱卖良心走进候补者的队列，“看不见的手”就这么用画廊、书店、电影院将手伸进他文明的心脏。

一个民族将其文明的命根子——审美权拱手让人（认这些所谓的“国际奖”为最高评定标准），形同文明的心脏已经停跳，但由于并非白夺，而是一种交换，得到物质好处的个体被收买而不知，分散的利益满足掩盖了夺权的血腥。你能想象有一天由我们中国人来评判谁才是瑞典文学的最高水平？谁能给我们这个资格和权力？何况这个“国际”机构不过是以瑞典打掩护。如果单为文学鉴赏而给你这个奖，那就等于是免费的好处，可与西方人打交道切记没有免费的好处！给中国历史上从未有过的一代“没有文化的文学”，给在“受害者流水线”上模仿接力、专事哭诉让自己占尽便宜的时代以期与后世做最合算的交易的写作，给以洋铁签串烤土猪肉（洋魂土胚）为特点的“中国现代文学”，注射诺奖这样一剂强心针，正值复兴的中华文化必将翻过这一页的关口，用心何其诡异。

任何兵不血刃的权力交接，肯定有收买这一程序，只是台面上不叫“收买”。这一史所未有的交易，发生在文人墨客被市场从权贵身边解放之时，在初始的确是一种进步，但这种进步掩藏了更大权力悄悄地但不可逆转的脚步，何况在西方打造这个市场的人从一开始就是那个跨国征服集团。他们并没有按照市场的自然规律行事，而是以改变艺术观人为进行潜移默化的心理诈骗，用操纵审美来夺取定价权，再以定价权人为操控作品在历史长河中的价值！终极目的不是艺术的发展和人类的进步，而是为了垄断和征服。

检验一个社会究竟落到了哪一步，测试剂是看“杰作”由谁说了算。对于那些并未创造自身文明的小国寡民，这并不构成问题，因其本来就是被他文明覆盖；而当一个创造了独立文明体系的国家，堕落到其艺人墨客将自己作品的最高评判权移到本文明之外，意味着这个文明的大脑休克甚至脑死亡。一个文明有两个权是不能丢的：道义权和审美权。一旦被抢夺走这两个权力，文明就成了身体尚未冷却的僵尸。那些“国际奖”的宗旨恰恰是围剿异己，抢夺这两大权力。

三、当世界变成一个巨大的传声筒

有一次，我在由北京开往江南的高速火车上，隐隐瞥见前排有个男生（80 后或 90 后）用电脑观看一部电影。细看画面，是先前我在巴黎电影院里看过的《Intouchables》，片名有译成《逆转人生》，也有直译为《不可触摸》。我因为亲眼目睹这部平庸之作被炒成“杰作”的过程，在距离巴黎一万公里以外的中国高铁里再次目睹此片，就像看到魔塘里搅动的水圈一直荡到了哪里。由此惊觉世界的统一，她往哪个方向统一，她往哪里收缩和聚集，她看似放大的收小，她形似宽阔的狭隘，她好似多彩的单调，她极似进化的退化，她往终点的飞奔急驰。

在已变成一个巨大传声筒的世界，这一幕难道不早在意料之中？只不过声音并不是朝四面八方传送的，而有着它设好的渠道和方向，话语从高处流向低处，这个坡度是人为搭建的，有人心甘情愿或无知无觉地待在低处。从“看不见的手”挑选出那粒小石子（赢利将落入“集团”手里的政治正确的样板作品），到看见石子被如何使劲抛进水中（从传媒昧着艺术良心联手捧场到西方各类大奖的接力配合），一直到瞥见石子激起的水圈之多、之大，全过程首尾相接，一环套一环，有自觉的接棒手，有傻乎乎追逐声音的传声筒，二者却能在惯性中齿轮般配合着转动，细品之后还真有点心惊肉跳。一部“杰作”的全部策划、推销过程，已经到了如此随心所欲、指鹿为马的程度，世界已经变得这么大而渺小、这么繁而一律、这么反而听话、这么知而无知，末日帝国的噩梦再度袭上心头。

我们看到传媒军团的运作就是利用了石头入水之后，绝大多数人不会再去探究石头的大小和轻重，人们看到的、口口相传的都是浮在上面的水圈、泡沫、浪花。境外的人更看不透“小石头”政治正确在哪里，它赢的利流向何方，他们只知道追逐“石头”落水的声音，以越来越快的速度追上去，并越来越像地模仿那声音，“史上最……”像电流一样传遍各大都市。于是真正的杰作，因为题材不符合政治正确的样板，便被巨大的回声挤到无人能见的角落，毕竟看到全局的人微乎其微，没被利益链收买的人也很少很少，有良心兼有眼光的人更少更少，这个世界就是这么犬儒，且将越来越犬儒。当利益的链条、征服世界的企图取代艺术那本来就少之又少的理由，世界的确越变越小。

在围剿中国的包围圈里，有没有一块“中立”的土壤，即便我们这边想有，那头真能容纳“不偏不倚的文人”？一个在西方记者面前说一套、在国内又占尽体制便宜的文人，在两面投资的游戏中下的究竟是什么赌注？以“只是不想制造无用的麻烦”来安慰等着他行动的西方记者，究竟是在“戏耍”还是真心表态？“农民的狡猾”真能逃过历史的眼睛、生前的魔术真能换成死后的丰碑？一个占尽好处的“叛逆者”还能与后世做交易吗？“行吟诗人的慷慨，必以在人生战场的彻底失败做筹码，非此权当是无病呻吟”，这话我以前写的，现在依然没有改变看法。

四、要拿奖，先表态

最后，由我这个党外人士，站到一个在法国记者面前表白自己“早就不信共产党”的中共党员与一心要剿灭这个组织的西方之间，来评点他们互抛的眼神，岂不是天大的笑话！人家玩腻了边缘小丑，直接收买体制大腕，多么漂亮的变线棋！在这个世界，你如果没有尊严，不要说世界统治集团，就是一个小国都可以玩弄你。

现在就看大腕下一步玩谁的游戏，领奖时敢不敢为自己的国家辩护（这在今天是需要真正勇气的），还是贬一贬自己的国家（有外部强权撑腰，这做起来非常容易和不付代价）以衬托自己的“独立”与“高尚”？一如他在西媒面前已做得非常圆滑的“点到为止”。不管玩哪一边的游戏，都不再可能全摆平了。真要“独立”就不要领“奖”，地上哪来馅饼？自诺奖公布后，法国媒体就一再对不解和不满的读者解释：莫骨子里是我们（西方）的人，并翻出以前对他的采访作证。在西方媒体笔下，莫就是个体制内挖出的政治符号，人家现在就等着得主包好礼物直接付款了，并已经预告：领奖时将会表态。是什么让西方媒体吃了这颗定心丸？又是“狡猾”地玩了他们一把？遇上这个“债主”可不像前一个能欠着不还！礼物和毒药历来是掺在一起分发的，此次何来例外？观察世事，不光别被指着月亮的手指纠缠，也别因为看到月亮而沾沾自喜。

我在《荒唐的文学世界奖》（2008 年）一文中写过：“我总在想剩下的世界那几个‘幸运儿’，尤其是那些先领到‘背叛者’证书然后才被排进候选者队列的人，几十年甚至百多年后，占到的便宜会变成什么？如果千年帝国没有建立起来，百世流芳的梦想就会随之破灭，那么今天的这满把荣誉，简直就是轮盘大赌，谁输谁赢还不知道呢。”在国未被灭之前，一切都还是个赌注。

遍观华夏文学史，赚得永世功名、万世眼泪的文人无一例外都是刚直不阿、宁为玉碎不为瓦全的末世失败者或牺牲者，这是受尽欺辱的华夏最后的脊梁。从屈原、辛弃疾、文天祥、方孝孺、史可法到宁可饿死不吃嗟来之食的朱自清，这一祭奠精神历经磨难、穿越世纪而从未中断，难道这几十年的“坠落”真的移变了这千古基因？这个世界正气已经决然让位于猥琐？

第三部分　西方文明的基因

人与宠物

我写过好几篇谈狗的文章，每次刊出后，感兴趣的多是宠物网，其他人嚼字咬文，见文不见意。我悲哀之余回头思忖，觉得读懂亦难，强人不得。宠狗并非中国传统，而是近代模仿出的一种时髦嗜好，既为模仿，就是模仿者并不知道自己的一举一动皆为仿效。仿效的行为往往是取了被模仿者的形式，而把发自天性的、本我的行为藏在模仿来的外壳里面，是这藏在里面的东西阻止模仿者看清自己离精髓很远，不过是换了个对照物继续着本我。离精髓越远的模仿，越是本我的膨胀，以致完全不懂模仿的对象。这是中国一百多年西学东渐的实际图景。越是满口洋化的人，本我越是与西方人南辕北辙。经多年观察，不幸地看到：本我越是难以移变的人，越是为外壳的模仿而疯狂。事实上，心有灵犀的人之间是不需要彼此模仿的。破解西方人宠狗的实质，就是抓到了西方文明一个关键的统治术：猎犬驯化。这才是西方统治者与被统治者关系的实质，其余的都是花架子。看到这一层的人，才恍悟近代以来由西方人推荐而我们竭力模仿的方子，非但绕开了猎犬驯化，而且把原本的鸟笼和鱼缸都砸了。“家园”被破，却并没有被驯化出猎犬品质的鱼和鸟们，一朝被抛进空空的世界，自然是一去不复返了。

一、为什么西方人独爱狗

人与宠物在一定程度上类似一个社会统治者与被统治者的关系。细看这种关系，会发现宠狗的人与爱鱼鸟的人早在文明伊始便已云飞雨散。

大大小小的动物，除肉禽猛兽，养了便可亲腻。如有人喜蛇，盘摸掌玩如己肤；有人爱鼠，尖指戏逗如己出。超出常规的宠物，与人的关系趋于简单，就是爱与被爱。而聚万千宠爱于一身的动物，与人的纠缠线头就多了，让那么多个性南辕北辙的人亲近，一定是迎合了某些民族的共性，脱出了爱与被爱的个体关系。

比如西方人独爱狗，越是堆金砌银的社会，狗影越是遍布大街小巷，简直成了城市“人口”的一部分，连食不果腹的流浪汉，脚前足后都颠颠地跟着一只。五花八门的狗种由皮绳或帆布带圈拉着，车前马后跟班跑腿，宛如主人投向世界的影子。

为什么绕开鱼鸟的美艳，在众生云云的动物王国独选这种由狼演变来的生物为伴？只有爱与被爱一个答案，就过于简单了。要看清人狗情结，单从人的角度，会浮出一堆陈词滥调，人擅长掩盖本性，藏得之深连自己都骗了。从狗的角度会清晰一点。它为何成了众多可宠之物的主角？外形最可爱？非也。头脑最聪明？值得商榷。它之集西方人宠爱于一身，缘于两个品质：可教化和忠诚。可教化即主人可以驯化，这是成为主人意志产物的先决条件。一切都是围绕着主人意志延伸的，并没有其他出发点，征服躲在所有动机的下面，并非面对生灵宽泛的、不加选择的情愫。狗可能是唯一能被驯化成人之影子的动物，而且影子一旦贴上，背叛亦难。在某些文明中作宠物主角的猫，就入不了狗境，它与人的关系相对独立，经常陷于彼此控制，绝不愿意作人的影子。

二、西方文明的统治术：猎犬与驯化

与异物交手从血液里便会启动改造机器的西方人，在动物王国遍寻可塑之材，万般筛选，才挑到适合作影子的生物。在步入现代之前，贵族豢养的狗必具备有用（可教化的标志）和忠诚两个品质，玩赏不是养狗的目的，所以漂亮和聪明不是甄选的标准。由此解释了西方王室的猎犬和中国宫廷的哈巴狗之鸿沟。人们总把猎犬的能力误认为聪明，那恰恰不是聪明，而是它的某些本能经过人的强化和驯服，能达到最稳定的量化标准，从而为人所用。也许这才是猎犬与玩赏狗的真正区别，它必须指哪儿打哪儿，追杀主子的敌人或猎物不遗余力。而玩赏狗绝无此等重任，它们后来才从异地传入，在现今的市场上也是古灵精怪、邀宠撒娇地诱惑人的钱包，越是下层社会或暴发户越是偏爱在宠物身上寻求眼睛的娱悦——他人的或自己的。但上层社会延续了传统，一般只养纯种猎犬。

我到一葡萄酒商家里作客，徒步三分钟才能走个来回的城堡大客厅里，坐着发财前辈的遗孀，在上等阶层的高龄女人身上，你最能看到金钱与时间的赛跑在冲刺阶段的激战，那最后的拼搏时常比平民女人早早地投降要惨不忍睹。老妇人脚下有两只小狗，其中一只与女主人同命老得瞎了一目。那对小犬短足、长耳、尖嘴，身长尺半，高不及小腿肚，在老太太的黄缎面扶手椅边盘缠着。我从身量武断得出二犬为玩赏狗，却被告知是纯种猎犬，旧时贵人打猎的好帮手，身小而性猛。凑近看，果然牙尖齿利，凶性收藏在玲珑身段里，那异常突出的尖嘴，是用来结束猎枪下未了之命的。我端着塞弗尔金边细瓷杯喝柠檬茶时，二犬并不过来邀客之宠，只在老妇身边摇尾，因盲而眼睛银蓝色的那只，远远地投来距离的寒光，令人心瑟，不知沙龙里的金汤玉食在多大程度上移了那硝烟里的血性。

具猎犬品性的往往种类有限，为避免节外生枝招来拂逆主人的杂性，绝不混血串种，也就断了新品。此类狗不光观赏性差，戏逗掌玩味亦不足，看上去面冷性拙，对伸过去的手并无玩物狗的灵敏回应。

非是犬莫养的除了有钱人，还有最没钱的人，中间阶层则早已被分化，现代猎场人最大的天敌是诱惑。一文不名的人指的是白种流浪汉，不是吉卜赛乞丐，后者以行乞为目的，常弄一只乞人怜的玩赏狗带在身边，毛绒体幼的妩媚相，为的是骗路人的恻隐之心。而白种流浪汉却是另一群体，流浪是与主流社会断根的唯一生活方式，目的不是乞讨，非如此断路绝人总有一条血脉盘绕纠结地不放手，遗世就成了空言。这些人，不一定寒门贱出，不一定胸无寸墨，性情亦无落草流寇的平易。我称他们前定失败者，败就败在石头般的脆直，刻薄到一根筋，好像生命之路他只抓住飞驰电掣的那匹名叫清高的烈马，被拖拽于地，遍体鳞伤。细瞅他们的眼睛，挤在因沮丧而浑浊黯淡的眸子一角的，是永远抹不去的尖刻，细刀一般在他们与世界之间划下了不可逾越的沟堑。

三、“中国式爱”与“西方式爱”

把狗驯化成影子颇有技巧，爱是下下策，狗性决定了它们需要的是统治者而非爱侣。这是个驯服被统治者的过程，驯化的核心是让它们知道谁主谁从，服从规则乃教化的起点。下手的第一步是从一开始就杜绝狗吃他食，食品必须来自主人，而非任何一个好事者！所谓“自由”，是主人调配食品而不是宠物随意挑选食物的自由！这是能否让其遵循主人的价值体系决定性的一环，关键在于具体生产食物的帮手意识到自己站在哪一边：统治者一边，还是被统治者一边。人与宠物的位置从未颠倒的社会，都是帮手意识到自己站在统治者一边，却能让宠物信其为仲裁者的社会，并没有别种奇迹。

在众生中选了鱼鸟作宠物的人（玩赏狗也在其列），呈现的是截然不同的情景：那是爱它们、养它们，用精美的鱼缸和堪称艺术品的鸟笼拴住它们，生怕它们一走了之，而既无心亦无智放弃眼睛的快感，另挑一种可驯化的生物，省了鱼缸和鸟笼的钱不说，还得了永不背叛的保证。只求眼乐的人，说到底是不会精算回报，那是他自己搭建的海市蜃楼，只饱眼福而无半点实惠，鱼和鸟并不真正生活在他的势力范围，它们游水清唱根本不看他的眼色，更不必贴附主人意志抛射的框架。他为它们布设了缸与笼，确有怕它们背离的成分，但他从未打算从灵魂深处劫持它们，他把它们供奉在似乎对立于他自身世界的另一天地里，为此他还得了不给它们“自由”的罪名，但其实他就像把一幅画嵌入画框悬挂墙上，除了眼睛求点福，并不嬗夺它们的本能和习性，反倒让自己顺应其生命节奏，提供食水、清除垢物。而得到他的服务，鱼与鸟不必以狗一般的服从和忠诚换取。在心灵囚室的尽头，他对它们并无不可更移的控制欲，也许只求它们更美丽，但即使是他一手伺候出来的美，他也并未想独占，反倒是从他人眼里得到满足。然而他自构的爱的最高境界——沉默的注视，在猎犬驯化高手面前不堪一击，鱼和鸟永远也意识不到缸笼的框架是它们与管理者的唯一“契约”，更不会问自己是猎犬之材还是哈巴狗之料，笼里笼外两个世界彼此看不见之间悬系了什么。

皮绳下的猎犬实则一举一动皆有牵线，但从绳子的制作到主人手里的收放机关，所有细节都旨在让它感觉不到脖子上的绳套，它奔前跑后，主人手中那个转盘可以自由伸缩，足以让它感到四蹄的自在无拘，然而未有一刻他让它脱离他的意志存在。他的意志，包裹在十二层驯导的口令之下，才是宠物的生存理由和目的。那些“囚徒”般的鱼鸟，灵魂却未有一刻被拴住，由此也就难入狗境，那是跟主人意志捆绑到看不见绳索的境界，那影子般的生命，伴随着狂奔的幻觉。

美俗与美德

在失败者尸骨未寒的战壕里重新站队的叛逆者长龙一般，人人手里舞动着一往无前的旗幡，那旗帜上面五彩纷呈，彩云下面却并无他物，只有那三个字：优越感——所有背叛的借口。

一、“猎犬品质”所代表的西方民族性

看《西游记》中唐僧这个人物，通常的总结是心慈手软。但这只是人的心理、行为被追逼着跑到最前面的那部分，推着它们站出来的其实是僧人内心奸细般的浪漫。奸细般的浪漫颇能点透一个被打败的民族百多年的心理岔路口，那是史书上不记载的，是历史荒漠里谁也没听到的发令枪。

挤进现代民族国家森林之王的国度，最具代表性的集体性格是“猎犬品质”。不要一听到犬字，就认为是坏品质，材料都看用在什么器物上。在犬界，猎犬是最不浪漫的品种，它没有观赏把玩的用途，而是打猎看家的帮手。能称得上猎犬的种类，必经两道工序：严格的种性筛选和持之以恒的驯化。注意：驯化不是教育。教育是启发心智，引其向善；而驯化是顺其特点尤其弱点加以塑造和利用。中国人自孔子以来两千多年一直做的是前者，从不擅做的是后者；中华民族的伟大精神和力量得自前者，致命弱点也来自前者。我们做了两千年的事，他们刚刚做两百年，种性就开始退化了。

纵观世界森林里的这几头“猛兽”，拔“猎犬品质”头筹的当属盎格鲁—撒克逊人。这群从岛国起家的海盗后代，一直悬于文明中心

的边缘，我们心仪的欧洲文明：古典音乐、舞蹈、绘画和手工艺，始创者都不在铁掌孤胆的英伦，但民族弱点经善于驯化的手，倒成就了森林之王的猎犬品质。四面汪洋，在过往无终无始、暗无天日的世纪，异质血液难以渗入，屠刀下斩的都是颖异而逆叛的种，在统治集团与草民之间的这块开阔地带，最不能留根的就是心善的能人，这般除过杂草的民族方具备以忠诚为底质的同一性；手不巧又缺乏艺术细胞的蛮性，使得猎犬驯化达到最稳定的量化标准，一旦控制龙首，底下的人群内忠外恶，指哪儿打哪儿。

与教育的目的截然不同，心智绝非驯化的目的，相反它是驯化的克星，是人群拧成一股绳的障碍。法国作家吕西安·勒巴泰看盎格鲁-撒克逊人一针见血，能在一堆浮皮膘肉下一眼看到筋脉的文人，多在掘自己的墓，因为大家都玩走眼的艺术。二战以后，这类文字就石沉水底，要到阁楼弃物里方能觅得残卷剩簿。勒巴泰 1942 年写了《废墟瓦砾》，锋剑利刀撇开了二战沸水上的泡沫，为世人提供历史另类版本的代价，是永远站进失败者的队列。这个胜利者可不会满足一朝一代的强词夺理，万世真理的牌坊早就立好了，二战不过是帝国征服的小小插曲。勒巴泰投错主子，断头台伺候，在死亡通道脚上拖着镣铐等死六年。1951 年逃过斩首，1952 年劳改，受狱外监管。对站错队的文人最大不幸并非头悬刀下，而是文才被“看不见的手”封埋。然而所有这些历史失意之下的真正悲剧，是上了遗臭万年的名册，只要不逃出地球永无翻盘之日。勒巴泰一语道破盎格鲁-撒克逊人的本质：“很久以来，英国人最强大的力量，就是其人民维护这个国家最卑劣肮脏的利益时不带一丝差异的团结一致。只要岛上商人有利可图，不管什么敲诈勒索，不管什么罪恶，都毫无疑义地被视为民族伟业，受到拍手叫好的欢迎。这是一种由现实主义与无道德主义构成的非常坚硬的腐殖土……”验证此话不难，近代以来，盎格鲁-撒克逊人见缝下刀，切到哪儿裂到哪儿，不管多么聪明的种族都会频生逆臣贼子，内讧到肝脑涂地，唯他们牵手抱团，站在统治世界的山头上为蚁群圈画拼杀的战场。勒巴泰盯着英国人，是因为直到二战盎人褫夺天下还是主打米字旗。不过勒巴泰七十年前的严词厉语，与今天的现实已荡出一点距离，松化的腐殖土荡出来的一片异色，是战后强盛的蜜饯从四面八方招引来的蚂蚁。再过一两百年，我们说的“猎犬品质”将消弭于越来越杂的血液，一如铁板一块征战几个世纪的秦人，一旦散落出去，就再也收不拢了。弱者的报复是经久不息的。

法国人虽看透盎格鲁-撒克逊人，但自己也是猎犬驯化的胚子，英、法土人都沾着古代海盗民族诺曼人的基因，只不过法国与欧陆连山带水，挡不住东南异质血液丝丝渗透，得到的好处是手工和艺术细胞皆胜一筹，坏处是混凝土里沙子掺得多，没有盎格鲁-撒克逊人的同质和坚硬。

二、“公民社会”就是互相看押“人质”的俱乐部

说到这里，有人会问：堪称“素质楷模”的西方人与“猎犬品质”怎么能画等号？的确，相比既无意识也不擅乔饰自己小小本性的众生，挤进森林之王的民族长于将表面不漂亮的行为收掩进包装盒，公德心、集体风度这类现代文明必备的“素质”均来自这份“收掩”。那么这份收掩本能的敏感从何而来？这就要从“猎犬品质”才能一步步追到源头。

“猎犬品质”的第一要素就是“界”的意识。我写过一篇《狼犬人生》，描摹楼下看门人的爱犬，此狼狗的品质有二：守界和忠诚。两个优点又有一个永不溢出的底盘，即在同类之间方生效。主人之外的手尽管千柔万顺地插进皮毛，它一不讨欢，二不为所动。这才是纯种猎犬的第一品质：界。此境界千娇百媚、伶俐善变的宠物狗是体会不到的，那个为提高观赏性而采得四方逆种的混杂过程，早已模糊了界，所谓有疆无界。折换到人身上，“界”是自我意识的领跑，凡事必经我与他人这杆秤掂量，经此天平调配出的感情和行为，已是回音，而非本能。回音是通过回音壁反射的，回音壁则是人为塑造。这里须先消除误解，建在我与他人的关系这条线上的回音壁，与中国人以为的为他人着想是两码事，而是算计好与他人的距离，让自己的行为取得最大化的效果。

这道人工回音壁的建立缘于“设界”，简单二字是西方人精神神龛的永动机。思想像新割草坪一样规整的他们，最远的思维就是别长杂草，以及草地边缘的清晰。这是千年实体思想火刑架残忍剔选的基因，那内在囚牢没有起点亦无终点，只能化作包装精致的风度，犹如抵御哀愁的铠甲。“收掩”的深层发动机并非心善或教养，而是内心与外表深不可测的沟壑。有别于“野蛮人”据内难持外，“文明人”却能稳稳地占住两个山头。比如私底下有我无他，到公共场合却能微笑盈面；内心拒你于千里之外，却能走在前面为你拉门；小到校园大至国际关系逢弱者群起而落井下石，却能在行车时照顾步行人；在家是暴君，在外却能为女士让先；不喜台上表演，散场却一丝不苟拍红手掌；自家阵营决不饶恕叛徒，却能把他家逆贼捧上天。初来者或待个几年，你会被微笑、拉门、惜弱、让先、鼓掌、宽容搞得自惭形秽，有如瞥见人类曙光，再混若干年，被后半部分掩藏的前半部分才慢慢浮出水面。这时你真想变成脑科专家，探探这仿佛手术刀完美切割、刀口绝不拖泥带水的精神分裂拜赐何方神圣。

既为收掩，便非美德，而来自驯化。为了护卫和遮掩自身百分之九十的寡情薄义，他们找到的最不吃亏的办法，就是自觉割舍私欲的零头，整个社会便以这份自觉出让的零头结成纽带。纽带意识是理解西方社会内部及与他方关系的关键词，它来源于其社会内部立体式层圈结构及层圈间互不渗漏的“防水层”，而早已生活在平面式社会的中国人既看不清也看不透，票箱“民主”这件漂亮外衣为平面式视野构置了最有效的屏障。这里也要先破除误读，纽带意识与中国人无边无界的团结友爱只有一些表象的边缘重合，那根看不见的绳线圈划的是共同利益。这种圈划的粘黏剂是发自根性的控制欲——“我”对周遭人事的控制水平在于最大限度地圈划，自我通过出让零头将他人的行止限制在可接受的范围。

割舍零头非关仁厚，而是一张临时饭桌上迫不得已的“凑份子”，是有严密防水层阻隔的层圈间的“战地通行证”，是为保全自己送到他人手里的“人质”。“公民社会”就是互相看押“人质”的俱乐部。当然俱乐部还得有一定的物质基础，地铁罢工或沉船塌屋让人便无己时，互扣的“人质”便悉数收回。通过驯化人人意识到小不让，自己据有的大部分便保不住，或者保住了却如同生活在地狱，故割让时方显无私而慷慨。对西方人，风度有如华人面子一样重要，只不过华人的面子在熟人中更有效，而西方人的风度愈在陌生中愈显彩，切不可接线当绳，真去剥心掏腹。这个刻意调度的界内（自我）界外（他人），与无私八竿子扯不上，而是基于“他人即地狱”的思维防线。

与之相比，产出“人之初性本善”思想的民族，就像快乐无畏、永远青春的少年，磕磕碰碰，未经琢磨，外表粗糙，但顽石包玉。

割让零头和纽带意识是在“猎犬品质”基础上开出的美丽花絮，像苦涩的咖啡表面调出的甜香奶油，让无须喝到底的人群很受用。现代文明恐怕慢慢地就会血淡于水，剩下的就是漂亮杯盏里的一抹奶油。割让零头与慷慨大度之间也是一根独木桥都搭不上，古代绅士间一句不和，除了刀下见，并无他途，只不过杀人都比动嘴动拳来得风雅，绝不弄脏手。“杀人通知”不会秽言垢语送过去，而是以美丽的字体写在扑着香粉的绢纸上，由精工细琢的银托盘送到将被夺命的人手上。然后择良辰，风度翩翩地握完手，那肌肤相触甚至投向对方的微笑，丝毫不动摇消灭对手的决心，剑刃和子弹上也从来没有良心的纠缠。那份把残酷分割成优雅仪式的细腻和尊贵，及在恶与美之间做足摆设的耐心，让人肝肠百转，细品后恓恓惶惶，背脊发凉。

三、“美俗”篡夺了“美德”的王位

驯化民众要比教育事半功倍，一千年的活，一百年就能完工。要使之变成外表光洁坚硬的群体，驯化者必须首先区分优越感与虚荣心的些微差别，利用那一点点差异完成使命。虚荣心与优越感是一对孪生儿，类似吃饱者与美食家，虽都是满足一个吃，目标却楼下楼上。二者就像面子与风度，一个是欺骗自己，一个是撞骗他人，前者无所谓对立面，后者非对立面莫存。虚荣心是个体的，是一个人的盔甲和武器，它从诞生起便缺乏集体属性，沙一般难以凝聚。而看起来心理状态与它几乎重合的优越感，却具有集体属性，可以整合成群体盔甲和武器，具备岩石般的聚合力。将个体虚荣心转化成集体优越感，是现代民族国家森林之王们的秘密兵器。只有集体优越感这根精神绳圈将国民紧紧套牢的社会，才有本钱大张旗鼓地渲染“个性”。集体优越感是无须颁发政令却可下达每个人的统一号令，是无须围墙却百挣不脱的纽带，是猎犬脖子上早已令它无知无觉的绳套，也是刀切向他方，被切下的叛逆者弃岸而走的精神鸦片。

这种千锤百炼的同一性，与缰绳永握的精英贵族真是良马配好鞍。而因挤在古典文明边缘方筑就铁壁铜墙的小国寡民，在历史短暂的间隙，被工业文明推到金字塔尖，有了俯视他文明的便利和高度，此等看台，直接构筑了培养对立于他世界的优越感之理论和物质基础。正是这份优越感为现代文明的金字塔一层层搭建了心理的人肉阶梯，以及塔底鳞甲般难以揭去的卑贱。在失败者尸骨未寒的战壕里重新站队的叛逆者长龙一般，人人手里舞动着一往无前的旌幡，那旗帜上面五彩纷呈，彩云下面却并无他物，只有那三个字：优越感——所有背叛的借口。

我给装饰过的品质一个恰如其分的词：美俗。美德来自人心，乔妆、驯养、吹牛，玩什么花招都没用，有就是有，没有就是没有。但是人群就像一个人，装扮自己的权利总是有的，心思刁钻缜密的，可以通过划算的设计，变先天不足为有利条件。这时美俗就越俎代庖悄悄替代了美德，如果美俗能一代代固定下来，对外人来说，它就成了美德的一部分。装潢精美、执行有力的美俗，可以让人完全忘记它只是美德的替代品，当它通过培植、驯化，成为约定俗成的行为，甚而近似本能，它的确是小鸟涅槃成了凤凰，混淆了不可僭越的概念，夺了美德的王位。

要么是朋友，要么是永远的敌人

“入行式”产生的目的，就是驯化新来者入行的第一步是学会攻守同盟。所有这些与文明世界背道而驰的做法，都是为了考验成员间一起作恶能作多远，以及新成员承受恶而不背叛能承受多远。

一、小心鲜花绣球下的匕首

我们中国人就像蜗牛，无论走到哪里，身上都有自己的小房子，喜欢自处的好处是不翻天搅地，关键是不寻找对立面，尤其不盯着别人的弱点确立自己存在的理由。所以与西方被迫交手近两百年，不要说平时从来没有解剖人的眼睛；就是战时，骨头不被打断也不去寻刀棒来自哪里。然而君子之腹远没有力量改变小人之性，在小人当道的世界，君子只有两种办法自处：要么自身有足够力量不跟你玩；要么摸清你的习性弱点学会钻空子。

观察中国人一百多年的挣扎历程，发觉一个特点，就是始终在前一种办法上使劲——增强自己的力量不跟你玩。改革开放三十年，表面看做生意也运用了后一种办法，但实际还是为了达到前一个目的。造成这一现象的主要原因，除了本性善之外，就是知识精英百多年没有真正从休克状态醒过来，即便在公开反抗的年代，也只是被逼到墙角喝一杯人家研制的另类药剂，犹如打了强心剂，暂时振作起来，做最后挣扎。知识精英大脑休克的结果是，观察和研究对手从未脱出人家诱导的方向。君子心胸坦荡，一开放就真的一马平川让对手一览无余；小人可是每一把匕首外面都扎满了鲜花和绣球，然后对被扎得鲜血淋漓的人说，你这般倒霉就是由于没有跟我一样的鲜花、绣球。于是欣赏、研究、仿制鲜花绣球就成了中国知识精英们的世纪情结，以致那个乱世英雄不耐烦，一把打翻鲜花绣球，以全民的牺牲直接造自卫的匕首，便把人得罪了。弱者的反抗最难窃取的是名啊！

细看一个世纪以来中国西学者（不包括理工科）的文字，这条脉络清晰可辨。文人墨客们的眼睛多半是缠在鲜花绣球上的，很少有人往解剖学上下功夫，比如说深入研究民俗而不被表面的礼俗蒙蔽眼睛。这样一种氛围也深深影响了我，致使我生活在西方人中、又不必投靠他们混饭吃，却在很长时间里没想到从民俗的点点滴滴至察他们的本性，再从本性中发现弱点，从弱点出发找到对付他们的办法。这恰恰是他们早在1840年以前就开始运作并再未歇手的活计。君子要摆脱小人的纠缠，以其人之道还治其人之身是不是唯一的办法，我至今没有百分百的答案。

二、文明世界的“野蛮人行式”

初来不久就发现西方人有共同对付新来者的习俗，包括学校、军队在内的各种社会团体，接纳新成员时，不是因为人家新来而特别关照，而是团体内旧成员联手给对方一个下马威。我这么写，可能有留学生或在这儿谋口饭吃的中国人会说自己怎么没碰到，那是因为不要说新来乍到的大陆人，就是老华侨也多处在权力乃至社会外围之外围。近年大量涌来并留下的自费生，十之八九是帮法国人经营中国买客和游客，从事翻译和售货的工作，吃的还是自家人的饭。“共同对付”可不是对新人的简单戏斗，而是极尽能事的欺辱，甚至不惜诉诸暴力

（精神的或肉体的）。在法语中，这个习俗有专门的词：bizutage（名词）和bizuter（动词），《中法词典》上只有一个简单的解释：对入学新生的戏弄。从中国人轻描淡写的解释可以看出，心思对不上甚或南辕北辙的人，在观察对方时，也往往丢重捡轻，把不重要的当重要的而不见要害。比如与高卢人也过手了快两百年，始终是执着的大象被刁钻的老鼠戏斗，吃足苦头，但至今流传着这是个浪漫民族的谬论，其实这可是世上最患得患失、唯缺浪漫的族群之一。羡慕日本人西学成功的人，至少应看到成功的关键是他们骨子里乃一路人，心思对得上，学得才快、才精、才准！

其实bizutage应解释为“野蛮入行式”，即对新入学、入伍、入行的人，也就是比自己弱或外来的人，以粗暴侮辱的方式迫其屈从，以此作为接纳对方的条件。这个习俗并不仅仅发生在学校，而是各种社团中，我后来发现越是精英学校（毕业生要进入统治阶层的）、越是接近国家机器的机构如军队、警察，做这种事越是一丝不苟，有时真到了残酷无道的程度。但起初，被事先洗脑的我，乍听这种事以为就是娱乐，不过低俗一些罢了，根本没有联想和分析的能力。

由于是约定俗成的习俗，多黑都是关起门来自娱自苦的，外人难知深浅。最近法国爆出一桩少有的官司，外人才略窥这潭水黑到什么程度。巴黎消防大队（一直是个标兵团队）有两位女队员状告同行集体强奸，那状子上的情节我只提一点，读者自去理解强度吧。据说在正式入队仪式结束后返回营地的大巴上，两位年轻女子被五花大绑、受尽侮辱连生殖器都被插了酒瓶。被告后，参与“入行式”的同事不觉惭愧反感惊异，事发时上司就在现场，看着他们做，一句也没干涉，可见游戏规则是怎么定的。平时这种官司少到几乎没有，因为自绝于整个行业的事没人敢做，何况打官司也很难打赢，受害者人单势弱，施害人则集体攻守同盟，无人会出于良心为弱者作证。而且这是双方为结为同盟缔结的第一份不成文契约，施害的、被害的都是愿打愿挨，人们以行为的野蛮来检验盟约的牢固，与黑社会割手指没有本质差别。据说法国外籍军团对新兵的“入行仪式”就更惨不忍睹了，因为入伍兵不光是弱的一方，而且是外来的，神经脆弱的事后自杀，那是活该，没人会掉一滴眼泪，也没人会出来伸张正义，指哪儿打哪儿的猎犬就是这么驯服的。

随着一步步触碰这个社会的根底，我发觉 Bizutage 不属于玩笑和娱乐的范畴，而是深藏着一个社会运作的基本方式，是组成社会的人被表面礼俗掩盖了的本性。这个传统的精髓不是施恶本身，而是被害者参与自己被害！新来者被绑起来蒙上眼睛、扒掉衣服、跪地爬行几个小时，还要吞咽大量令人作呕的东西，周围人的兴奋点则跟着受虐深度上升，有些人格侮辱甚至持续几个星期。“文明人”做起野蛮事，大大超出“野蛮人”的想象。试想，日后都是低头不见抬头见的同事，初次见面先把人家的人格一撸到底踩在脚下，还怎么继续相处呢？可这是中国式的担忧，人家这里不打不相识，交好的水平与合伙作恶、受恶、容恶的水平成正比。破解到这里，我总算彻底闹明白当今世界何以这般无理可讲，日本人何以对朝他头上扔两颗原子弹的人顶礼膜拜，而对善待他的好人倒要拳脚相加。

以恶为底线的盟约有个好处，就是再没有底线可破了，日后的抱团可不受良心羁绊。被害者积极参与自己受辱的程度越高，越能被接受，因为在这种境地都能配合的人，说明已达思想的同一，日后才能指望他抱团去对付外人。这是接纳之前必不可少的驯化，这样放进来的人才懂得忠诚，以及背叛的下场。在凡事都把西方人往好里想的时代，我曾以为这么行事是将恶先释放掉以便其后以善待人，直到窥见其野蛮程度，才悟到这不过是为掩盖目的给出的美好解释。设计美好解释是他们的拿手好戏，总能在离真实目的足够远的地方就把局外人劫持了。在离真实目的足够远的地方截住绝大多数人的眼睛，一直是西方精英集团统治的秘诀！看清这一行事逻辑，才有可能从自己已经接受的美好解释反推回去，找到刻意掩藏的、令人难以想象的目的；也才有可能弄明白何以如此美妙的一群人几百年来却把世界搅得不得安宁。

三、做盟友之前先要一起作恶

“入行式”产生的目的，就是驯化新来者入行的第一步是学会攻守同盟。所有这些与文明世界背道而驰的做法，都是为了考验成员间一起作恶能作多远，以及新成员承受恶而不背叛能承受多远。看来，这么不文明的习俗能保持至今，而且越到上层越坚守其野蛮的一面，不能说不是统治阶层的深谋远虑。统治集团就是这么控制进出大门的，经“地狱门槛”挤进上层的人，才能刻骨铭心地牢记自己的属性，懂得忠诚远远高于良心道德。

这种恃强凌弱的习俗也不是社会某些行业的孤立行为，而是普遍现象，只不过不同行业表现方式不同。越是精英学校，如高等医学院、圣西尔军校、天主教私立学校、高等商学院之类多为上层子弟聚集的学校，越是野蛮得赤裸裸，像上述“剥衣、捆绑、跪地、爬行、吞垢物”，据说还是较为文明的“入行式”。其实“入行式”不过是社会组织模式的一个浓缩，观察这里的小学、中学生活就能看到，恃强凌弱是被普遍接受的逻辑，弱者只有两条出路：一与施害者合作，参与到自己的受害行动中；二加入施害者队伍，一起作恶。小孩之间的社会生活时常是围绕这两个规则组织起来的，他们不像大人有一堆表面礼俗遮掩本性，所以观察起来一目了然。往往是一个恶且强的孩子纠集几个打手，谁能干又不合作就对付谁，直到把全班收服在手，弱的孩子保全自己的唯一办法就是跟着一起欺负人。除非再出个更厉害的，两强相拼，赢的一方通吃。所以西方人最深的噩梦就是怕什么地方出个强人，好莱坞大片几乎都是这一噩梦的重复。孩子们的小世界简直是当今世界的一个缩影。这么个“文明”社会，揭去外在礼俗，人与人之间的勾连居然跟狼巢虎穴的丛林法则如此没有距离。在此讲一个非常典型的例子，有个男孩聪明正直就是体格不强壮，父亲便叮嘱他到了班上装孙子别跟人斗。但某天男孩鼻青脸肿地回到家，告诉父亲，这是遵循他教导的结果。他说越是躲着不跟他们斗，他们越是不放过他，因为一来他们看出他没有还手之力；二来避着不跟他们站一边，更刺激他们要纠缠到底。

从这条线索可以一路扯到这个文明的心脏，“做盟友之前先要一起作恶”是西方人难以更改的传统，你要么参与对自己的施恶，要么一起对他人施恶，想绕过“入行式”是不行的。以为贴热脸甚至掏心破胆可以免了“入行式”，更是一厢情愿。“入行式”是一条界河，清晰地对立着两个世界：要么是朋友，要么是永远的敌人，没有中间地带。这就解释了日本人为何一而再再而三不顾胞谊跟着西方列强欺负中国，甚至比西方人跳得还高，那是物以类聚学西方学得出神入化的结果，非经此“入行式”，怎么脱黄入白。

“入行式”这一看似不起眼的民俗，是了解西方文明的一把钥匙。这把小小的钥匙打开的是整个魔术盒那些秘不示人的机关靠什么力量运转，那些鲜花绣球下面为什么有那么硬的内核，也是君子解析小人不必绕一圈便可直插要害的捷径。

你在哪一边

那种时时刻刻拖你成为受害者的执着，以及仁慈的剪刀之锋利，即便在觥筹交错间，都在你耳膜上敲击：你在哪一边。为争夺天堂大门的征战早已开始，你连放弃的可能都没有，而且永无休止之日。没有真实，只有边界。看透西方文明的这一层，你只能倒吸一口冷气。

一、“贱民”与“受害者”那道界

我在这个国家客居没多久，就有了随时随地被放在宗教裁判所大门前的感觉，前面是威严的法官，一个比一个嘴大；后面是干柴堆，带着火星一点就着。我落到这一步，是因为我以最快的速度与客文化靠拢，直到贴近“心脏”，我以为我进入了无界的宇宙，这是中国人的逻辑，想象世界尽头是无界的，事实却正相反。由于我的贪婪：以最近的距离吃到蛋糕中间最可口的内容，我从此要比惰性大一点的人、满足于蛋糕表面那层奶油的人，更痛楚而真切地撞上那道界，而且算是对我的惩罚，界永无消失的一天。每一天，那道天网都像鞭子一样抽打你：你在哪一边。

我渐悟自己是来自一块没有被驯化的土地，没有彻底臣服的文明，属于“贱民”的土地，“贱民”走进“天堂”，必须越界。你绝无绕开的可能，每时每刻，无论是打开收音机，还是看电视，或只是翻翻报纸，连电视节目表或一周新片手册，都在提醒你那场意识形态大战远未结束，你来自那一边。去友人家晚宴，只要未能避开中国话题，半小时以后你就已经被放在受害者的宝座上——这是最友好的表示。你挣扎着不想坐下去，这时候还在作祟的，无非是剩下的那么一点点尊严。哈，贱民的尊严，多么奇怪的玩意，它像黏液一样居然一路跟着你。你手里举着葡萄酒杯，腿屈着，就是不想坐上那块软垫。你的矜持，终于把审判官的眼神，搅成了一锅同情的糨糊：坐下吧，你怎么可能有别的身份？你被按着坐下来，你看到了同情的陷阱，那种感情的单一和狭隘，囚笼一般监禁起了受用者。

对“贱民”的审判，一直有道德的借口。只有一扇大门是专为你敞开的：成为受害者。每一种文明，都有其特定的为人设定的线路，与构成者的心理底质不谋而合，这个社会未有一刻真丢弃种姓传统，而且说的与做的风马牛不相及。要么被我驯化，要么死路一条，为“贱民”开启的大门只能是这个高度。在这个有漫长宗教迫害史的国度，人尽可以乘上超音速飞机，他被刻进基因里的历史，却上百年都挪动不了几毫米。这种时候，现代化不过是拉起了几道烟幕，让人更加看不清自己。我时常因人性之不可改变，而哀叹历史之一马平川。千年的罪恶，不过是换了一个包装。所以“贱民”要转变身份，只能暗度陈仓：做受害者。我很长时间都没有意识到这种逻辑的力量，似无形的锁链，让人心安理得地接受最荒唐的桎梏。我从此对显而易见的逻辑逃之不及，没有比目睹被绑在这类逻辑里的人焕发出的“自由”信念，更让我绝望了。我看到了人之囚徒的宿命。我十几年前与一班大学旧友在巴黎北郊尚蒂伊公园闲坐，发觉他们不约而同地选择了受害者身份，而且个个带着东方种族最不可理喻的迫害狂想。很少有人抵御得了为你量身订制的新衣，事实上只在这一微小的身份里，他们是百分之百接受我们的。对迫害感的操纵和买卖，是强者征服弱者枪筒之外的一把钥匙。那心理暗示的诱惑力，几十年都捅破不了。

而人将诱惑当真实接受的速度是惊人的。世上最具征服性的种族偏偏以圣人的名义出现，与这样的文明狭路相逢，没有个五百年并被剥得精光是脱不了身的。

二、他们与我们，你必须选择

让你选择在哪一边的力量是如此之大，成群的人被送进那架精密设计的机器，清洗完大脑再重新格式化，没有一道步骤不是精心算计。我也算目睹过庞大机器的人，但没有一架像这架设计得滴水不漏。那金字塔形的堡垒，一层层向上搭建，有关天堂钥匙的鼓噪，超过人类历史上任何宗教和神话。每一块砖都经过周密挑选，不同的方位有不同的使命，被挑中的受宠若惊，多半并不知被相中的理由。这架机器最有效的地方，就是选穷乡僻壤没见过世面的人，一夜之间将之放在宫殿的宝座上，你可以想象自此那个感恩戴德，一万个灵魂都可出卖。这样挑中的卒子万分保险，因为卒子并不知卒子的命运，也不可能看见那满把荣誉下面的棋盘。我有一天终于看见了炮制“杰作”的流水线，那是像德比尔帝国控制一块小石头的价值一样严密的操作网，没有一个环节流于偶然。清醒者的秘密反抗，早已被虚构的“杰作”沉埋，一层一层，直到永远没有真相。堡垒内部已形成自觉洗脑的机制，洗完之后思想之自律和传教之狂热，让我预感到他文明被架在柴火堆上的命运。没有比把皮毛上的自由渲染成本质的自由而让所有人坚信，更令人胆战心惊了，那是一个荒唐帝国的开始与结束。

我某天中午经过巴黎十三区一个教堂，那地方我时常路过，但从未走错路，那天走岔路的结果，是我看见掩在楼群里的教堂。天下着绵绵细雨，这是将春不春的季节最令人惆怅的时刻。我钻了进去。没有中式庙宇内的香火和喧闹，这个民族做任何事，都要经过十二道净化，所以中国人那种明目张胆带着满腹俗念去拜佛，在这里是看不见的。赤裸裸的真实早就被捆上绸带，最卑俗的欲望都能变成最空灵的语言。在彩色玻璃泄下的斑驳光影里，我向祭坛走去。一个女人细弱的声音透过麦克风，充溢雕梁画栋间，我细听，是这样一句话：让我成为你阻挡枪剑的盾牌。我以为是录音，不曾想走到祭坛前，是个素面女人正好念到结尾。我在这个国度待久了，得出结论：爱漂亮的女人是不可怕的，素面的女人你就要小心了。我曾为了求证，特意跑到深山里的一座修道院住了几天，花了比旅馆还贵的住宿钱，“买”到一个真相：在这个文明中，连仁慈都以改造你为目的的。而越是素面的女人，越是藏着宣道的火焰。“让我成为你阻挡枪剑的盾牌。”短短一句美丽的词语，充满了火药味。西式思维的一些基本逻辑像布丝一样映显其中：他们与我们，你必须选择。而这暗暗地划界，有着最仁慈的借口。

三、“没有真实，只有边界”

被中华文明熏陶长大的人，很少想自己在哪一边。哪怕最初以为自己在哪一边，终了都会不耐烦。我认识法国一个半生“传教”的素面女人，每见到她，都听她的抱怨。我渐渐明白，她庇护的“受害者”，末了都是只要她的仁慈不要她的改造，做交易这样不明不白，西方人是不接受的。我最后一次见她，看到那双哀怨的眼睛，心惊肉跳：中国人总能为他的西方传教者提供变成种族主义者的理由。那块滋生刁民的土壤，永远让拿着污水净化器的西方人不知所措。我某次与H在爱德加—基内广场露天咖啡座上吵得面红耳赤，我为他硬让我坐上受害者的宝座，想跟他掰。H是左翼理想主义者，我后来听到这两个名词逃得比谁都快。我称他们“传教士”，这个职业上千年都没有空缺过。我对这帮“上帝选民”满世界寻恶、最后看到的只是自己的欲望感觉害怕。我问他，我是不是没有任何其他位置可坐？他对我提出这个问题简直不可思议。因为从来没人告诉他凡事也可以反过来想。反向思维只属于被征服者。我由此看到这个文明思想窄门能开启的最大缝隙。便说，你可能只有一条退路。他竖起眉毛，蓝眼睛被阴霾的天色搅深了很多。我继续：你们这个高贵的种族终归是要逃的，这个世界色彩太杂了，不是吗？上帝都救不了你们。无处可逃时，只有种族主义一条退路。我到这里最大的发现，是种族主义来自左边多过来自右边，只不过前者有一整套密码来模糊视听。这让我事先接受的思想预制板，很快就一无所用。“你看着吧，历史会盘旋到原来的地方。”我扔给他这句话。

我一生都在躲避传教士，没想到在二十世纪末、人类似乎最“理智”的阶段一步掉进传教士的布袋，逃开一个，还有下一个。我有时也怀疑自己不肯臣服究竟是不是那不值一钱的尊严在作怪。意识形态的天网疏而不漏，让每一个“异教者”心神不安。我是到了西方才看清自己是真正的异教徒，永远升不了天堂。进入天堂的门是千篇一律的，下地狱却各有各的路径，所以我从来不相信选择天堂的“自由人”。这时才意识到，我们未有一天为宗教打仗，而他们上千年只为那玩意打得头破血流，意味着什么。那种时时刻刻拖你成为受害者的执着，以及仁慈的剪刀之锋利，即便在觥筹交错间，都在你耳膜上敲击：

你在哪一边。为争夺天堂大门的征战早已开始，你连放弃的可能都没有，而且永无休止之日。没有真实，只有边界。看透西方文明的这一层，你只能倒吸一口冷气，并掰掰手指头，数数自己所剩无多的时日。

戏中的西方人和戏外的中国人

在地球舞台，如同在小小的车厢，能作最佳演员的一定是随时进入剧情的人，擅写剧本的西方人“演戏”的水平人人望其项背，看清“戏中人”也是向西看的一个槛。此处的“演戏”不是人人皆有的做作虚伪，而是有意识有步骤地导演自我行为，为收掩真我编织剧情。因而走到哪里，先被自编自导的情节绑架。别人一生一个舞台足矣，他们却要不断地换场子，凡事都要置幕布景。

一、巴黎地铁里上演“悬念”戏

这是巴黎地铁里每天可能上演几百次的情节，在一节车厢内，上来一个黑人、一个华人和一个白人（西欧土著高卢、撒克逊、日耳曼人种，不包括斯拉夫人）。面对两个空座位，三个人的行止视情境会有微妙的不同。如果是非高峰时间车多人少，旁若无人第一个去抢座的十之八九是黑人，而且必占顺车座，倘若还人高马大，坐下时横肘岔腿，搅得四邻不安，他自岿然不动；与黑人野豹般蛮横都不找托辞的态度比，中国人轻手轻脚，像柔软透明的蠕虫，不扰不烦地坐上剩下的那个逆车座。他既不像黑人“勇往直前”，无意间给周围人一种挤压，也不似白人“审时度势”，警觉自己别露出裙袍下的小我，他是“与世隔绝”的，仿佛蜗牛，身上有自己的小房子，挪到哪里都只是小房子的主人，周遭世界有而无碍，他既有足够的温顺不让四邻人仰马翻，又有充足的顽逆无视他人的眼神；再看那个白人，这是三人中行为最复杂的，乍看也最有风度，看得出本能已被放进利益的过滤层，再放出来的鲜少赤裸裸。他就像精装修的房间，雕顶画柱已将不漂亮的悉心收藏，又好比一个雷达，敏锐地测度四周的风起云动，精密地计算着得失。得失在他，已上升了维度，在蝇头小利面前，占小便宜与对周遭世界的把控，他在乎的是后者。控制欲于他们和生之本能并驾齐驱，车不挤，且巴黎市内站与站很近，十站也就十多分钟，不坐实在算不上大损失，何不表现自己根本不屑与“蛮人”为伍，失小利赚得优越感这笔账他算得一清二楚。

会算这笔账的人，不光要有集体优越感的基础驯化，血管里还需排尽匮乏记忆。富裕社会的真正标志并不是百万富翁的多寡或城市的奢靡，而是最大限度地降低各种人生细节的匮乏感，这种感觉的强弱可以左右人的基本行为，而且心理过渡的时间漫长，需要至少二至三代累积才产生移变，饥饿的记忆并不会因为几顿饱饭而抹去，要想摆脱饿鬼的追随，得从来不饿肚子才行。上述场景里描述的那个白人，至少已是匮乏感消失后的第三代，他的祖父辈尚残存直接记忆，父辈即已餐餐果腹，也挡不住上辈的记忆透过血脉顽强地支配他的本能，要酒足饭饱至孙辈，才有足够的满足记忆抵御由匮乏感支配的那部分急躁本能。社会匮乏感犹如决定一个社会能否以公德水平站立起来的一只脚，另一只脚则是集体优越感；前一只脚靠时间，后一只脚靠驯化。

人们对“素质”品头论足，动不动引向文明甚至人种，是只缘身在此山中。西方靠工业化抢先一步，一百五十年明火执仗、半个世纪暗中打劫，合起来两百年只赢不亏，尚由于两次世界大战的内耗，直到七十年代末八十年代初才告别匮乏社会（注：法国七十年代汽车渐次普及、贫民窟消失，八十年代初第一条高速铁路通车，但到九十年代中才通达全国主要城市)；中国从1840年以后不断遭受列强入侵、劫掠、分裂、围堵并导致内乱，与连打带抢、一路顺风的西方正相反，在同样的一百多年时间里是从匮乏走向匮乏。把两个匮乏水平线截然不同，且在一个多世纪里一个踩着别人上升一个被别人踩着下坠的社会，以一句“人的素质”扯平（注：此处不是指自我批评本身，而是拉西方人对比)，是中国“精英们”犯下的愚蠢而不负责任的错误，这一看似公平的比对，彻底摧毁了一个古老文明的自信。七十年代末八十年代初，从匮乏的峰尖（历经一个世纪的战乱、又遭三十年经济封锁且“文革”刚结束的中国）正好走进匮乏的谷底（刚完成经济高速增长、危机尚未袭来的西方）的中国人，坠崖感之重，造成目光严重扭曲，不但看不到在强盗当道的世界，一个被打压的民族为独立不得不付的代价，而且不再可能实事求是分阶段看问题，自卑到不把自己一棍子打死不足以抚平心口的创伤。

二、导演自己行为的好“演员”

更别说只看到车厢里的第一幕便对黑、黄、白三种人盖棺定论，有如刚刚看完序幕就总结全剧，后面的场景变化会演绎出完全不同的剧情。如若高峰时人多车挤，三个人的角色会有微弱的调整。黑人继续我行我素；此时“站”的潇洒成分被拥挤转化为狼狈，白人的行为便接近前一场景中的中国人，唯一的差别是没有中国人的淡定，既要便宜也就无所谓占理，他可有点占好处还要堵四邻嘴的架势，他最怕的不是有没有座位，而是失去对自己所处环境的把握。高峰时匮乏感上升，虽是暂时的，但也照样发动了似乎已藏得很深的本能。观察他们抢座，就像看悬念电影，结尾是收藏到最后的，不似中国人一抢便让人一览无余，他们会悄悄地蹭到你前面，不动声色地用肘子阻挡你，暗暗挡住你是为了自己抢先还不失慢条斯理的风度。那情景看了真让人又恨又爱，恨是他们抢了你的座、倒让你显得没风度；爱是他们浑身每一个细胞都在努力遮掩深藏的欲望，那副若无其事的样子，好像世上没有一双眼睛能看透他们。

若逢大罢工，在挤破脑袋才能上车的情况下，剧本似乎又要重写。被优越感裹挟得风度即人生的宠儿，千万别落入“你死我活”的境地，那就像千里长堤毁于一蚁，又似精于十八般餐桌礼仪的绅士一朝落得徒手抢一块活命的面包，让人惨不忍睹。曾密封在包装盒里的蛮性，一旦放出来，比露在外面食毒饮鸩惯了的，要浓烈得多，有如太正经的女人一旦放荡，不荡到底是不回头的。

三人的角色在风云变幻间英雄与坏蛋的逻辑被摔得粉碎，此前脚前脚后铃铛似的跟着个“蛮”字的黑人，极有可能两肋插刀，绿林好汉般地辟路拽门，为挤成蚂蚁的众生打抱不平；中国人则愿意自己挤一挤让你也夹进来，从占便宜到牺牲自我，他时常一步跨过去，拐弯抹角都省了。在第一种情境下露不出微笑的他，脸上依然故我，好像三段场景在他都是一场戏，那略微抽紧、被无数文人指责为“麻木不仁”的面孔，到哪里都不是好演员，内里被良心捆绑，他可没有底气视人生如戏。

在地球舞台，如同在小小的车厢，能作最佳演员的一定是随时进入剧情的人，擅写剧本的西方人“演戏”的水平人人望其项背，看清“戏中人”也是向西看的一个槛。此处的“演戏”不是人人皆有的做作虚伪，而是有意识有步骤地导演自我行为，为收掩真我编织剧情。

因而走到哪里，先被自编自导的情节绑架。别人一生一个舞台足矣，他们却要不断地换场子，凡事都要置幕布景，藏匿真我势必要费心设计一个假我，做土匪的偏要演将军乱真，于是将军土匪轮番上演，只有一事命一般拴在腰带里：压人一头。这不在灰头土脸的拼抢中，为躲避贴身近肤的周遭，他们是角色变换最大的，抢了位子依旧安身不下，为周围的眼神痛苦，又要做强盗，又要摆出义师的派头，可惜车厢里短兵相接，撒个谎都走不到头就要砸碎的，苦了那副回肠三绕的脑子。那一黑一白两个蛮主儿，这种时候就像一对卵生儿，好像隔着上千年的进化路，冤家终要聚首，都是擂鼓撼拳的胚子，只不过一个赤身裸体，一个浑身罗绸。

“以邻为壑”捆绑下的西方

每一年都是这些具冲击力的画面揭开“围剿中国造”年终戏的序幕，连重写剧本都免了。由于是攻打他国，老百姓乐此不疲，对导演的水平也要求不高。序幕拉开，下面是铺陈两条主线：强化受害感和增强负罪感。两条主线又通向一个目的地：维持中国商品的卑贱。

一、年复一年围剿“中国造”

这些年，每到岁末的最后两个月，攻打中国商品的战役便进入一年一度的高潮，因为圣诞大购物的时间到了。耳朵已磨出茧子来的受众，再度被传媒“集训”两个月，观摩他们导演的“中国造悲剧”。

然而每一年却并没有新的情节，只是旧戏反复上演。每次开演都有一出个体“悲剧”拉开序幕：不是一位坐中国造沙发的老头背部红肿，就是一个穿中国造皮鞋的中年女人脚肿，今年是一个四岁女孩穿中国造裙子皮肤过敏。前两例后经证明是当事人自己笨，穿、坐时未把鞋和沙发出厂携带的干燥剂拿掉，致皮肤直接接触化学剂而红肿，与商品质量无关。这是打官司以后我们才知道的，在真相出来之前，舆论早就做出去了，驷马难追。后一例，据说是水洗布在做旧时某种清洗剂过浓了，对这个（过敏性体质的）女孩的皮肤造成了伤害。反正这女孩的皮肤肯定是超出一般的敏感，否则成千上万的小孩都穿裙不会只出一例。不过一例足以在传媒的渲染下制造一出大悲剧，年年都是鼻涕眼泪一把抓，对着电视镜头讲述自己的“不幸”和中国商品的“罪恶”。“中国造”已成“世界下层社会造”的代名词，为了枪打出头鸟，舆论上放过其他，只盯着中国打。

穿用“中国造”一般都是法国中下层社会，上层社会可以不用“中国造”或用其高档品，而用“中国造”低档货的，只有中产阶级下层和底层社会，他们与赤贫阶层（流浪者、边缘人）的分界线不是其他，就是还有一点钱买“中国造”。是“中国造”让这个人口众多的阶层可换新衣而不必补丁度日，是“中国造”让他们的孩子在圣诞节有玩具而不必“望富兴叹”，也是“中国造”让再穷的人都有台电视机看。然而人最容易背弃的就是救自己于苦海的人，尤其当帮自己的人被维持于道德卑贱。在媒体的煽动下，中下层百姓把经济衰退和自己生活的不幸一股脑地怪到中国人头上。

每年十一月初，看“悲剧”上演前的“序幕”都需很强的心理承受力，因为要面对红肿皮肤的大特写，今年算是最温和的一年，小女孩的嫩腿没有被展示。特写之下那晶亮的肿起来的皮肤被摄像机十二倍放大，像酷刑下的产物，那哭丧怨懑的脸带着用了东西还期寄赔款的贪婪，在传媒搭建的“诉苦会”上声泪俱下，更有夸张的，说自己因这事心理创伤巨大，失眠、看心理医生，所以除了索赔货物钱，还要精神损失费。这些一辈子错过发财机会的中下层平民，总算由传媒提供了一次可白拿钱的机会，都等着宰杀冤大头中国人，由之媒体往哪里引，他们便往哪里演。马克思说“无产阶级无国界”，真乃大错特错也。

每一年都是这些具冲击力的画面揭开“围剿中国造”年终戏的序幕，连重写剧本都免了。由于是攻打他国，老百姓乐此不疲，对导演的水平也要求不高。序幕拉开，下面是铺陈两条主线：强化受害感和增强负罪感。两条主线又通向一个目的地：维持中国商品的卑贱。强化受害感是维持质量卑贱；增强负罪感是维持道德卑贱。西方人整别人的思路绕来绕去逃不开这个方程式，是所有害人药的底方。

二、鳄鱼眼泪流得让人吐血

强化受害感即培养百姓对中国商品的本能排斥，抓住百分之一的毛病，否定百分之九十九。不宣而做地搞这种群众运动，是隐形贸易保护，具体操作还是序幕那一套，找商品的茬。比如经常把镜头架到玩具店商品退换处，让那些正好遇到麻烦的人诉苦；或找没钱抑或贪便宜在地摊上买低档货的人数落一番质量。然而一年年商品制造的茬越来越难找了，低档货中国造的份额也逐年减少，但要找茬总归能找到。这不今年不找玩具飞机会掉下来、娃娃易着火了，今年的主题是玩具发噪音和玩具制造材料有毒。小孩的玩具一年比一年复杂，能说会唱也成了时髦，家里有一堆玩具甚至一屋子玩具，都叫起来，的确不清静。至于材料有毒，这已成近两年“世界上层社会”（西方）对付“世界下层社会”制造的撒手锏，随便找到某个化学元素超标即可。可也没见西方儿童越活越不健康，以及一身行头兼“世界下层社会”造的西方成年人寿命越来越短。

但近年攻击商品质量已经不再从针头线脑上挑制作的毛病，因为这套说辞很难再玩下去了。长期以来，传媒靠封锁中国载人飞船升天新闻，靠不提中国高铁、一提只提那次事故等不诚实手段，人为制造“中国科技落后=只能造低档货=质量必定不佳”的舆论，维持中国商品于质量卑贱。这么做只办成了一件事：陷中国商品于低价；而并未办成另一件更期待的事：让百姓不买中国商品。百姓也不是对中国商品情有独钟，而是荷包羞涩。再说头脑灌输抵不住百姓日常实践，绝大多数人使用下来觉得物美价廉。何况一味封锁中国正面信息，时间长了也纸包不住火，百姓脑袋里虽然充满“落后国家只能造让我们捡捡便宜但让我们贱视的低档货”，但一年年他们看到来留学的、来旅游的、来花冤枉钱买奢侈品的中国人越来越多，心里便打鼓了：这个“落后”国家怎么这么与众不同？这个国家真的连织块布都要偷我们的技术吗？这个只会抄袭我们而没有创造力的国家，怎么越来越有钱，而我们却欠了一屁股债？

由此，再从制作技术上诋毁已经不能自圆其说了，这才设计出新的口实：原料有毒。从此封查中国商品、谈玩具、论衣物，都从一个“毒”字入手，表面不再提贸易保护这个真实目的，只提有害健康。请读者不要将自己在国内地摊小铺购到假货劣货的经历与我在此叙述的混为一谈，出口欧洲的中国商品，都必须达到欧洲制定的相当苛刻的质量标准，这些货物也不是地下作坊能伪劣制造的。至于不法商贩兜售的假名牌，那是涉及知识产权的问题，不在此文的讨论范围。

这个口实民众日常实践没法反证，同时一举把中国商品从质量卑贱直接降到道德卑贱。从道德卑贱又引出两条主线的另一条：增强负罪感。如果说往年还以“购买中国造让我们的工人丢了饭碗”这种半遮半掩的贸易保护理由提升消费者的负罪感，2012 年这种我以为情有可原的理由也不用了，直接打出：消费中国造=参与污染环境。“绿色和平”这个来路诡秘、既“国际”又“非政府”的组织，2012 年冬在世界各大都市发起了一场舆论攻势：成衣制造用料有毒。“绿和组织”当然不会直接打出反中国制造的旗帜，而是以环保的名义。法国媒体也追着这股“绿和”攻势，电视主持人与“绿和”成员在演播台上一唱一和谈环保，但背景画面却全是制衣车间忙碌的中国人。然后打出口号：你要环保吗？要就别图便宜买外国制造。

2012 年为增强消费者的负罪感，他们又想出更邪的一手：你买中国造的衣物、斯里兰卡制作的皮革（为增加可信度破天荒不再单单围攻中国而是夹带一两个极穷国家做靶子），你就是参与维护那里的奴工、童工的悲惨境地。这鳄鱼眼泪流得让人吐血！占了穷国的大便宜，还要再从道德上踩一脚，这就是典型的西式思维。本来一国出于保护本国利益，动员民众买国货，没什么不应该，不该做的、可以说极其邪恶的是声称“我打压你是为你着想”。中国人再“丑陋”，也想不出这套邪招教唆百姓。

三、越不过的思维陷阱

一年年除了这种以邻为壑的思维方式，我就没看到危机中的西方还有什么更聪明的、建设性的思维方式。我甚至悲哀地承认这可能就是他们的本性，而本性难移。在任何领域只要他们略显劣势，以邻为壑的本能就启动了，而从来不是努力向上、改进自己、共进双赢的思维方式。比如乒乓球、羽毛球，打不过不是拼命追赶，正面地想出战胜对手的方法，或者你强我来欣赏，而是改变游戏规则，釜底抽薪。改来变去，连球的大小都改变了，还是打不过，就使出最后一招：不玩了。不转播、不报道、不在民众中推广，人为制造出“冠军的孤绝”，然后把屎盆子扣在对手头上，玩不下去错在你，谁叫你老赢。如果按此逻辑，中国人凑什么热闹？篮球不玩了，反正总是美国赢；足球也别玩了，反正不是南美就是欧洲赢；网球就更别玩了，打来打去不就是几个欧美人轮流坐庄吗？要想让我们中国人陪着玩，美国篮球队要么别参加，要么降低技术水平；纳达尔、弗德尔、威廉姆斯姐妹最好远离网坛；足球场得缩小三分之一，以适应东亚人种的体能；游泳池里欧美运动员得实行配额制……世界如果应该这样竞争和玩游戏，我也没意见，只是别双重标准，别总想着损人利己，甚至损人都不利己。

只能生活在十九世纪游戏规则中的西方，是世界的灾难，也是自己的灾难。这些年，眼见他们深陷以邻为壑的定势思维难以自拔，危机出现后就更是手忙脚乱，不是自己适应新环境，而是拼命给竞争对手挖陷阱，结果按倒了葫芦起了瓢。以害别人的方式占上风，可行一时，难行永远。

“普世”表皮与“界”之内核（上）

西方文明如此离不开“普世”，像命线一样抓在手里，源于其文化的根脉：界。是“划界”的原动力推助着不停变换的“普世”魔术；是“界”这个文化根码，使诱惑和传教成为西方文明接触和接纳他人的唯一方式，没有别种想象和能力，使“界内界外”成为一切思维的原点。我们看到：因产生果，果再成为推助因的手段，果在这里不过是为了从因走到因而设计的幻术。

一、“普世”魔术的幻象

近二十年，有个时髦的词就是“普世”，这个词与中华文明固有的“大同”有几分相似，因而“普世”的传教士们在中华大地收服的信徒以及传教的速度比在世界任何其他地方都多都快，像割草机飞奔在一马平川、毫无障碍、只等着被收割的草坪上。至于传教士究竟为什么这么想让中国人相信“普世”？有完全不提问题的，也有提出问题但看不到点子上的。

如果“普世”真与“大同”是一回事，是想让中国变得更美好，为什么从两次鸦片战争到鼓捣日本人下手、从几十年政经封锁到今天的贸易战、海陆包围战，都这么一脉相承提供了反向证明？这还是表面看得到的问题，便已经难以自圆其说，还有表面看不到的问题，触及根本的问题，就是西方这么推销“普世”，真的具有“普世”的胸襟吗？要容得下他人才谈得上“普世”，否则不是骗术也称得上幻术。

近几百年的历史显示，西方比世上任何其他文明都更强烈和更强硬地追求“普世”，为此不惜打遍全世界，这么个追法暴露出它本身不具有或极其缺乏“普世”精神，因为即便是有“大同”理想的中国人，也从未以此为凭，架着枪炮去强迫别人接受。如果不是心怀杀意，何必奉送礼物时却要把人家打翻在地呢？如此通常的逻辑，中国人硬是在上百年的时间里任其荡在鼻子前做诱饵，没想到把诱饵翻一个身看看后面是什么。

西方如此离不开“普世”，像命线一样抓在手里，源于其文化的根脉：界。我在《被制造的共识：中国人的“素质”问题》一文中谈到，“solidarité 文化”（“纽带文化”）浸透西方文明，而寄生于西方文明“核心地带”的犹太族群更是此文化特征的最极端代表，这种中国人非常陌生的文化之产生源于“界之意识”。如果说《圣经》在很大程度上培养了“界之意识”的话，那么犹太教经书就是“界之意识”的化身（世界并不是由普遍人类构成的整体，而是分成两块：犹太人与非犹太人，这比传统宗教将世界分成教徒与异教徒走得更远），二者珠联璧合于一个名词“犹太—基督教文明”（自命“西方文明”）之下不是偶然的。犹太作者 Nahum Goldmann 在其《犹太人的矛盾》一书中写道：“犹太人是世上最分离主义的民族，犹太教的基础就是坚信自己是上帝选民。在漫长的世纪中，犹太人加强了与非犹太世界的分离，他们一直并继续摒弃与异族通婚；他们对他人筑起了一道墙以保护自己与众不同，并且自己建起了分离区。”可偏偏是“界之意识”与生俱来的犹太人，成了近代以来所有“普世理想”的最狂热兜售者。

是“划界”的原动力推助着不停变换的“普世”魔术；是“界”这个文化根码，使诱惑和传教成为西方文明接触和接纳他人的唯一方式，没有别种想象和能力，使“界内界外”成为一切思维的原点。我们看到：因产生果，果再成为推助因的手段，果在这里不过是为了从因走到因而设计的幻术。

二、双重标准从哪里来

对“界内界外”的理解是个复杂工程，这与西方人表里悬殊、为满足强烈控制欲而精于导和演的习性密切相关。复杂性来自很少让人一目了然，有活线、有死线，有假戏、有真做，活线可随利益和时局随时变动，这个文明凡事都有双重标准概缘于此。但中国人要么不设界，要设就一线到底，对西方人界内界外的复杂公式完全看不透。比如就有人翻出我从前写的有关法国一战华工墓的文章，以我写过为这些华工墓还应感谢英国人为据，认为我后来写《向西看的那个槛》[①]是自相矛盾。他们的论据是：既然西方人为加入他们一战阵营的华工建了墓地，就不可能有意图抹杀中华文明。出现这种反驳起来都可笑的直线思维，就是因为中国人不懂西方人界内界外的那些死线活线。

给华工建墓这件事剖析开来，是理解西式界内界外的一个典型范例。记得我在华工墓一文的前面写过，西方人不把华工当人看，打起来像打狗一样，禁止他们与当地人接触，营地形同集中营。为什么这样对待还算是一个阵营的他国公民？根源是十九世纪人种学在西方兴起后，西方人自定标准将世人分成两类：上等人种与下等人种。有与工业化相关的发达、富裕这类外在标准（那时候直接比强比富，还不

---

① 参见四月网边芹专栏 http：//news. m4. cn/2011-06/1103982. shtml

必另设计出民主、人权作掩护），也有自我意识、集体优越感这类内在标准，下等人种其实不视其为人，法语有个专门的词：sous-homme，直译：人下人，意译：人的劣质变种，有人的某些特征，但从物种角度，算不上人。这就是为什么他们对狗都会更好一点，因为狗是个完全的品种。澳大利亚一直到二十世纪七十年代都将土著列在花草、动物的物种清单里，根本没列为人类。

但阵亡后在墓地又为何给予华工平等对待？不过也请注意一个细节：他们的墓是分开建的，在所有阵亡军人中，只有犹太人与基督徒的墓混合在一起，分别标以六角星或十字架，其余中国人、印度人、阿拉伯人、非洲人等都只建在一边。这种在死亡面前不再分等（但界内界外依旧维持）的做法源自一个英国贵族军人的理念，既含有死后升天堂便人人平等的基督教传统思想，又有现实政治的考量。日不落帝国不能总是用枪杆子逼殖民地和半殖民地的“下等人”为其卖命，总要有一点道德感召力，而平等，生前是不可能给的，死后送这份礼则损失不大，就像“好印第安人都是死掉的印第安人”一样。同时中式思维也很难理解西方人对狗的态度，西方人会为死去的狗建墓，但并不会因此而不视其为狗；而中国人若是把一条狗当成畜生，便不会建墓，当然现今的模仿者除外。所以若中国人生前把西工当狗来打，视为畜生，则多半不会一反常态地在其死后为之建墓；而以建墓之举推断西方人会在华工生前善待他们，甚至推及他们对中国及中华文明一定也会高抬贵手，则远远没有足够弯曲的脑沟理解西方人及他们的文明。

三、无处不在的“战线”

由“界之意识”滋生“属性意识”，再由之生出“自我意识”，是“solidarité 文化”的心理构建步骤，其心理源头使这个文化像切割机一样，要把它涉及的所有领域分出内外，几乎成了本能。不太了解西方社会的人可能会奇怪，“界之意识”与“纽带文化”似乎是对立的，怎么会是一个圆圈的开头和结尾呢？“界”与“纽带”其实一点都不矛盾，每划一道界，纽带便是界内之人维持界的途径，亦即界生纽带，纽带生界，循环往复。

所谓“纽带”就是“同一条战线上的人的利益”，每个人意识到“战线”，才能获利，“战线”在，则利益存。这其实是一种本能的整体意识，另一位犹太作者 Rudolph Loewenstein 在其《反犹心理分析》一书中写道：“在他（指犹太人）与另一个犹太人之间始终存在着一种秘密的关联，这种关联就是双方都感到自己对对方的所作所为负有责任。”这段话是对“纽带意识”的最佳解释，这种“战线”意识渗透从小孩到大人的基本行事方式，我以为是西方人优点和缺点的始发源。

在法国，几乎任何领域、圈子都有一条自觉拉好的战线，攻守同盟。长久的有结盟几个世纪的行会，抱团守秘，虚构价值，没有是非曲直，只有一致对外；短暂的有偶然同路的驾车人，驾车在公路上，素不相识、只在瞬间交错一下车的人会自觉拉起一条驾车人战线，有界就有界内界外，界内是所有驾车人，界外则是所有警察，只要有一人发现警察在某处临检或针对驾车人的其他执法，此人会一路向同路人打灯“报警”，此举完全是自觉自愿的，一路闪灯向陌生驾车人报警的司机自己得不到任何好处，但骨子里比中国人自私小气的西方人，这种时候不计得失。

所以当你凑巧落入他们的某条界内，大到国际战略、意识形态战线，小到偶然排进一个队列、前后穿过一扇门、做了一回同路驾车人，你会感到好人多多，三十多年来从柏杨开始，到大陆接力者鼓噪的那些美德，似都存在。但所有鼓噪者都没看到（或故意不看），启动“善、诚、礼、怜”的不是“普世”而是“界”。

同为中国人，当你与中国官方翻脸或存有芥蒂，当你背叛祖国、丑化同胞，当你能为分裂或抹黑中国做出哪怕是写一篇小说、拍一部电影甚至杀几个汉人的“贡献”，你会在这里遇到一大堆“好人”，有钱的出钱，有力的出力。同为地震受害者，当你是日本人而非中国人，你会得到无限同情；当你是海地人而非中国人，你会得到中等同情。同为恐怖袭击被害人，当你是英、美人而非中国人，你会得到巨大同情（美国波士顿恐怖爆炸后，法媒只报道那两个白人受害者，避提还有一个中国人，实在避不开时则从不给一个画面，而两位美国死难者的画面不停滚动，好像中国人与美国人死在一起也是沾了光，这个便宜不能给）；当你是印度人而非巴基斯坦人，你会得到中等同情。同为核电站泄漏受害人，当你是日本人而非俄国人，你会得到怜悯和舆论保护。同为左翼共产党人，当你在阿根廷、智利被杀，杀你的人是大独裁者；当你在印尼被杀，尤其你还是华裔，屠杀者哪怕刀下鬼上百万，也是“民主”政权。同为德军战俘，当你是英、美、法军人而非俄罗斯军人，活下去的可能性要大得多；同为日军战俘，当你是英、美、法军人而非中国军人，命运会有天壤之别。

我们看到，善恶是非有着明确的界之划分，丝毫没有覆盖众生的悲天悯人。西方各国之间可以打得你死我活，但在国际舞台上面对剩下的世界，会在不同程度上自觉联手、落井下石，或到了国外面对有色人种，他们语言不通都会本能地站到一起。日本自认白种一员，行事上自然是以此为度。日本人被接纳进世界统治者“俱乐部”，绝不仅仅是因为工业化早，根本还是习性相投，进“俱乐部”光有一大把银子是不行的，得有“匪气”，就像进黑帮的新手，第一道关是没有是非，第二道关是杀人下得了手。西方国家从军队到校园每有新人入列便实施的野蛮入行式，也与这种“战线”意识密切相连。

四、界之意识≠好人文化

这种随时系于心中的界内界外意识，也催生了不少优点。比如人前讲究风度、礼仪、仪表，对外面的那个自己与里面的自己分得很清，时刻把握分寸，我最佩服他们在遭逢罢工或事故时，憋着一肚子怒火，暗地里恨不得把天都揣下来，但若遇外人或传媒，可以微笑、从容将一腔怨气收掩得一丝不露，只露出自己对罢工者或事发人的理解和同情。如此自我意识形成了陌生人之间礼数到位，较少出言不逊、衣冠不整、蓬头垢面；再就是对自己人好，鲜少吃里爬外、胳膊肘向外拐，商人一般都有意识压低外国商品的价，便宜卖给本国人，而不是与外人串通，高价进口合伙敲诈自己人；更不会与外人联手把国人诓出国旅游或留学，即使做出国中介生意的人，脑袋里都有一条界线，谁是西方国际战略棋盘上的敌国，谁是友国，这种意识甚至在自身利益之前；又如排队，他不到乱局一般不会插队，不是他跟排队人熟悉，也不是天生善良，而是他马上意识到排在一个队的人处于同一战线，同一战线的人利益互绑，一损俱损；再比如，你与他前后过一扇门，若他在前，他会给你拉一下门，他与你素昧平生，也无普爱众生之心，他只是意识到一起要过这扇门的人处于同一条战线。

中国人时常将上述行为误读为好心，更有矫情的，直呼“好人文化”，其实这是中式思维才有的想象，这跟好心八竿子扯不上，而是公共行为的标准，是当事人由战线意识牵拉而习惯性地甚至不得已而做的。当然仍不失为优点，至少陌路人之间能达到某种良性循环。然而优点的另一面，往往是比普通缺陷还可怕的缺点，因为是锻造出来的缺点，属有意为之。如你不幸落到界外，哪怕在小店买药与不称职的服务员发生摩擦，因你从口音到外表皆为外国人，本应与你站在同一条战线的买药人，会瞬间站到药店一方，撺掇着围攻你，此时，没有同情心（因你为外国人），也没有是非（明显是店家服务不周），更没有正义感（站在弱势的一方）。

“战线意识”还促成随时随地的精神同一性，由此而忠诚守纪，自觉向强权的解释权靠拢，绝非我们信以为真的以个人为本。那我们为什么会产生如此错觉呢？一是西方人嘴上说一套，向外推荐的与内里实做的时常正相反；二是精神同一性无需看得见的口号和命令，统治术是操纵舆论、制造认同，由被制造的认同而产生自觉性，也称“成人统治术”，对统治者意识形态的自觉服从乃获取独立或曰自治、在普遍状态下也可称为自由的先决条件。这是古已有之的传统，教士阶层（近代以前唯一的知识分子群体）与王权的关系就两个词：效忠与独立，在思想统一的牢固基础上彼此独立又彼此效忠，二者互为条件，水涨船高。独立与效忠这两个在中国人眼里搞不到一起的东西，在这里却抱团守约维持了上千年基本没有王朝更迭的牢固统治。而无此传统的中国人，只尝到独立的鲜美，完全看不出鲜美来自什么厨艺。

“普世”表皮与“界”之内核（下）

对本我之外的力量抱什么态度，不但能左右工艺技术的发展方向，也能大致圈定文明的形态，西方文明致力于将世界改造得适应自己，改造不了就将其消灭，征服基因由此而来；华夏文明则是改造自己甚至弯曲自己去适应世界。一个因此而自我意识过强，一个却太弱；一个为了对周遭世界的控制力，走到哪里划界到哪里；一个周遭世界有而无碍，为了提高自身适应力一路模糊“界”。

一、中式斗牛与欧式斗牛

为什么人家有此“厨艺”而我们没有呢？这个问题实际上又转回了本文的起点：界。“厨艺”得自“界之意识”。西方人的大脑是没有办法将事物连在一起看的，二元对立不仅仅是个形而上的词，而且像呼吸一样，是本我存在于世的条件。我最近看了两场斗牛，一种是欧式斗牛，一种是中式斗牛。仔细比较两种斗法，发觉根本差距就是对牛的态度，欧式斗法视牛为敌，中式斗法以牛为伴，两种态度的天壤之别，促成了斗法的截然不同。

欧洲的斗法是以牛的死亡为终点，由此斗牛士并不从自身内里练武功与牛角力，而是练花招，重在表演，用一块红布把牛弄得团团转，自己还风度翩翩，等到把牛耍得筋疲力尽，再用刀将其结果。这其实是一场不公平的对阵，牛只有力而没有武器，而欧洲人并不与牛比力，而是优雅地导演一场屠杀，将之变成漂亮的表演，最后以刀杀牛。那观众为什么不觉察这只是一场人为设置了悬念的杀牛游戏、实质是强者杀弱者？如果他们意识到这一点，戏就不好看了，有些人还会厌恶。因为整个过程都被导演成牛强人弱，牛在头天晚上就被关在特殊的地方，故意把它惹毛，故放入斗牛场时牛显得又凶又暴，而斗牛士衣冠华丽、温文尔雅地站在那儿，并没有舞刀弄枪，手上只有一块红布（剑藏在后台）。相比之下，看台上的人已经在潜意识里被拨转了，从一开始，思维就被设定成这是一场弱人对强牛的战斗，那么弱者最终结果了强者，就不是残忍而是勇气了。其实如果潜意识没有被从源头拨转，细看场景，会发现牛即便气势汹汹，也并未主动攻击人，而是人在用美丽的动作以红布挑逗牛，引其进攻。

有人会说没错啊，人体重六七十公斤，而牛起码五六百公斤，当然是以弱对强啦。说这个话的人忘了一点，牛强人弱只在人徒手不带任何武器时成立，而欧式斗牛人是备了武器的，先耍花招后用武力。人先根据牛的弱点设计了红布挑逗牛，削弱牛的力量后再用刀。因为有武器，人在斗牛过程中背不弯、腿不屈，不出一滴汗、不沾一滴血，杀了对方，自己还保持了绅士风度。

反观中式斗牛，观念、过程风马牛不相及。由于不以致牛于死地、而以公平角力为目的，从一开始，人与牛的关系就不同，开场前，牛由角斗士牵到斗牛场，上场前还给它梳洗干净，装扮一新，开场后，中国斗牛士完全是徒手的，是真正的以弱战强。可既不耍花招，又不用武器，六七十公斤怎么战胜五六百公斤呢？中国人想的办法是战胜自己的弱点，人在此时的弱点就是力不如牛，被牛撞上非死即伤。为了能让自己与牛角力，中国人不惜劳苦练武功，不是利用牛的性格弱点，而是寻找牛的用力特点，提高自己的功力，胼手胝足、流汗流血与牛身体碰身体地较量，真正从力量上将其摔倒。最后牛不伤一根汗毛，人倒可能浑身伤痛。但人与牛无需你死我活，被摔倒过的牛下一次会重回舞台，再度与人较量，如人准备不足，输掉下一盘也未可知。

二、究竟谁才是更具公德的民族

从这两种斗牛术，还可以延伸出更多东西，各有优缺点。对本我之外的力量抱什么态度，不但能左右工艺技术的发展方向，也能大致圈定文明的形态。西方文明致力于将世界改造得适应自己，改造不了就将其消灭，征服基因由此而来；华夏文明则是改造自己甚至弯曲自己去适应世界。一个因此而自我意识过强，一个却太弱；一个为了对周遭世界的控制力，走到哪里划界到哪里；一个周遭世界有而无碍，为了提高自身适应力一路模糊“界”。习俗的产生与人的本性有很大关联，中国人普遍较西方人宽容，这其中有“事不关己”的自私，也有发自天性的能容人的厚道。与中国人相比，作为个体的西方人、公共行为修饰之下的西方人几乎个个独裁，没有什么是可以商量的，永远是力量对比中强势的一方说了算。这是在他们中居久的明眼人之一大共识，这才是西方社会成天要民主的内在根源，也是为什么“民主”之下井然有序，因为每个人都在管着每个人（每个人都自觉对另一个人的行为负有责任）。中国人则远没有那么独，不独即散，中国文化是相信二元一体的，磨合、并存、互补之条件就是模糊“界”，所以中国式斗牛是你存我在、而非你死我活。

此处讨论的只是一种文化的普遍信念和追求，而不是说中国就不存在你死我活的斗争，尤其近代以后，我国思想界基本接受了西方文明的二元对立，但只学会了斗争的一面，未学会界与纽带意识。为什么强调这只是一种文化的普遍信念，并不涉及具体的事例与个人？是因为有人专会就我说的偷换概念，比如我在《“独立”的烟幕弹是如何制造的》[①] 中说中国人追求外在与内在的统一，向往内心修养与外在表现一致，而西方文明不追求这个，甚至有意将二者分开，外在表现最重要，并不需要与内心修养放在一条线上。这并不是说中国人就个个表里如一，而西方人内心都是坏蛋。但就是有人读文章时，连这样一个层次都无法把握。

王权与教士相对互不干扰的状态是靠“统治者战线”维持的，这条界针对被统治者而存在，同王权与教士之间的界相比，这是一条死线，而前者是活线。观西方文明，分不清他们眼中界之“死线”与“活线”，也就看不见他们从个性到体制的双重性，“活线”是可以讨价还价的，“活线”的自由来自“死线”的不可挪移。这跟他们分离私行为与公共行为的概念一脉相通，“活线”是为了确保“死线”而设的，有点像保大堤而挖开的小缺口。由于这一思维习性特点，即便是改朝换代，也必来自统治者内部，比如法国大革命表面看是下层（第三等级）推翻上层的革命，其实是王权和教权被外部力量从内部分裂的结果，与中国历史上常见的农民起义完全是两码事，非但是两码事，农民还是最保王的。早在革命前，贵族内部就有大批人被洗脑，开始了自锯栖枝的运动，而教会则更早被从内部挖了墙角，新教从天主教中分裂出来与金融资本势力结合，整个世界近现代史由此展开。而犹太人此特点更突出，自己族群内的秩序等级千年不变，专喜欢到别人的祖国策动革命。

---

① 参见四月网边芹专栏 http://opinion.m4.cn/2013-06/1209300.shtml

中国人喜欢“合”，西方人则离不开“分”，从思维起点上就是两股道上跑的车。中国人口如此众多的民族，也是早就被破界、容得下异类的结果。自我意识天生不强（民族形成时血缘过于稀释），外加异族入主几百年，中国人走出家族血缘便只认公理，甚至血缘都比不上公理，不分界内界外，大是大非上不设双重标准，可谓世上最公正的民族。但弱点是不擅抱团，由于只认公理，便人人有自己心目中的公理和良心尺度，不但形同散沙，还容易认贼为父。其知识阶层从古至今，都拥有世上宗教文明难以寻觅的精神独立，而从无弃公理于不顾、与最高权力沆瀣一气、结帮窜伙的传统，此乃王朝更迭频繁的真正原因。近代以来更是加速了更迭频率，因为一个“公理”取代另一个“公理”的速度也大大加快了。

自身不具有“界之意识”，致使中国人两百年来始终看不透西方文明，更看不到包裹于这一所谓现代文明内核的机芯——集团，一直在其外包装上打转，只学到花招，难悟真传。大事上缺乏“战线”意识，日常小事上更不例外，不懂得收掩小小的自私自利，意识不到现代社会陌生人群在行为上也是互相捆绑的，比如视马路为私人场地，摆摊、吃喝、放音乐，更不要说吐痰、衣冠不整；又如展览馆、旅游景点导游用高音喇叭讲话，体悟不到把公共场所变得嘈杂一片，自己也成了受害者。这类行动概缘于意识不到行为与行为之间利害是分摊的，所谓无公德俱在此。其实若以讲公理来设定公德水平，中国人远远不是落后者。

三、变幻莫测的“死线”与“活线”

有界必有内外，我们前面举例了社会生活、尤其日常规则上的界内界外如何一层层一圈圈设定这个社会的基础及行为规范，以及国际棋盘上的亲疏远近和为之调配的非常微妙的情感，在上层建筑思想文化领域，界内界外也有一刀切的“死线”和复杂多变的“活线”，中国人一般识“死线”，而难辨“活线”，误以为文人艺客可以为所欲为概缘于此。道德败坏并不意味着没有政治底线。中国人之所以在短时间内很难看清西方人政治正确的红线划在哪里，也是因为这条线穿梭于“死线”与“活线”间，时常神出鬼没、灵活变换。例如 2012 年我在总结戛纳电影节选片之意识形态边界时写过：

> 选片的政治正确并不是一眼可见的一刀切，而是像地图上弯弯曲曲的边界。泛泛或局部观摩一些入选片的人，往往因为看不见统一标准，而否定存在着一条内部有着必然联系、但外部很难由局外人一眼看破、甚至连接起来的政治正确红线。
>
> 这条政治正确红线之所以若隐若现，是因为定得极其细微，目的就是不让人抓住把柄。针对不同国家、地区、甚至某一国或地区特定的人，都定了不同标准，这些标准又与西方国际战略有着千丝万缕的联系。比如人们一直认为张艺谋当年送选《一个都不能少》遭拒，是因为张不如拍《活着》时立场鲜明了。其实针对中国这样的国家，反不反只是一条主线，是初级挑人时为初选标准设定的。像张这类过了初选关，已被挑中并捧出的人，入选

片标准并没有这么死板，只要他不触碰政治正确底线，一般都可放行。那么张这部似乎符合戛纳在中国这类国家选片的诸多“艺术”标准的片子，如反映底层、边缘、贫困，手法写实、白描而非想象、虚构，究竟是触了什么底线，致使张从金交椅上落下来并几乎注定了他与戛纳的分道扬镳？

这条底线就是：你可以不揭批国家和其体制，正面表述也非处处不行，但底线是正面的人或事必须是个人的、孤立的，不能让人推演到国家和体制。《一个都不能少》恰恰是破了这个界，因为贫困地区的教育是政府的行为，正面拍这个主题，就是肯定政府的行为，是没有与政治体制划清界限！好人好事本来就是戛纳推崇的“普世文艺”所摒弃的，述恶不言善是此艺术观的基本框架，若善还与国家的某个政策相连，尤其故事发生在西方视为对手的国度，就是触了不能再后退的底线。

底线虽然因国而异，其实还是有必然联系的。比如美国纪录片导演迈克·摩尔的失宠。他为什么从如日中天忽然销声匿迹？摩尔可是戛纳一手捧出的斗士，将纪录片推上“金棕榈”宝座的第一人，他的《华氏911》因将矛头直指小布什，而受到戛纳的竭力捧场（注：因为他帮了“集团”的忙，“集团”当时正忙不迭地要让小布什当替罪羊，把发动战争等口碑不佳的事借小布什的脑袋全翻过去，以掩护真正左右小布什的那群高参。这无意识地效力，让摩尔成了电影艺术“大师”）。按摩尔的脾性和已获的名声，金融危机后尤其是“占领华尔街”运动的爆发，他应该到戛纳发出更响亮的声音，为什么再也不露面了？

原因就是他在最后一部送选戛纳的纪录片《SiCHO》中触了

西方影人也同样不能碰的政治底线，让他的提携人嗅到了他的危险性。《SiCHO》批判美国医疗体制，这种电影好莱坞不会放行，但所谓独立影人是可拍的，控制了院线和D片市场的“如来之手”，根本不怕几只“孙猴子”。但也不是没有底线，就是骂自己国家的时候不能拉一个敌对国（至少不是盟友的国家）做反衬。具体说，《SiCHO》骂美国医疗体制，为反衬而赞美法国医疗体制，是被容忍的，但摩尔并未就此打住，而是犯了大忌：他说美国的医疗体制不如古巴。赞扬古巴的医疗体制，就是通融古巴的政治体制，这种通融意味着对美国政治体制的背叛，此为死线，是不能越的。这就是为什么《SiCHO》2007年在戛纳放映后，遭到西方媒体尤其美国媒体的一致棒杀，他本人也从此与戛纳无缘。

戛纳一分不差地将这条曲里拐弯的政治正确红线运用到挑人与选片中，经多年观察，鲜少例外。比如：南斯拉夫内战，从人道角度反映战争之残酷的电影，只有波斯尼亚导演被挑中，塞尔维亚导演是被拒之门外的，同类电影也不会由伊拉克或阿富汗影人送来；日本电影人可以送来纪念军国主义信徒三岛由纪夫的电影（2012年表现日本极右翼作家三岛由纪夫自杀壮举的片子入选“一种注目”单元），德、法则绝不能放出任何一位质疑二战官方史的影人，根本无人敢拍二战失败方文人的传记电影；并不是任何一个国家或地区都有资格送艺术探索电影的（进入主竞赛单元），那是只赠予战略盟友的“荣誉”：菲律宾、泰国、墨西哥、中国台湾地区或加入北约的某些国家……

四、没有审查的地方藏着真正的独裁

在西方拍黑暗无比的暴力之条件，一是不能写实，拍成通俗悬念片或恐怖片，怎么杀人都不要紧；二是不能与政治体制相连，恶，必须是个体的、特例的、精神变态的，而不能暗示是集体的、普遍的、精神常态的。越了前一个界——写实，一般会被边缘化，越了后一个界——与政治体制挂钩，则会自绝于艺术生涯。但对中国导演，则是反向推举的。我们看到，死线、活线在文化艺术领域运用得极其频繁和灵活，政治正确的红线比行政命令来得隐晦，就在于它看似没有固定边界，但这种舆论权内部的“专制”其实天网恢恢。

当一个地方自称其舆论没有审查的时候，必是舆论权自身已达专制一统。仔细回看法国历史，就会发现，戴高乐时代（所谓有审查制的时代），舆论其实五花八门、七嘴八舌比如今（所谓没有审查制的时代）自由多了，那时候政治体制还没有到碰都不能碰的程度，二战历史也没有制定法律不让研究反思，更没有以民主名义东征西战没人敢说个不字（只敢从人道角度反战，不再敢质疑战争本身），也难以想象在涉及金融、货币、债务的根本问题上露脸的经济学家或撒谎或回避真相。当舆论权自身专制的时候，审查制就是多余的了，谁审谁啊。所以，当有什么地方自夸没有审查的时候，你就要警惕了，真正的独裁开始了。

“他人即地狱”并不在中式思维诠释的“他人必损害自身利益”这个层面（这只是中国人对他们经久误读中的一种），而是“solidarité文化”的一个背反，是对“solidarité 文化”之精神集体主义的一个反弹。正是与生俱来、枷锁般的精神集体主义，让西方社会近代以来比任何一个文明都更强烈地追逐个人主义，将“他人”视作“地狱”，将“他世界”视作“地狱”。

最能代表“solidarité 文化”的，其实是渗透于西方几大国（美、英、法为主）内的犹太人，如果说“solidarité 文化”浸透西方文明的基因，那么对于犹太人来说，就是其基因本身。“没有真理，没有正义，只有界内界外”是我对西方文明的总结，由此世界统治集团会将此种本性演绎到何种程度，我们不必抱任何幻想。换句话说，任何“普世”幻想，都是无知和自欺欺人的表现。

第四部分　“柏杨式”思维可休矣！

西媒的真传与花招：中国人真的缺少创造性吗

总有人把向西方学习与放弃自我混为一谈，学人之长与认人为主，风马牛不相及，然而就是有人没有足够的智慧将二者分开。时常是看到这一点而悲从心来：救亡，救亡，亡者愿去，强留亦不可复生！

一、新闻与传媒：先有米还是先有饭

在西方待久了，眼尖的人首先发觉的一大不对味，就是传媒的随心所欲。随心所欲并非自由开放，而是唯意志论事，这么做又怕被人发现，故暗中做足手脚，极不诚实。如果未来有一天“组织”内部突变出异军，翻出西媒几个世纪的老底（只怕这天很难到来，谁敢在太岁头上动土），那精心蓄意作弊岂是自行车“七连冠”的大骗子阿姆斯特朗能比？我们以为传媒应有“米”才能“做饭”，不能做无“米”之饮。“米”是什么？就是每天发生的事。我们认为记者有别于小说家的关键一点，就是做活的基点源自客观事实而非主观意志。所以传媒是个被动的生产机制，永远都是发生的事在先，制作新闻在后，而且必须忠实于发生的事，有点像古代的史官，主动性至多来自有意回避或筛选，即便怀着操纵现实的鬼胎，也难有改变历史的奢望。

感觉不对味是西媒与之做的正相反，它是主观意志在先，事实在后，这么一搞，历史绝对难有真实版本。我们长久以来看不透并被其牵着鼻子走，不是我们笨、他们能干，也不是我们好、他们坏，而正是由于对传媒基本概念的认识南辕北辙。基本点的截然不同是源自我们的传统，我们是历史上少见的一直保持信史的民族，这得益于我们没有一统天下的宗教信仰，由于没有绝不通融异教的信仰，至少时过境迁后我们并不逃避真实。这一传统，决定了我们对传媒运作的目的和方法有自己的概念，并且以为放之四海而皆准，即便实际操作中存在弄虚作假现象，但否认不了我们具有的基本概念。我们以自己的思维方式去想象和解释西媒，时常落入他们有意误导的陷阱。这与我们观察和模仿西方文明时犯的错误如出一辙，不单只仿效了皮毛，还乱了自己的阵脚。

由于在基点上的背反，我们总是把他们的蓄意误导当成客观事实，把花招当成真传，一而再再而三落入圈套。蓄意误导又分两个方面，一个是贬低，一个是缴械。贬低是心理战，缴械则是实战，无论是贬低还是缴械，都从不正大光明，而是旁敲侧击。误导的切入点并不是胡说八道，而是专挑优点背面的缺点，而多好的东西背面都有缺点。这个擦边球打得漂亮，以揪着缺点不放的方式解构优点，被算计的人不但不察，还颇生共鸣。他们总是抓住一个点的事实，将其扩大为整体，以此抹掉真实，而且总能找到牵一发而毁全身的那个支点。近代以来，他们细心研究对手的长处，甚至构成长处的文化和种族根脉都已探明，然后以这种声东击西的方式，将支撑大树的根筋一一剔解，不费一兵一卒，缴掉对手的武器。

二、关于中国人“创造性”问题的反向推理

所以大致可以做出如下推理：他们说什么不好，多半这个缺点的另一面帮了我们而妨碍了他们。以此算式推演，你就能看清花招下面的意图。例如，他们时不时会充满“关爱”地提醒中国人缺乏创造

性，注意这是个长久经营的调子，百多年来这堆柴火就没熄灭过，不断地有人添柴加火，隔一段时间就会抛出新的依据，还时常是以科学的名义。为什么这么关心中国人的创造性？如果中国人不具创造性，总想着独霸天下的他们应该偷着乐才是，担心什么呢？比如在法国，中国从鼻尖到脚趾皆可指责，唯独对最不人道的“一胎化”从不吭气。这就叫偷着乐。怎么没见他们说非洲人或南亚人缺乏创造性？如果中国人真缺乏创造性，他们就会像对非洲人那样只字不提了。持久不断地“怜悯”中国人的创造性，不是中国人真的没有创造性，而恰恰是创造力之强让他们胆战，才会从侧面进攻。

“关心”中国人的创造性是处心积虑的误导，利用中国工业化晚了一步，没有赶上工业革命头几波发明潮，便设计出这一指控真是一石数鸟：首先把中国人尊祖守统的长处废掉，因为这阻碍了他们要征服中国而实施的各种改造；其次解构中国文化，从文字到思想，以及手工艺的传承；接下去就是废掉中国教育的武功，中国教育的传统是尊师苦学，别的文明坚守的是宗教，而我们锲而不舍的是文化。中华文明没有被各种野蛮征服中断，不是偶然的，很大一部分靠的就是西方人所说的“没有创造性”。西方人几千年念一本经书，怎么没见有人说他们的文明缺乏创造性?！把工业化与文明混淆，也是一大陷阱，而我们居然真掉进去了。

其实有没有创造性只要不人云亦云，自己动动脑筋就能看到事实。工业革命以前，中国是世界各种技术发明的中心，除了四大发明，吃、穿、用、民间手工艺的小发明之多之慧更是举世无双，这个土地贫瘠的农耕民族如果没有惊人的创造力怎么数千年绵延不断？所以说中国文化、文字阻滞了创造性是无稽之谈，甚至可说居心险恶。在中国大规模工业化的过程中，尽管大量科技人才被西方挖走，同时遭受技术封锁，但其突飞猛进的发展和进步难道不是深具创造力的表现？任何一个西方国家，如果科技人才像中国这样被放血，都会一蹶不振，更不要说能在落后情况下追赶上来。改革开放以后，工业化的速度加快，很多新技术领域中国已走到西方前面，申请专利的数量也已超西方。说中国文化和教育致使中国人缺乏创造性，为什么大学和实验室里收了那么多中国人，为什么这些肥缺位子不留给“充满创造力”的西方人？中国人不是缺乏创造性，而是缺乏自我意识，这才是症结所在！而这一点却从不见他们“关怀提醒”。

三、“真传”之一：西媒的挑人之道

问题不在人家怎么设套，坐在“猴王”宝座上的人，自然要耍尽花招不让觊觎者靠近，所以出假牌实属正常，不正常的是我们耳提面命深信不疑，人家巧使一鞭，我们就加快了自废武功的步伐，这都是上百年盲信的恶果。总有人把向西方学习与放弃自我混为一谈，学人之长与认人为主，风马牛不相及，然而就是有人没有足够的智慧将二者分开。时常是看到这一点而悲从心来：救亡，救亡，亡者愿去，强留亦不可复生！而盲信的根源之一就是我们对传播这类误导的西媒太缺乏了解，以己之见，度人之腹。

学人之长，“长”究竟是什么，你得弄清。国与国之间和人与人之间一样，好人愿意授以真长，小人则故意以短相诱。西方连科技都以专利、知识产权、禁售的屏障阻止你接近，其他领域人家会把真长告诉你？不但不让你知道，人家兵不厌诈，还把表面迷惑人的花招力

荐给你，让你拿着假方子吃错药。在人家那边没什么不该，谁叫你傻！所以破除迷信，就是为了找到人家藏起来的真“长”。

由于基本概念上的背道而驰，西媒的操作技巧和运作方式都与我们自身和我们以为的他们大相径庭。比如中国人专挑舞文弄墨的文人做记者，学文学语言的青年写不了小说的多去了报社，电视记者更有选“艺人”的倾向；而西方人挑记者，首先是意识形态，其次是胆略，关键位置——血统乃重要条件。此处的血统并非我们中国人以为的小舅帮外甥这种狭窄的亲缘关系，而是上层加族群血统的自觉抱团。这与中西的各自传统一脉相承，中国古代挑文采飞扬的读书人进入士大夫阶层，欧洲古代挑信仰坚定的教徒进入教士阶层，一个挑才艺，一个挑思想，自古就思路不同。在此无意评说谁优谁劣，存在的就是本性的，怨不得天也怨不了人。所以在西方选记者，文学语言专业写得一手美文的人，不是想当然的被挑选对象，我们最大通讯社录人，语言文字是考试主项，曾发生过考常用字的不常用读音！在“民主”搞得“纰漏”少的那几个西方国家，政客与记者角色时常互换，做几年记者，换一张名片又去做政客时有发生，反过来亦然。两个职业如此接近，是因为此乃金权卵翼下的一对孪生兄弟，实为左右“门神”。

世界统治者之所以几百年来所向披靡，从未被阵营内部的叛徒蛀空掀翻，三分之一是不懈的警觉，三分之一是胆大谋略，最关键的一个法宝就是懂得挑人。不但在自家阵营中慎选擅挑，手还能伸到对手阵营中，挑到为其效力的卒子，其手法之精准，卒子都无需正式御批委任状，便已干得不亦乐乎。挑人绝非选秀，我在《人与宠物》一文中写过，挑选忠诚适用的猎犬和漂亮伶俐的哈巴狗的区别。

我就是看到这一层，才惊悟毛泽东时代很多事是真学了西方人所长的，之所以看起来不像而且做砸了，源自两点：一、不懂得度及区分形式与内涵。人家这里内涵一套、形式上另一套，内紧外松，内涵是不让人看到的，用细节洗脑的办法搞意识形态一统，表面上不见一句标语口号，与中国人正相反，中国人表面上一堆口号，还到处张贴悬挂、开会讨论，搞形式的一统，内里却根本统一不了。结果是有品质的人厌恶搞形式，而投其所好者则是有意投机之人。此外人家只在挑与不挑上做手脚，唯恐打压的那一面让人知道；我们却不懂适可而止，不挑，还要大声宣告甚至去挽救，于是就搞批斗检讨，大大越过公人生与私人生的界。二、受不了长久精神束缚。人家有两千年只信一神、只读一经的传统，意识形态一统在人家是正常状态，而我们除了真实，没什么能绝对占据精神世界，以开国君主之威，统一意志的能量也过不了二三十年，“蜜月期”一过就钳制不住了。

四、“真传”之二：西媒的派人之道

派往国外的记者，素质更是接近侦探而非文人。派往敌视国家（中、俄之类）的记者多是贼大胆的冒险家，刺探内情、培养反对派是基本活计，必要时帮助反对派推翻政权也是分内事，而绝不是我们理解的满足百姓的知情权。派往国外的记者，实为一支不带枪的“军队”，指哪儿打哪儿，向全世界推销“新闻自由”就是便于这支“军队”的行动和安全。而且这些“教士兼军人”若遇险皆有军人般的献身精神，可以跑到枪林弹雨的最前沿，我称他们“战士”意即在此。献身精神来自哪里？绝对不是笔墨激情，而是发自信仰，一如古代的教士。

教士的特点就是时刻不忘传教，战士的好处是指哪儿打哪儿，不似文人爱反思、发牢骚、追逐真理。古代西方的教士与中国的秀才也是在这点上相去甚远，古代欧洲鲜少王朝更迭，而华夏却屡见不鲜，此乃根源之一，即便外族入侵，若无内奸也难实现。战士和文人对自由的诠释和满足程度会相差多远，不懂得这一微妙的实体差异的人，是永远也看不清世事的。这就是为什么西方传媒“自由”之下犹似坚硬的混凝土，而我们一放就如散沙！一群舞词弄札之人如何应对舞刀跃马的“兵”，“翰林院”与“海军陆战队”怎可逐鹿于同一战场！

明白了什么才是西方的真“长”，才能知道自己要不要学、能不能学、学什么以及学了的后果。操纵舆论最省力、别人多半察觉不到的做法，除了挑人还有派人。分派记者做什么、派到哪里从来不是平等的一刀切或照顾个人利益，而是精挑细选，然后用森严的等级分别利用每一个人的潜质。经多年观察，社论记者（éditorialiste）、特派记者（envoyé spécial）和专题报道记者（grand reporter）是紧靠核心圈的心腹，对心腹都是宠爱有加，这一小把人（少而精）多有血统保障忠诚，经济和政治地位远非一般记者能比，可出入上流社会。他们是仅次于报刊主编和电视明星主持的次核心人员，制造舆论，尤其到境外制造舆论主要靠这群心腹。他们的特点是需要他们说什么话就说什么话，比如需要他们去支持叙利亚叛军，他们就会按事先定好的舆论口径制造“新闻”；需要他们去支持马里政府，尽管马里政府军与叙利亚政府军面对的是同样性质的武装力量，他们却可采编出完全不同的“新闻”。让他们作弊如同派精兵去埋地雷，谁都不会抱怨有没有说真话的自由。

而常驻记者“本事”就略逊一筹，他们在另一个等级里，不如上一个层圈的人那么接近权力核心并有血统保障，自然心领神会的能力也不如前者，所以一般都是以其性配其鞍，根据他们自身意识形态强弱和个性特点，派往不同的地方。如意识形态狂热并爱挑刺的人，会被派往中、俄、伊之类敌对或对手国，他们到了那里自觉与当地反政权力量抱成一团，不但以记者的合法身份承担起培养他国反政府力量的艰巨任务，而且专做负面报道。而那些意识形态淡化、喜欢说好话的记者，则会被派到英、美、日之类友邦国家。派到英国的记者成天讴歌英王室；派去日本的不说一句坏话；去印度的从不见脏乱差；到泰国的可把妓女天堂描绘成桃花源；放到越南的，则从不质疑越共；而派到伊朗的，不管怎么选举，都是专制独裁。对每一国都有事先定好的调子，事实无足轻重。某个时期为配合新的战略，会局部改变战术，如在某次访问前，为了从中国手上多拿几份订单，会派几个“友善”的“特派”过去，远远地送回一点正面新闻。总之这只“乐队”是根据战略乐谱挑乐手，精心弹奏着事先谱好的曲目，一弦一音皆为精密安排。

问题是一天到晚向我们推销甚至强输“新闻自由”的西方，从不把这些“真传”告诉徒弟。常识告诉我们，有意不把绝活教给徒弟、却拼命诱他、逼他只学花招的师傅，一定别有用心，我就是从这一点开始怀疑他们的用心并发现后面隐藏的阴谋。世上但凡接受了“理念”又未学到“真传”的国度，结局只有一个：其传媒不可避免地成了“传声筒”。这正是“师傅”的目的所在。而拒绝“理念”，道德上又已无容身之地，看来看去唯一的出路是接过“理念”但实行“真传”，不过“真传”在中国恐怕百分百会水土不服。

五、等级森严的“核心集团”

上述各类“真传”是秘而不宣握于“核心集团”手里的，不要说传媒学校不会教，就是核心圈外的记者也无从知晓，他们被搅在这架机器里，不过一颗忠于职守的螺丝钉。这就是为什么局外人觉出不对劲，却难找证据。为数极少的对传媒的揭露都出自圈外观察者和研究者，因而都是透过现象观察本质，而且一旦涉入这个禁区即被边缘化，边缘化意味着在信息爆炸的时代没有声音、在金钱至上的社会没有钱。业内少有的几个不驯服者至多揭露一点涉及自身的孤立事件，若不想永远丢掉饭碗，多半只敢写成虚构，不写成虚构也无处发表。由圈内人以揭短的方式，全面具体地写出整个行业操作内幕的书，读者是找不到的，一是因为业内人有信仰和血统等多重控制，还有对下场的恐惧（没有上家不做去做下家的可能，一旦背叛就是自绝于整个行业）；二是因为对全局的把控集中在极少数核心人员手中，行内等级森严。这些“被挑中者”与传媒的金主究竟什么关系（血统的、利益的、秘密社团的），他们如何、为何操纵舆论是严守秘密的。何况这是个“信仰组织”，对外的招牌就是“独立”、“自由”，因而除非少数背叛者，其余忠诚于组织的人，打死都不会承认自己并不自由、更不独立。就像基督教信徒，除了叛教者，坚定的信徒永远都不会承认上帝其实不存在。

一般从业人员都是做东不知西，机构内部层圈结构，每个层圈之间皆有防水层阻隔，不像中国，一个刚入行的记者都可把主编身边发生的事摸得一清二楚。有一天，当国人终得“自由”之时，这份平等是肯定会收回的，没有森严等级，则自由实乃无法无天，哪有不付代价的获取，不是横着规范，就是竖着规范。本人观察戛纳电影节二十年，选片内幕始终如谜，一层一级皆有被严密封于层级内的秘密。比如组委会雇中国留学生，为邀请来推销商品的中国明星做翻译，这些雇员只准待在旅馆，无权进电影宫。这是一般的最常见的“隔离法”。在中国这是难以想象的，雇个年轻人干十几天活，还不得“人性化”一点让人进一次电影宫看场电影？这样想恰恰是没有理解西方文明的精髓，“民主”社会得益于分权，而分权的社会切忌在层级间设直通车。

想以此文告诉读过或将读我文章的人两点：一、盯着西媒是因为有了核武和飞弹的中国仍未逃出亡国危险，而致命的子弹就是由这支军团输送的。我们如果没有防弹衣，反倒遍地里应外合的传递手，则命必不能保！二、针对西媒鲜少揭秘的书及揭秘的人，故需时漫长才看出大致的路径，由于是观察而非直接证据，难免有不准确的地方，请勿因此而一叶遮林。而且有一天，他们发现你摸到套路，变换战术，也非不可能。韩非子说：“战阵之间，不厌诈伪。”2009 年以后，西媒针对中国的战略未变，战术却做了调整，2011 年以后更加明显，会继续朝哪个方向发展，尚难以判断，要看世界幕后统治者决定让中国在他们设置的舞台上扮演什么角色。这个太能干又与西方文明缺乏共同语言的文明，让统治者们头疼了近两百年，拉进来她不懂规矩，继续打压还有没有效用，而且有可能两败俱伤，总之是吞不进，又放心不下。如果有一天，西媒的枪炮全收起来了，也并非什么喜讯，绝不是中国人什么事都做得完美了，而是“野生动物”终于进围猎场了。到那一天，西媒就会自觉维护你，他们这种“自觉”，一旦运用起来，连你的缺点都可视而不见。

细节的操纵或不战而败：我们是如何沦为西媒传声筒的

在大国间博弈枪炮已不能随时发挥效应的当今世界，随时随地、天罗地网的战场是话语的战场，而这个战场上的真正武器是细节的操纵。忽略细节，甚至完全无意识，就形同不战而败。这种时候都无需人家主动来攻打，自己便参与制造力量的不对等，为对手搭建高地，陷己于低地，无意识地将控制话语流向的权力拱手于人。这是目前中国掌握话语权的那群天之骄子的常态，且做起来毫无意识。话语战场的不战而败，严重性远比一场真枪实弹的战争要深远而持久，这已不是一个国家的战败，而是一个文明的覆灭。

此文又名《他们是怎么打赢的》，进入全球回音壁时代，在表面信息流通变得无比“自由”的年代，战争是靠细节的操纵取胜的。

一、从“士兵”到“玩偶”

我曾在中央电视台新闻频道看到一则有关老年失智症的系列报道，国内部分采编得很到位，一涉及国际，软肋就暴露出来了，对现代传媒的本质、话语的流向、画面的攻击力等，基本还处在空白状态。

为什么这么老道的新闻从业人员，一碰到国际新闻就从“士兵”变成了“玩偶”？初步诊断是内外不分、普天之下一个标准使然。往深走一点，是中国人的“无界思维”让中国的新闻军团在充满战火的世界“堕落”成不战而败的传声筒。而这一切在细节层面就决定了。因为西媒利用每一个细节做武器，并未让“自由”变成信息的无障碍流通。

那么这则报道在哪些细节上“战败”？报道首先继续先前便已开始的人物素描——一个女儿和她患老年失智症的母亲，主题是家庭成员面对这一痛苦经历应采取的态度。报道过程中引了几个名人的事例，其中华裔名人一带而过，可能材料不足，可能觉得知名度不够，重点讲述的是美国前总统里根与他的失智症。

从这个细节已能看到，所谓“传声筒”就是追着“声源”和“音量”来判断和选择信息，而“声源”和“音量”在全球回音壁上并非自然形成，而是通过对每一个细节的控制人为制造的。西媒在秘密控制“声源”和“音量”时像军队一样守纪，他们对这位前总统失智症的渲染，是世界幕后统治集团送给这位为他们的利益立下汗马功劳的前总统的告别礼，是树立这位忠诚代理人永久正面形象的一步公关棋。撒切尔夫人不是也获赠一部好莱坞宣传片吗？毛泽东 1949 年如果答应维持西方在华利益，哪会遭如此抹黑。所以作为一个中国人，个人对毛再不满，都不应跟着西方人诋毁，那样做就失去做中国人的自我意识了。

话说回来，并不是每位西方总统都能得到如此厚礼，也有人因为不听话就被搞臭下台的，比如戴高乐。戴的“罪过”就是想多要一点独立。作为中国影响力最大的话语机构，如果连这么点世事都分辨不清，而甘作人家这步棋的“接力手”，那真是我们这个国家的悲哀。

二、“传声筒”是如何接力的

下面我们来看看“传声筒”是怎么在无知无觉中接力的。配送解说词的是特意挑选的抒情音乐，而配着拨人心弦的乐曲的是电影明星出身的里根及妻南希的画面，两位昔日的演员极其上镜的画面本身，其实无需配解说词就已经具有巨大的说服力和穿透力，说服力是诱惑，穿透力则能神不知鬼不觉地移变潜意识。而制作这个节目的人，显然觉得如此动人的音乐、画面还不够，又插入了画外音，那训练有素的播音系嗓子，从头到尾念了里根患病时发布的一个公告性质的短文，甚是悲情温婉。好像这个可怜可爱的失智老人，与那个霸权战功累累的擂台主、打败了“东方阵营”的冷战干将，是毫无关联的两个人，即便觉得自己国家败于冷战是件好事，或者忘记了自己不幸的历史，如此尽心尽力地为对手佩戴道义光环，也是“慷慨”得世所罕见。短短几分钟，音乐、画面、词语加歌唱般的嗓音，制作了一个感人的故事，连带歌颂了英雄般的主人公，报道者要传递的——激起人们对老年失智症的理解和同情——已远远被突破，而不知不觉地转移成对美国总统以及这个政治人物所代表的一切的赞美。

如果制作者热爱美国并带有为之做宣传的任务，甚至是秘密使命，那我脱帽致敬，任务完成得如此出色，而且就是在我说的细节上取胜。在每个可利用的细节上布局，便成功挟带了与主题无关的大量私活，如果制作者不这么拐弯抹角而是直接向编辑部提议一个正面讴歌美国总统的节目，想必不容易通过，即便通过了，受众也会警觉，对这类主题产生本能的抵触，哪怕他对报道的主角本无恶意。因为人的本性就是不喜欢被强迫，让他看出你在向他灌输什么，他事先就产生了抗拒，而抗拒就是他为自己的潜意识上了保护罩，渗透就难了，甚至在某些人身上适得其反。正是经年累月地“走私”，在潜意识层面制造远远超过应有数量的正面情感，使得中国广大民众对给自己国家和民族制造大量麻烦的美国充满好感，自愿投靠，多少中国家长为把小孩培养成美国公民做着不懈的努力，甚至本能地做着损害祖国而对美国有利的事却毫无意识！其中很多是占尽好处的官员和知识分子。我就见过一个人，一头为钓鱼岛跳得八丈高，一头花大钱让年幼的孩子学英语，一心想让他去美国生活，好像钓鱼岛在战后犹被日本强占，不是美国的一步棋，好像日本的狂妄不是靠美国撑腰。这样两件实为对立的事互不干扰地统一在一个人身上，恐怕寻遍全世界都难找到。

问题的荒唐之处就在于美国人恐怕并未花钱来收买这个节目的制作者，让其利用职业之便完成颂美使命，因为人家心里很清楚对中国人，这笔花销可以省了。连“委任状”都不需要的制作者，肯定也不承认有崇美之嫌，他不过想感召人们对老年失智症的同情心，才极尽能事地在配乐、配音、挑选画面上一并努力，感人的效果的确达到了。

三、以操纵细节控制受众潜意识

挑了“贵”如世界霸主级的人物，为老年失智症宣传服务，也并非不明智的选择，只是这个制作者忘了，音像传媒画面、旋律、声音的力量并不在主题的控制范围，而是有着远超主题的颠覆力，自身就有夹带私货的能力，在传递信息的同时，足以移变人的潜意识。

而长期深入人的潜意识制造正面和负面情感，是现代社会制造认同与背弃的最主要手段，比直接往目标脸上贴金或泼脏水要有效百倍，因为公开直接地、大批判式地、带有明显行政命令地宣传正、负面情感，已难收效；他也忘了在影像时代，画面是没有边界的，它不光能走出主题，还能打破文化与政治的壁垒；他还忘了国际大背景下的美国与中国，是博弈的一对，虽说不上你死我活，至少是在拼抢生存的空间，且是对方容不下我们。因此，像上述这类画面还配上能在大脑深处如此激励正面情感的音乐和解说词，在欧美的传媒上针对中国这样的国家是绝不会有的。

非但没有如此“慷慨”，西媒还长于反向运作，利用一切细节，在人们的潜意识里积淀负面情感。因为西方统治集团以中国为围剿对象，并非一个短期目标，而是长远的策划。既然是长远的计划，悄悄地培养百姓的认同，就要靠每个细节的操纵。我们上面说过，洗脑只有在不让受众觉察的状态下才真正有效，这种时候他的潜意识是不设防的。而出于诚实或尊重受众明打明做，则效果正相反，他非但感觉不到你其实对他更负责，反而由于知道你的意图而心理设防，甚至反感对抗。人性时常是不值得抬举的。由这些秘不示人的暗手长久经营的所谓“公众舆论”，不光内部从不懈怠地备战（表面并不宣战，政府间继续正常交往，一切都在潜意识层面操纵），而且使话语具有更大的攻击力，并在无需行政强制命令的情况下主导话语的流向，以此影响对方的舆论，甚至成为要挟和讹诈对手的借口。

在大国间博弈枪炮已不能随时发挥效应的当今世界，随时随地、天罗地网的战场是话语的战场，而这个战场上的真正武器是细节的操纵。忽略细节，甚至完全无意识，就形同不战而败。这种时候都无需人家主动来攻打，自己便参与制造力量的不对等，为对手搭建高地，陷己于低地，无意识地将控制话语流向的权力拱手于人。这是目前中国掌握话语权的那群天之骄子的常态，且做起来毫无意识。我在《话语的流向》一文中说过，话语权就是靠控制话语的流向实现的。有些民族没有强人大张旗鼓的号召，就很难自觉、有意识地向一个方向努力，甚至除了看到自身利益，根本看不到国家民族的整体利益，尤其中国这个有着上千年以小农自由民为社会基础的国家。而西方国家精英们不光自我意识极强，针对百姓的“领主意识”也时刻不放，而且做起来全是暗手，从每一个细节着眼，不仅局外人被整了都不知道，自家百姓被蒙了也一无所知。

四、花别人的钱，办自己的事

我碰到的一件事，至今令我陷入悲观之中，仿佛元灭宋一百年前就已知余下的剧本。

在法国有各类影展，有法国人自己办的，也有各国以文化交流的形式举办的，中国在几年前除了偶尔文化交流办一次影展，每年并无固定的自办影展。由于法国人办的电影节，总是挑选反映中国阴暗面的电影，一如近几十年不表现中国黑暗愚昧的当代文学作品就不会被翻译过来，有在法的华裔便决定与中国官方合作，每年在巴黎自办一个中国电影展。初衷是好的，一开始也是按自己的思路办的，中国从企业到政府都出了钱。但很快这位华裔便被身边一些法国“中国电影专家”渗透，他们在协助她办的同时，逐渐控制了选片、引荐、邀人等主办电影展最重要的权力。而法国人在中国办影展，这个权力是绝不放手的。没办几届，影展就变味了，最后又开始纠缠“地下电影”，“少数民族电影”也成利用对象，被请来的影人一点点剩下所谓的“亲西派”，本来自办这个影展就是要避开这类挑拨离间的伎俩，结果自己花钱反为他用。

关键是对中国电影、连带中国社会的解释权也牢牢地被他们掌控在手，令中国人自办这个电影节的意义尽失。在每部电影放映前，不管多早多晚，必有“电影专家”不辞辛苦地、忠于职守地、先入为主地为观众锁定思路，把好政治关，就好像在上海和北京举办法国电影周，每放一部，都有中国“专家”事先为观众打预防针和消毒。一个由中国人出钱自办的影展，每部电影放映前都由法国“专家”批判一番中国，也是滑天下之大稽的事。更有被邀来的部分中国影人，对世事一窍不通，也无尊严意识，跑上台扮起“受害者”。“受害者”个个命不赖，不但能拍电影，还能出国参展，若在法国，一个电影界的受害者是拍不成电影的，更不会有出国机会。就有一位电影界的“反骨”被逼无奈，拿了伊朗人的资助拍电影，影片被伊朗公司送到戛纳电影市场放映，被自觉的放映员发现后举报，伊朗人自租市场放片子，按理说天经地义，法国人收了人家的租金，却不让人放映要卖的片子，不知占了哪条理？他们在别人身上成天做的事，自己身上却碰都不能碰。

有一回，一位中国影人正在诉苦，我听到台下观众席里一声尖利的长笑，令我背脊发凉。我不知这声怪笑意味着什么，能冲出舆论封锁来参加中国自办影展的人，有不少是爱中国的法国人，他们因为受不了铺天盖地的“负面中国”，才来看另一面的中国，是这群人里发出的哀叹，还是那些“传教士”一般坚定的意识形态狂徒喷出的由衷快乐？

这位华裔挟中国电影以自重，被法国人捧得晕乎乎，每当她出席某场放映，法国“专家”便停止攻击中国，估计她对全局毫无把控。后来中国官方只得自己另办一个影展，于是巴黎便有中国的两个自办影展。这种事情举世难觅，即便外头能分裂你，内部也不可能有电影人配合。法国送到国外参展的电影，都必经一个国家机构，叫Unifrance，以确保对外行动一致，看起来电影业都是私营的，但若与外国打交道，都自觉站到国家一边。偶然出个叛逆，连小至放映员这关都通不过。

通过这个事例，可以清楚地看到，话语权都是不宣而做、从细节入手被篡夺的，手法就是在关键位置上靠操纵细节变他人的舞台为自己的攻击器，比如在源头劫走选片、挑人的权力，再在上游（放映前）安插“专家”截走解释电影的权力，进而在中游（放映中）安排翻译字幕的人悄悄篡改影片的台词（仔细看时有发生），最后在下游（放映后）再度巩固解释权，由前述“专家”组织提问讨论，防范个体理解上的分歧。

看到整个颠覆过程的我，心惊胆寒。在此之前，我就发现每周电影节目手册，每逢中国影展就出时间或地点的错误，致使没有拿到邀请的普通观众没法前去观看。客观分析，这些“专家”的所作所为与毛泽东时代为统一意识形态而控制一切的做法形异实同，但一个公开、一个暗地，一个有组织地做、一个自觉地做，一个连锅端（全封）、一个动细节（形放实封）。最后，是暗地、自觉、动细节的人劫取了话语权。但我由此而惊觉为什么近现代史逾百年只有在毛的时代中国人反败为胜，那不是神的力量，而是那会儿才学了他们的真传。然而中国人的本性对西方人的真传实际是受不了的，因为我们无法长久接受绝对真理的统治。自我意识本来就不强、近三十年又被彻底心理解构的中国人，不但缺乏同等的自觉性，也不具备操纵细节的敏感性，而且连看明白对手的意愿和意识都乏善可陈。

话语战场的不战而败，严重性远比一场真枪实弹的战争要深远而持久，这已不是一个国家的战败，而是一个文明的覆灭。

被偷窃的自我意识：当我们只能借别人的眼睛看世界

当一个文明丢失了属于自己的思维参照物，它的自我意识就像破囊的水，一泄而尽，而且流得是那么无忧无虑。为什么灵魂被掏走的人却洋洋得意地去亲吻那只正在偷窃的手？脑袋被拧掉的人的悲剧，是看不到自己已经没有头颅！

一、“国际新闻法规”是不带中国玩的

2012 年 8 月 16 日晚（巴黎时间），我在凤凰卫视资讯台看到随行采访“保钓”的记者被日本警方拷起押送的镜头，配送这些画面的是一个被采访者的画外音，画外音的大意：日本这样对待记者有违国际上“新闻自由”的法规，国际社会的新闻同行会联合起来谴责日本政府的行径……我听后仰天长叹。

“国际社会”？代表谁？包括谁？以为存在着一个放之四海而皆准的价值观，以为自己在利比亚战地、20 国峰会或伦敦奥运与西方记者同出同进，“同行们”便会站出来为你伸张正义？多么纯洁和天真！纯洁是因为脑袋里被灌满了迷魂汤，而忘了抓人的不是中国政府！忘了中国人只有一种受害能博来他们的“同情”！

长叹归长叹，我还是寄望人性的“普善”，从 16 日到 17 日我认真搜索法国各大电视台，尤其是 24 小时新闻滚动台，看看“独立自由”的“国际同事们”会不会为他们的中国同行“伸张权益”。没见一条、一语、一个画面！与此同时，那三个接受“神圣”使命在俄罗斯与普金捣乱的“歌星”被押被审的画面不间断地滚动着，美、英、以、

法、德开始了抗议接力，而那位逃到伦敦厄瓜多尔使馆的新闻记者，却被他的法国同事悄悄地换了身份，被美英追杀到一个弹丸小国使馆的阿桑奇，在其法国同行口中已经不是“记者”而成了“电脑黑客”。欲诛之必先去其名也！没有一个细节是疏忽的，这还是对曾经阵营内部的人，否则被打死了都不会吭一声。做“阵营”的“叛徒”跑到天涯海角都不会放过的。世上哪有无疆无界、拥有普世道义的“新闻记者”？话说回来，西媒不“声援”是我们的福气，这是我多年的总结，他们不吭气乃是送我们的礼啊。

这些事让我想到数年前去匈牙利旅行，一行人被带到布达佩斯一个景点，有一尊塑像，是美国新闻大奖始创者、匈牙利犹太人普利策。游览的人中有一中国最大通讯社的记者，只听她兴奋地说：“瞧，咱们新闻界的最高奖。”我闻后侧目而视：“咱们？这个奖会颁给‘咱们’？”时间已久，我记不清她的具体回答了，只记得她不甚明了我的问题所向。她以为自己相信什么就能改变世界的版图。中国人啊，不知该为你笑，还是为你哭！

二、自己认领的那些“最高”奖

无独有偶，2012 年 6 月 22 日，巴黎时间约晚八九点的光景，我偶然换到北京电视台国际频道，正好一个叫《青年榜样》的节目刚开始。当开场音乐停下，年轻女主持人走到录影台中央，开场第一句话大略是：作为演员，最高荣誉莫过于荣获奥斯卡奖……我详细地写出时间、地点和节目名，是为了有心人去查找核实，以做出自己的判断。

我在此无法确定女主持人是惯性的脱口而出，还是事先准备了台词，或者台词根本不是出自她的大脑，而是后台节目制作人手下的文字编辑写的，她只是因形象和普通话标准这两个条件被放到这个位置上。这也是举世罕见的音像传媒的用人现象：无比重要的位置却是播音系培养的，说标准普通话是门槛。在欧美，任何标榜平等、自由的国家都不会把进入统治集团的门槛放得如此之低，这样的位置都是非最高统治集团的心腹莫属的，只有外貌和发音，而不在统治集团小圈子内（血统）的人，谋个气象播音员或插科打诨的位子，也得把自己全卖了才有可能。

女主持人意识到自己在说什么吗？我以为她知道自己在说什么，但意识不到说这样一句话意味着什么。脑袋被拧掉的人的悲剧，是看不到自己已经没有头颅！“奥斯卡奖是每个做演员的人的最高荣誉……”这话，由中国某电视台的节目主持人说出，意识清醒一点的人就该问了：一、我们跟美国合二为一变成合众国了吗？否则一个中国人为什么要用美国的电影最高奖取代自己国家的电影最高奖？或者认宗前者，自动认为美国的奖高于中国的奖？二、我们被美国军事占领成了傀儡国吗？如果刀没架在脖子上，为什么要认人为主，把别国一个连“国际奖”都算不上的“电影奖”当成自己的最高荣誉？何况即便有一个公认、公平的“国际奖”，文化也不是体育，而是历史和文明的综合产物，谁又能完全替代我们自己的眼睛？有什么必要自认国内的就比国际的低人一等？三、我们的文明被人家抢走或偷走了吗？如果我们还是一个有自己文明的国度，我们为什么要把审美的最高权力拱手让人？

这不是谦虚和自大的问题，更不是开放或排外的问题，而是有没有自我意识的问题。失去自我意识的民族，是一个正在消亡的民族；

失去自我意识的文明，是一个正在自掘坟墓的文明；失去自我意识的知识精英，只是为他人作嫁衣裳的传声筒。当上层精英张口闭口将道义和审美的最高权拱手让人的时候，你怎么让平民百姓心向自己的国家？就算这个《青年榜样》节目后面三十分钟都谈如何爱国，第一句难道不是对那三十分钟的最大讽刺？单从人的心理推断，这一句话要比后面一百句话都有效用，因为它劫取了优越感和最高荣誉。当电视台经常邀嫁洋人的女人为嘉宾，而这些女人并没有除了出嫁之外的任何其他成就，就不要惊讶巴黎大街小巷一厢情愿的中国女孩被人玩弄和蔑视。上游一个小小的闸门，下游即可洪水滔天！音像传媒这一隐形权力机构的主持人，短短几句看似不经意的话，向社会传递的却是能量巨大的信号：我们已经另有新主。

三、无往不胜的“名词覆盖术”

那么自我意识是怎么消失的？为什么灵魂被掏走的人却洋洋得意地去亲吻那只正在偷窃的手？如果人家是真刀实枪来抢，想必是不愿放手的。然而自我意识歼灭战有很多种战术，本文先谈谈名词覆盖术。

名词覆盖术只是主战场的一部分，但若没有主战场一面倒的战局，覆盖术不可能在这么短的时间内完胜。主战场并不是三十年前开辟，也不是六十年前，而是更早，只不过内外协力，越到后来，覆盖得越快。从中国人至今未见人家已经准备和进行得热火朝天的“自我意识歼灭战”，或刚刚窥见“硝烟”却对其战略战术完全摸不着头脑的情形看，我们已再次落入鸦片战争前后的绝对劣势。一国传媒的信息源和思想被境外强权隐形控制，这个国家就成了睁大了眼睛的瞎子，上层建筑的头颅被悄无声息地拧掉，亡国起跑线的发令枪已然打响。然而身首异处的人并未觉察自己已是借着别人的眼睛看世界，更想不到头已然拴在征服者的腰带上，兵不血刃的斩首是在潜意识层面操纵的。思想之墙是靠每一块砖——词语——垒建的。潜意识操纵就是最大限度地覆盖原始画面和词语，抢占每一块砖的空间，进而让每一个思维起点都被操纵者安置的砖石固定。这种时候，人并非不想主导自己的意识，只是他看似自己支配的意识已经被人俘虏。

争夺话语权的前一个步骤是垄断解释权，解释权没有垄断在手的统治是不长久的，哪怕靠武力打下天下，越是所谓“民主”政治，越是“专制”解释权！别种奇迹在地平线上还没有出现。二十世纪“东方”国家一系列反抗运动终遭失败，也是因为思维参照物还是垄断在别人手里，当人家换一种解释时，你就不攻自破了。但垄断解释权用蛮力无助于事，而是要潜移默化地垄断思维参照物。然而若大张旗鼓地撤换文化符号、篡改历史，尤其别人的历史，就会激起警觉和抗拒，这时名词覆盖术就被深察人性弱点的操纵者设计出来，比如“官方与独立”、“民主与专制”这类对立名词的覆盖，不费吹灰之力就将他人历史的解释权抓在了手里。我们的教育和传媒每天都在为西方垄断中国人的思维参照物，而且随着时间推移，速度愈来愈快，这自缚手脚的悲剧，在这史无前例的征服战场上就像一声叹息悄无声息。

垄断思维参照物并不是一个讲道理的说服过程，而是用心理移变术实施的一个偷梁换柱过程。我们面对的这个正在褫夺天下的“集团”为自己设计了可金蝉脱壳的漂亮外壳，有西方数国为之做炮灰和垫背，由之组成了人类历史上从未有过的跨国舆论军团。这支军团的主力军，由西方传媒、电影业构成，美、英、法三国控制的三大通讯社美联、路透、法新社，操控着世界百分之八十以上的信息源，而这看似国籍不同的通讯社，实则掌控人是一家，这三国的电影业也由同一族群控制（我们长年被他们有意制造的表面分歧迷惑，而不知各自为营的身体有一共同心脏），为主力军助战的还有文化艺术的其他各个领域以及世界各地的传声筒及模仿者，偷梁换柱的工程，就是由这支嫡系和庶系军团具体实施和完成的。这才是隐秘征服战最精锐、最秘密的近卫军！近现代史无数悲喜剧最直接又最幕后的操纵手！

具体的活计是用浸染、渗透的软力，靠润物细无声的细节接力和持之以恒的作弊，最大限度地抢占词语空间，像海洋舔拭沙滩一样，一遍遍地以水的温柔扑上去、浸下去，抢占的过程也是个扼杀“异名词”的过程，让挑中的名词取得一种优越感，先要为之设立一个对立名词，以妖魔化已有的名词，然后就是看似自发、实为自觉的接力，像涂油彩一样一层层赋予被挑中词语以优越感。词语一旦被涂上这层油彩，优越感可以使名词本身具有自我传播的力量。比如上述那个女主持人，她为什么不使用另外一个更符合逻辑的名词，如同为电影大奖的金鸡奖？而是本能地先选择了与中国演员其实关联不大的奥斯卡？为什么一个违背逻辑的思维反倒能战胜逻辑思维？最有可能就是已经渗入潜意识的名词优越感在起作用。如果她是心仪美国胜于自己的国家，这种时候她虽已失去自我意识，但她找到了替代品，实际已重塑了“新自我意识”，所以她的选择是自觉的、有意识的。但我怀疑这一切是在自主意识的情况下完成的，也无意给她扣上“投奔新主”的大帽，而是更倾向于另一种可能。

那就是她听到奥斯卡这个名词的几率已经远远大于金鸡奖，在没有自我意识只是传声筒的传媒的接力下，重复次数最多的词语就是赢家，当一个词语战胜另一个词语的时候，一般都是双赢的，即夺取了利益和道义的优越感。一旦启动了这种优越感，被操纵者自身的利益传送带会自转起来，随着自转，被打败的词语少则失去了利益优越感，多则连道义优越感也烟飞云散，被遗忘、冷落是不可避免的。

四、一场静悄悄的自我意识歼灭战

被操纵者的自我意识就这么被一寸一厘地偷走，对方连破窗砸门这等活都省了。而没有自我意识的传媒，实际功能就是为别人的征服战打下手，他们跟着声源起哄，不明白正是“接力”赋予了声源本不该有的巨大权力，使其透过在接力中取得优越感的名词，深入潜意识层面左右人们的判断力，致使一些事物篡取本不该有的重要性，而另一些事物失去本该具有的重要性。历史观就是这么被名词的覆盖篡变的，思维参照物被偷梁换柱，等于墙上的砖被操纵者占去大半，墙自身变成什么样也就可想而知了。这时潜意识只剩下很小一部分还受主人支配，实际上他根本意识不到他已失去支配权。当这些名词充斥我们的记忆，属于我们自己的思维参照物垃圾一样退出历史舞台。最可怕的是，这个过程一旦启动，就像滚雪球似的，被覆盖了再覆盖，很难停下来。你在不知不觉中很容易被人家设计的名词覆盖，因为你是不设防的；等到你发现手中没有了解释权，进而发觉思维参照物全是别有用心者安插的，再想用少数清醒者的力量揭去那些覆盖思维的名词，就像往洪流中投石一样无功。

当一个文明丢失了属于自己的思维参照物，它的自我意识就像破囊的水，一泄而尽，而且流得是那么无忧无虑，人们在优越感的撞骗下，非但没有失落感，反而壮志凌云。不要以为失去思维参照物是平民百姓的命，其实知识分子才是先上刀俎的牺牲品，尤其在空有技能而无思想的教学体制运行了一个世纪以后。这简直是“牺牲品”的大熔炉，为本文明的叛逆者提供着广大的温床，甚至道德优越感。是知识分子先丧失了思维参照物，才导致百姓一点点丢失自己的文化符号。知识分子思考的基础靠观察和资料，但对外和对过去的思考，绝大多数人靠不上亲身经历，而只能在信息和资料堆中垒建自己的思想。然而当作弊的手控制了信息和资料的源头，从中汲取养分的人久而久之就成了错误思维参照物的制造和传输者，帮助操纵者堆砌思想之墙，让每一块砖都被对方安排的词语占据，自我意识被掏空的工程就是这么实施的。

早在 2005 年，我应邀参加某报组织的有关奥斯卡奖的四人访谈，主持记者对问题的选择，已让我触目惊心地感到中国人自我意识的迷失。主持人的预设问题，如“奥斯卡其实也是世界电影中一个重要的部分，让我们从奥斯卡出发来观照整个世界电影的发展，看看这几年来世界电影的创作有哪些新的动向或者思潮”，再如“中国电影人一直有个奥斯卡梦，特别是在李安获奥斯卡奖后，这梦想就更迫切了，而且认为只有武侠片才能得到青睐”，已经在某种程度上折射出自我意识被劫持，但当时我还没有想到会深达潜意识。问题提得不对吗？非也。令人疑惑的只是角度。选择角度首先要意识到自己在哪里，如果已经不知道自己在哪里，就迷失了提问题的角度。我们注意到主持人是看到世界现实的，即好莱坞拥有目前世界最强大的电影工业，其对全球文化的强制性影响和同化作用是不可忽略的。承认现实是清醒的表现，也是理性而不盲目排外的表现，强大的力量不会因为你拒绝看到而不存在。但我们从主持人提问的角度看到以下倾向：一、思维无界，有点与美国人是一家人的味道，若换一个时代，谁能想到这是出自一个中国大报记者的口，而不是奥斯卡颁奖委员会的公关；二、自失方位，看到美国人的强势并承认之，本无可厚非，但忘记自己所处位置，将“承认”变成“认宗”，就是自我意识遁逝的表现了。前一点还能以中国人的善做解释，后一点则只能解释为失去思维参照物，无意识地将自己放到强权的角度思考问题。

人性的弱点就是这么不以人的意志为转移，所以顺着人性弱点设计的“自我意识偷窃术”，不但令被褫夺者无知无觉，而且无往而不胜。

五、欢天喜地自己动手

另有一次，偶然转到上海一家电视台，有一《劳动最光荣》节目开场，能做这种节目已是“精英”略有所悟了，心窃喜，看下去。先上场的是两个巧克力糕点师，一个在做巴黎铁塔，一个在做伦敦奥运场馆，灵巧的手追逐着时髦的影像，在同样天真得可爱的主持人的惊叹中，为不知多少观众提供着视觉盛宴，只是做甜点的和做电视的谁也没意识到自己究竟在做什么。这个节目几乎在瞬间滑向英法旅游广告，不知是电视台收了钱特意安排的，还是根本未意识到自己在做什么？我更倾向于后者。不知传媒学校是怎么授课的？难道不知道画面本身具有推翻原定主题的力量？对于不懂操控的人，画面可以成为“谋杀”主人的“子弹”。这个手巧的民族，已经看不见没有自我意识的手只会为他人作嫁衣裳。影像传媒已成为几乎所有利益争斗兵不血刃的战场，掌控这架机器的人，却丝毫意识不到自己在哪一边，还有什么比这个信号更危险？

问题不在于有人能用巧克力搭建巴黎铁塔或伦敦体育场，而是两个动手的、一个主持的都不约而同将所思、所看、所做汇聚到一个方向，而这个方向已搭建成道德和利益制高点，成为本能追逐的目标，而且荧屏内和荧屏外的人都未意识到这是本文明文化符号已被悄悄替换的信号。上层社会的公子哥儿可以玩一玩异国情调，但异国情调若声势浩大到覆盖民间审美，那是文明消亡最后的警告。

我来告诉你“与国际接轨”轨道的那一头是什么样的，在伦敦或巴黎的糕点师中，你找不到一个以做“鸟巢”或“长城”甜点为荣的人，即便踏破铁鞋找到一两个会做的人，那一定是为从中国游客腰包里掏钱才做的。他们对待我们的正常态度，恰恰与毛泽东时代教导我们对他们的态度不谋而合，只有表面礼仪的差异，他们不会站到屋顶上大喊着把意图说出来。没有一家电视台会让这样的画面出现，谁会傻到做此免费旅游广告？哪怕收钱广告，人家也不忘你是敌是友呢！若视你为对手，钱照收，广告做完马上“消毒”。何况经济利益之外，还有画面对民众潜意识的操控，这个礼物是不会平白赠送的。我在《关于“叶”文的声明》[①] 中写过，即便一场没有法国人参与的羽毛球赛，播放时也不会忘记用画面操纵人的潜意识！上游闸门的一条缝，即意味着下游泛滥成灾。在这里，驯化民众是一个细节都不放手的，而杜绝其吃未经改造和重新解释的“他食”，是驯化的第一步。喜欢西洋至少应学到真传才是。

---

① 参加四月网边芹专栏 http://www.m4.cn/space/2012-08/1178424.shtml

几个月前，我在中央电视台法语频道看到一部有关西沙的多集纪录片，其中一集出现了一个细节，懂得潜意识操控的我见后心惊肉跳。但从画面看，拍摄者对这个细节不但毫无意识，还当做足以炫耀的事，一如被拍摄者。被拍摄者是一群守卫西沙的女兵，在表现她们如何能吃苦、如何能战斗之外，在这“人性话语”占据道德制高点的时代，拍摄者自然不忘展示女兵们爱武装也爱红装。只见标准军人整齐而不带装饰的卧室里，眨眼从抽屉里露出一堆东西：洋美女封面的时尚杂志和一些女红。想必拍摄者一见那女红颇觉对心思，镜头特意拉近：快完工的刺绣上绣的是一对西洋男女，整幅画温馨甜美，充满了对那个文明、那个人种的向往。而这一幕不是发生在上海小资的闺房而是中国边防最前沿！若同时抽屉里还有别的读物和女红，倒也罢了，谁说当兵的就不能碰这些东西，问题是只有这些！然而从被拍摄者的所作所为，从拍摄者的取向，从电视台根本不知该对外播放什么、不播放什么，从决策层不懂挑人之种种看，脑袋被拧掉的人已经看不见脖子上没有头颅。看到这一幕，好像那海岛不远处游弋着世界最强大的友好舰队！养一只狗要想让它护家，还得让它学会嗅到敌人的气味呢。

这个细节不光意味着中国民间属于本文明的文化符号正以惊人的速度被覆盖，也意味着这支精神上被麻痹的军队可能正在失去战斗力。我可以想象西方统治集团那些专门窥视中国每一个薄弱环节的精英们，看到这个细节之后的狂喜，“中华儿女多奇志，不爱红装爱武装”那个让他们不再敢有动武念头的时代一去不复返了。西沙前线女兵营房里的这个细节，就像十九世纪晾在北洋水师炮舰上的衣物，让强盗看见了这个庞然大物的致命软肋。如果我们花大把金钱组建的外宣传媒，连对世界的解释权都不敢抓在手里，实际功能不是诱惑非洲穷国大举向我们移民，就是向西方强国呈递我们的秘诀和软肋，不如趁早关门大吉。

我们可以梦想世界一家亲，也可以开放到没有一条界线，更可以宽容到人家打左脸递右脸，但以为这样除了麻痹自己还足以打动世界，那是自作多情；以为这样除了改造自己还足以改变现实，那是白日做梦。几年前走进新建的北京海淀商业中心，已是触目惊心，那真是“国际化”了，整个中心几乎不见中文，清一色外文店名和西洋面孔的商业广告，令我有一种从外国再回外国的感觉。那自我意识被漂白、涤荡得干干净净的繁华世界，让人泪湿衣襟。我们正如火如荼地自己动手在世界的背景上抹掉我们自己！而且做得是那样的无意识！丢失自我意识已深达潜意识层面的一个标志，就是欢天喜地自己动手。

被制造的认同与背弃：我们的“偏见”从何而来

他脑袋里被事先安置了一把标尺，在这杆标尺的两边，有着固定概念的中国人和固定概念的西方人，两边互成正负，一边早已成为正角，一边死定是反角。正是这个思维杠杆，决定了他判断事物的能力和判断是非的标准。在此不是探讨走与不走的问题，而是这种高举着道德理由的恩将仇报。这年代有本事就走，只是别靠诅咒后方给自己嫌贫爱富寻理，兔子还不吃窝边草呢。

一、留德硕士以怨报德为哪般

发现人的目光可以完全被锻造，并且目光被颠倒的人自身丝毫意识不到，是源于一桩小事。那年在巴黎凡尔赛门的一个展会上，我遇到来自德国的一位华商，浙江青田人，生意做得相当大，雇了好几个工，都是大陆过来的年轻人。其中一位金融专业毕业的硕士生与我搭起话来。得知小伙子的专业和文凭，见他做着高中文凭都不需要的活，我便问他为什么。他说毕业后想留在德国，但找不到专业对口的工作，只能将就这份活。说着背对老板，脸上露出不屑的表情。以下是他的话：“中国人哪像德国人，德国人要雇我，都是按规定来的，雇了就会给我研究生的工资。”言下之意，华裔德商没按金融专业硕士生的工资标准雇佣他，所以给他口饭吃，他也不满。

老板其实人相当不错，白手起家，不似拿父母钱或公款留学不归的人，一钉一铆都是自己打拼。也许是不靠人家施舍活得也不错，我时常能在这些游历世界的浙商身上看到中国人已日益缺失的不卑不亢。

依我看，这位留学生应该抱怨的是德国人，他们收了他自费留学的钱（不说学杂费，就说生活费也可能是中国一对中产阶层父母一生的积蓄），给了他一张文凭，却在德国找不到对等工作，致使他没法讨回留学的成本，连活着都没着落。不给他工作机会，极有可能因为他是中国人，同等资质人家宁愿要本国人。既然德国人连工作机会都不给，他们会按规定给工钱，不就是空头支票于他何益呢？回头再看收留他的华商，卖工艺珠宝的小商人需要金融专业硕士生吗？显然不需要，但为什么招了他，因为他是中国人，因为他在异国他乡找不到工作。做小本生意的人怎么可能按银行职员的标准给一个他并不用其专业的金融硕士开规定的工资？他只能按一个售货员的资质开工资，那么他即使雇一个德国人，也是最低工资。从雇不雇他和怎么雇他的角度，不带偏见地推理一番，华商何错之有？德国人又何德之有？为什么这么简单的逻辑推理，我们这位天之骄子却得出反向结论呢？吃着碗里的骂着锅里的、以怨报德还理直气壮？他是坏人吗？不像。他是蠢货吗？也不像。那么为什么丧失了起码的逻辑推理能力，甚至可以说丧失了良心？

推演到这里，我们已把两个字挤到了墙角：偏见。他脑袋里被事先安置了一把标尺，在这把标尺的两边，有着固定概念的中国人和固定概念的西方人，两边互成正负，一边早已成为正角，一边死定是反角。正是这个思维杠杆，决定了他判断事物的能力和判断是非的标准。一个民族对他民族怀有偏见是常有的事，为什么中国人偏偏是反过来，对自己民族怀有偏见、对他民族却怀有普遍的好感？为什么很多中国人看不出谁对自己好、谁对自己不好，甚至做出截然相反的推断？我就是从这一天开始看到了被锻造的目光，以及它在中华民族体内炸弹般的毁灭作用。标尺的预置非一日之功，它可能在很久以前就大致决定了这个男孩的一生，可能早已部分决定了他父母的人生。据我观察，这类能自费留学的孩子，大多出生于商人、知识分子、私营企业职员和公务员阶层，多数是沾了社会好处的人。然而脑袋里被预置了标尺的父母，极有可能把对自己事业的不满意或不知足，当做标尺存在的依据，早早地往小孩头脑里植入同样的标尺。这把标尺时间久了就变成了迷信，而一旦持有这种信仰，你就不用指望他看到现实。这个信仰促使很多国人在内吃里爬外、身在福中不知福；在外卑躬屈膝、落入苦中不觉苦。是这根植的信仰让不少国人贱内媚外，在内赚便宜却怨声载道，在外吃亏还甘之如饴。看来精神的力量足以颠倒黑白。

二、“跟我到外国享福去”

我就近观察过一家子，父亲跳过几次槽，最后又出去单干，也许运气不佳，也许野心与能力不符，五十余岁发财梦破碎，失业在家，靠曾做国家干部的老人扶持一家生活，才维持中产水平生活。这位父亲的口头禅，就是中国人素质差，好像不这么把自己的失败推给其他人，活下去都难。女儿在这样的教导下长大，脑袋里早早也被植入了一把标尺。大学毕业前去了一趟上海世博会，回来人问怎么样，只得一句“中国人素质差”。就算人多、天热有不文明举动，偌大一个园子，光中国馆就有看不尽的好东西，她却只有这句总结。

大学毕业本可靠苦读成果免试读本校研究生，对一个以二本成绩入校的人，正常思维的会赶紧抓住机会，一为学校培养器重，二为父母省钱，三为日后可能谋得执教工作。可人家不屑一顾，说中国教育制度不好。她也不想想，即使再不好，对她这种并不聪颖、只靠死记硬背的孩子，也远远功大于过，要没有那帮赶鸭子上架的老师，她可能连二本都考不上。放弃了读研机会和可能的教书职业，大手一挥把招聘的公司全施以白眼，人家要奔远大前程。

一家老小一天洋没出过，却已决定移民，女儿为让父母慷慨解囊，已经夸下海口：跟我到外国享福去。让父母享福？这梦水分大了。只怕福没享到，养老积蓄已经先缩水一大半。这不父亲把老爷子留下的公房卖掉一套（有两套，一套住，一套租），筹了几十万将女儿送往澳大利亚。去了一年，人问那里如何，还是那句话：中国人多的地方素质就差。然而这一年中，凡是澳大利亚人提供的服务，都是她用钱买的，一分钱没要却给她帮助的都是同胞，从落地接机到过年的饺子。再说她也不想想，要往地广人稀的澳洲移民的有色人种大有人在，为什么澳大利亚人要招揽“素质不佳”的中国人？

这个例子与第一个例子异曲同工，都是骂给自己好处的人（国内大学四年才收她三万元），而赞美没给自己好处、倒占了自己便宜的人（澳洲留学两年就拿走她三十万元）。人的大脑会因为预设的一把标尺而出现如此倒错，发人深省。我在此不是探讨走与不走的问题，而是这种高举着道德理由的恩将仇报。这年代有本事就走，只是别靠诅咒后方给自己嫌贫爱富寻理，兔子还不吃窝边草呢。

三、女公务员的移民梦

认同一旦被制造出来，人就像盲犬一样，信仰的力量不光让他们看不清周围世界，连自身处境都可以南北不分。我见过一个移民事例，至今没回过神来：一为选此例来赞美西方、诱惑国人的推手；二为迷信到看不见自己实际遭遇的当事人。

此女中文系毕业，想来至少是本科生；在一政府机关任职，想来至少是公务员；移民加拿大的目的是为儿子能接受西方教育，想来对自己学的、干的，以及所属的文明、国家和群体皆无好感；从所述走的理由看，并未受不安全或不公正的迫害，想必只是对平庸人生心存幻想。心存幻想，本是好事，它能让人下定改变现状的决心。为了移民，她改学护士手艺，抵加后却找不到护士工作，只能再去上护理课。所谓护理，在中国叫护工，服侍没有自理能力的人，是最辛苦的保姆。读下证书果然一找就中，生活有了着落，住进廉租房，儿子总算可以就近受西方教育，她很幸福，所以对人讲述了她的“迁栖”。

至此我都不想多言，人各有志。吃糠咽菜，自己感觉好就行，只是别拉祖国垫背。可她偏偏要为自己的被迫选择辩解，特别强调加拿大人文明，对护工这种职业一视同仁，不像中国人视这个职业下贱。她不但分辨不出表面礼节与内心想法的差别，还用想象中的洋人优点，贬一贬天平那边的中国人。加拿大人既然觉得这个职业与其他职业一样，为什么空缺出那么多位子没人做，让外来移民做？如果说在对待这个职业的态度上，中国人与西方人有什么差异的话，那就是中国人贱视此职还不加掩饰，西方人则能把真实想法收藏起来。我承认这也算是个优点。

我们就来看看这个女人为信仰一步步走过的路，十万八千里路改变和交换了什么：公务员换护工；分配或廉价的公房换私租的廉价房。就算原先是没什么前途的公职，就算公房面积小、建筑差，但跟交换来的比，无论如何不亏还赚。只不过这个结论出自无信仰的人之眼，她自己在信仰的支撑下可以视而不见。我知有人读到这里会给我甩出一大堆“民主人权”的“伟大信仰”，那些虚无缥缈的“理念”，如果能让人再也看不见现实，那么信仰，信仰，我真是服了你了！

只有一点，眼下还比不出亏赢，就是小孩的教育，因为教育的结果一时是看不出来的。由于她并未说明要儿子受西方教育究竟为了什么，我们在此只能推测：其一，西方比中国富，接受西方教育便可捷足先登，进可直接分享，退可回国内进外企分羹；其二，父母接受了对“应试教育”的批判，想让孩子受“宽松平等”的西方教育；其三，可能小孩因个性或因智商不适应中国严格的教学和考试，故送出去省心；其四，出于“西方一切都好”的迷信，以为西式教育一定比中国高明。

这四点究竟哪一点决定了她要让孩子受西方教育，是个未知数，但有一点几乎是肯定的，就是以她移民后的经济地位和水平，小孩多半只能上公立学校。而在西方，真正的精英子弟都读私校，那才是进入上层社会的直通车，而不似中国以高考做直通车。有了“金钱—血统—私校”这辆直通车，你公立学校“宽松平等”好了，傻瓜才会赶着下层子弟往上爬。所以十数年以后，如果护工的小孩不是绝顶聪明，我们几乎可以断言她当年的如意算盘十之八九是打错了，她的牺牲颇不值当；如果小孩聪颖过人，也并不能肯定她的算盘就打对了，因为这样的小孩在国内照样成器，还少走了一大段弯路。

对于已陷入迷信的人，此文皆为白说，信仰早就锻造了目光。被锻造的目光与正常人所见往往背道而驰，且驷马难追。我只能将目睹到的现象在此摆一摆，环顾远近那些熟人或半熟人，有一条分明的线划出了孩子们的去向：精通外语尤其有在外长期经历的父母，都未让子女移民西方（几乎无例外）；不懂外语尤以只字不通、也无一日在外经历的父母，则无不驱子西去（也几乎无例外）。这只是我个人亲疏所及，但其泾渭分明，已足现世事的荒唐。

四、“柏杨式”思维可休矣

我与一老太太谈养老院，她没住过西方的也没进过中国的养老院，但挡不住她张口便是这句话：“中国人太坏，素质差，养老院虐待老人。”她不知道法国的养老院虐待现象也比比皆是，这是个世界性“瘟疫”，因为高龄失智老人越来越多，而且国家越富，老人越多、孩子越少、人工越贵！在法国，中产阶级上层都雇不起24小时护工，也没人愿做这种工作，多为外来移民做，由此养老院人满为患，中下层高龄老人连养老院都去不起，子女更不会住家照顾，很多都是独自衰竭而亡，死了都没人知道。2003年法国一场酷暑，一个月里热死了近两万老人，而子女们照样在外地避暑。可这一切，不少国人不知道甚至回避事实。早已形成了一种思维定式，为任何个体过错，否定整个国家和民族。

我又与一中年人聊天，此人也是开口“外国的月亮就是比中国圆”（此为原话），而且坚决拒绝听反证。我隔数日又听一非读书人开口闭口柏杨怎么说，而他根本没读过柏杨的书。足见已经有一种“柏杨式”思维遍染这片国土，浸透民间潜意识。人人以为有个天堂在外国，因而中国处处是地狱。很多跑出去的人时常哑巴吃黄连，有苦说不出，或者就是一时看不透，又被虚荣心捆绑，回来靠汇率的差价打肿脸充胖子。

此三人皆无一日出国经历。令我心惊的是，这些人，一是占了这个社会便宜的，二吃饱穿暖、生活无大虑，三受过教育、有点文化。这本来应该是一国的中坚力量，因为基数庞大，是支撑大楼不倒的基石。我思前想后，发觉问题可能就出在这有点文化（读小报的水平），整个国家中下层之间的广大人群落到这一步，是为他们提供的精神食粮出了大问题，是三十年前发自上层的精神大溃败散落渗透到民间的恶果。

此三人代表的庞大群体对西方一无所知，知识水平和经济能力都不允许他们更深入了解外国，时常是误导的最大牺牲者，竭尽全力要让小孩去西方受教育、并将移民希望寄托在子女身上、以致从小逼他们学外语的，也多出自这一人群。我去做头发，乡下出来做手艺的年轻理发师跟我抱怨生活成本昂贵，他说当天刚给女儿交了1600元英语班的学费。我问他，为什么孩子在小学课堂上学英语不够，还要再到校外学，他露出一脸无奈的表情，说大家都这么做。隔天我又碰到一家，小孩四岁，也被送去英语班，汉字还不识几个呢。我问干吗这么小就让孩子学英语，中文都不会呢。答曰：香港、新加坡都从小学英语。我说：那是英国殖民地。我们现在就是这样自己为强权殖民后代的头脑，还自掏腰包！一百多年来为独立抛头颅洒热血的先辈，若知今日，当痛泣九泉！

在西方，也有同样数目庞大的人群对外国一无所知，但那是统治集团刻意维持的“无知”，尤其针对被精英视为对手或敌人的国家，都是只让大众见坏、不让他们见好，成天驯养攻敌意志。我们当然大可不必跟着学，但做的正相反，自觉自愿地为平头百姓把道德和利益制高点搭建到外国，而且是那些骨子里敌视中国的国度，也是“慷慨”得史所未有、世所罕见。

我乘高铁，数小时的行程中，车厢内的视屏连篇累牍地播放好莱坞电影、明星及西方时尚的画面，不知是收了人家广告费，还是根本不知自己在做什么，纯粹赶时髦？网球手李娜飙着洋车神采飞扬的画面，被反复播放，收看的人知道不知道人家挑什么人来给你洗脑也必经谋算，是豢养有意识或无意识的卒子的一条冠冕堂皇的途径！一切并不都是生意经。想来这类画面每天每时不中断，轰炸大众的视觉和潜意识！而播放者丝毫意识不到画面的颠覆作用胜过千言万语！公共交通怎能如此绑架民众不得不使用的公共空间？甚至近乎强迫性地灌输？就算是拿了人家的钱，又怎么能将自己连带着公众出卖至此呢？！如果这就是“开放”和“与国际接轨”，那为一个小岛的愤怒，哪能与这肚里让人捅了大刀还无怨无悔比呢？世上没有一国的“精英”如此愚蠢和失职，任由百姓无缘无故、无凭无据地心向他主！再不拨乱反正，不要说丢岛，亡国都指日可待！

短短数日，嘴皮说破，撼山易、撼迷信之人难。唯一让我欣慰的，是遇到一位牙医，他刚游玩了西欧，迷信大减，问我的那些话，似乎是想为自己停止迷信寻求更深的证据。他好像忽然悟道：西方之富有打劫之嫌，而中国之穷有被劫性质。有关富与穷的“文明”与“野蛮”注解，正在崩塌。

愿这个国家早日停止“柏杨式”思维。

五、挨刀子的人只配挨刀子吗

法国友人 M 跟我讲了这样一件事。故事是 M 的儿子 G 从中国

“捎”回来的，G的女友在北京为法国电视台工作，但不是记者，只是外围人员，为摄制组与中国各个部门打交道做通联，她懂中文。而核心人员多不通这门语言。

下面的细节足以捆绑一些“潇洒”的灵魂。有一天晚上，她破例没有在下班后离开办公室，而人都散了。忽然隔壁传来痛楚的哭声，她循声过去，看见哭泣的是中国籍女翻译。后者也以为人都走了，才敢悲鸣。她问中国女人为什么这般哭啼，女译员抬起流泪的眼睛说：“他们是那么恶，尊严的一块碎片都不留给我，他们向被采访者提的问题，让我这个做翻译的，感觉自己是祖国的叛徒。”

让一个谋生的普通雇员在非战争年代，在两个即便算不上盟友、但关系正常的国家间只做新闻采访译介工作，都有做汉奸的感觉，余下的已不必多说。很久以来，我就感到那道人为切割的巨大伤口的存在，我这双戳都戳不瞎的眼睛早已看到“贱民”们的命运，一直是以这道伤口为出发点或归宿的。

这让我想到自己经历的另一件事，原本打算永远锁在记忆里的。

那是2008年4月7日“火炬事件”后的一天，在巴黎16区的“风土驯化公园”。起这么怪的名字也有出处。19世纪在展示异国风土时，人与兽是同被关在笼子里供市民观赏的，说白了是人兽混居的“动物园”，“驯化”由此而来。“异国”不用我说，自然是远乡僻壤被征服的土地。

如今公园展示异国风土的功能还在，看得见的兽笼是没有了。这里正在举办中国少数民族文化游园会（“事件”之前安排的）。本来我并不知道这个节目，但凡不以反华为目的的活动，媒体是不报的。传进我耳朵，要“拜赐”法国“记者无疆界”的头目梅纳尔在电视上指责游园会有藏族歌舞。主办者立刻胆战心惊地将“藏族”从游园会上抹去了。

果然，我那天下午走进这座巴黎富人区的公园，中国各民族的服饰、歌舞都有，唯独藏族消失了。公园的主干道两边设满民族饰品小摊点，走到尽头，是一个临时搭的街心舞台，上演少数民族歌舞，很专业的表演。中国人走到哪里都像马戏团一般兜售着他们的善，即使“梅纳尔旋风”席卷了整个国土，也有人来公园，为小孩。幸福的只剩下小孩，挤在四川变脸师面前，又惊又喜，发出小动物般的欢叫。

我看完歌舞，折回主干道，等下一场服饰展演，在一个卖中式服装的摊位前站下。这时花花绿绿的绸缎后面出现了一张脸，枯瘦的线条过于集中地纠结在一起，我一时搞不清浮在面上的这层东西究竟是哪些经历结盟而成。他从柜台后面走出，精瘦矮小，我起初以为他是东南亚人，最南部有一些土著，就是这样黝黑瘦小的，好像外来血液没有沾过他们，上身长下肢短，身体在微折的腰背那里结成一个重心。

但他告诉我他从大陆来，不足一年，不会法语。我问他在国内做什么，他说在南方某报做过。一边说，一边用骨节异常粗大的手，将被翻乱的丝绸小褂码好。一年间从报馆到衣摊，中间只隔着十小时的飞行，这种由距离遮蔽的命运的坠落，时常是以喜剧面目出现的，由命运的主人和看客共同导演。要是在过去，话到这里我也许就走开了，但“4・7”后的一段日子，这个城市的华人，素不相识的，会交换一个眼神或微笑，好像苦痛在我们的血液里拉起了一道链条。

我至今后悔继续下去的有关“4・7”的谈话，有时候一个人的一句话可以像楔子一样钉入你的灵魂，很久排斥不出，那道裂口也再难缝合。

我话音未落，他脸上原本谦卑的表情，瞬间变成了讥讽加愤恨的混合物，但投掷的对象不是我想象的。

他鼻子里发出哼的一声，根本不在乎我脸部些微的变化，脱口而出："我们中国人哪能跟法国人比，人家是大文化！"如果他不是在一米半见方挂满廉价服装的摊点前，而是在上等沙龙做异国风土的点缀时吐出这番话，我的灵魂面对砸入的楔子，会有一定抵抗力。

你可以想象一个在此地生活经年的人，面对来此不足一年、一句法语不会的人拧死在头脑里的思想，感到的腑脏深处之筋疲力尽。不知什么魔法，那只能是邪恶的魔法，其他东西都不可能有如此摧毁现实的力量。在他脑子里铺设了逆向输导的轨道，正与邪，在这道机关下自动朝着相反的方向滑过去，像早已锁死的杠杆，永远向着强权架设的重心倾斜。

他继续，思路是恒定的：挨刀子的人如何只配挨刀子。我的舌头早已卷束到自己都追不到的地方，身体随着他的每一个字化石般凝固，无法闭上的眼睛是我与他唯一的通道。我更加仔细地打量他：黝黯的脸上，烈日过早刻下的伤痕，紧密地排列在被困苦刮去油脂的皮肤上，这样琢刻的细碎皱纹，比时光的雕琢触目惊心。背到臀之间有一条被重力或匮乏折压出的向外拱起的弧线，20 岁以前铸成了这道弧线，其后的丰衣足食是掰不直的。雕刻这条弧线所需的非我能体验的经历，让我失去了反驳他的意愿。是什么样的卑贱感和原罪感，让这样的人将之所以为他的根本，都毫不足惜地放弃了？

这边笙竹已经奏起，几十个青年孔雀开屏似地摆动着他们的身体和彩色布块，从我面前走过，这是那道巨大的伤口周围浑然不觉的人。

我在那个哭泣的女人和这个诅咒的男人身上，看到的是夹在中间鸿沟般的伤口。这道深入中国人灵肉的伤口，已经被有意切割出近两百年了，尽管中国人有着世上最健忘的天性，但切割者从来就没打算让伤口愈合，他们总是在它以惊人的愈合力让破碎的血肉再度连起来的时候又来一刀。这是永不歇手的一刀，切割得越深，人越是往伤口的两边跑，那深不见底撕裂的血肉周围，才有那些逃跑的人、背叛的人、彷徨的人、天真而堕落的人、跑到另一边比屠夫还兴奋的人、痛苦而放弃的人、反抗而被屠戮的人、清醒必遭埋葬的人，每切一刀，就割掉一片。

如果我的灵魂能飞升云天，会看到那道伤口从喜马拉雅到黄浦江畔，从宝岛到喀什，像秘密之花绽放，有浇灌它的巨手，忙碌着保持“花朵”常鲜，血越浓稠，花越“美丽”，伤口周围的人朝着相反的方向奔逃，那花向外撕裂着、怒放着……分在两边的人再也汇合不起来，这才是我们的千年宿命。

一条精神轨道上的模仿和接力(上):兼论“中国人缺什么”

自柏杨及其浮表的中西比对模式出现后，这种模式因为容易做，而且颇能附送道德优越感，台湾、大陆的文人们只要出去转一圈，吃到几粒谷子就能下一个蛋，并把蛋无限放大，可以由点及面、由面触根，把任何缺失都放大到文明根本。那种西方人兼优、唯我独劣的思维漏斗早已超出自我批评，自我批评不必拉他人的光鲜作浮表比对，而是一条精神轨道上的模仿和接力。这条轨道从十九世纪就由西方人与一小撮被挑出来的中国人搭建，西方人的目的是经营古老帝国的道德卑贱，以此精神轨道将这个文明巨人倭化、压倒、悄悄地送进坟墓；打下手的中国人看不到这一层，他做帮凶还满腹情怀。

一、“好人文化”是虚是实

自柏杨及其浮表的中西比对模式出现后，这种模式因为容易做，而且颇能附送道德优越感，台湾、大陆的文人们只要出去转一圈，吃到几粒谷子就能下一个蛋，并把蛋无限放大，可以由点及面、由面触根，把任何缺失都放大到文明根本。

为什么这种“蛋”一个接一个地复制？就是因为复制人自身局限，看不到更深的，只能在表层复制。我看这类时髦“蛋”，觉得最不可思议的就是思路的一致，仿佛作家们套着同样的冰鞋，只要滑到冰上，必在同一类圆圈上打转，冰刀嵌入的深度也都一致，把几件从那头雾里看花半看半想象的好人好事（因不懂外语或半懂不懂，多半只看到了表层），掼到这头一辈子积攒的坏人坏事上，然后得出结论：

没有好人文化呀！细看已不是观察后下结论，而是早有结论在先，实为一种思维模仿。

思维模仿是很难突破的，每个时代都有这种惯性轨道，支配了绝大多数人的思想甚至潜意识。百分之九十九的文艺人对思维模仿束手无策，他们比追风的普通百姓高明不了多少，尤其在一个普遍丢失自我意识的年代。

总结这已流行了几十年的思维模仿，之所以发觉结论在先，是因为作者们人人有一个前定的思维分水岭，即一边是正面思维，一边是负面思考，时常模糊偶然与惯常的边界，把那头偶然的好人好事都当成惯常的，反之把这头偶然的坏人坏事也当成惯常的。这么一模糊概率，结论做出来就大得吓人，比如说西方有“好人文化”，中国没有。且不说“好人文化”这个词大而虚，把“好人”上升到“文化”层面，说老实话，哪个文明承受得起，怎么我在法国二十年没发现“好人文化”，人家作家跑来十天半月就遍地好人以致在“好人”后面加上了“文化”？“文化”这词可就大了，那是一种什么概念啊！普遍、惯常、传统、文明全都能装进去的一个词，这么轻率的赋予和褫夺，意识到自己在干什么吗？当然是意识不到的，街市说书人的手艺哪来广阔的视野，站不到足够的高度，也就没有对吾土吾民的仁厚。

若与西方比较，没有这国这民，文坛有一堆人是进不了文坛的，即便挤进也不会有如斯名誉，因为血统不够，才华也不够，不过是捡了革命时代的大便宜，这种便宜从前没有，以后也不会有，就那么一个历史夹缝。可偏偏是占了便宜的人喜欢扮演受害者，尤爱诅咒那个放生自己的历史巷道，看起来就像一个人拼命要封上自己钻过来的门，为了封死它，不惜自己去扮演被堵在那扇门后的牺牲者。我看到的就是这样一出戏。

那种西方人兼优、唯我独劣的思维漏斗早已超出自我批评，自我批评不必拉别人的光鲜作浮表比对，而是一条精神轨道上的模仿和接力。这条轨道从十九世纪就由西方人与一小撮被挑出来的中国人搭建，西方人的目的是经营古老帝国的道德卑贱，以此精神轨道将这个文明巨人倭化、压倒、悄悄地送进坟墓；打下手的中国人看不到这一层，他做帮凶还满腹情怀。这种事十五、二十年前做还情有可原，中国人出门时间还太短，现在做，还仗着自己从本国本民身上赚得的显赫名声做，就不怕才浅水深？

我抵法的第一年，某天在奥赛博物馆游览，进厕所间捡到一枚镶碎钻金戒指，从小受"拾金不昧"教育的我，本能地觉得拾人之财不义，便拿去交给博物馆管理员。我沾沾自喜地以为自己做了一件好事，不想接过去的人冰冷的眼神当头一盆冷水，人家不但诧异，而且颇不以为然，我从投过来的莫名其妙的眼神，意识到人家这里不兴做这事，也就根本算不上好事。我后来发现此间没有"拾金不昧"的教育，谁发现是谁的天经地义，良心上不会有磕碰的。到了那会儿我才明白为什么巴黎、伦敦、纽约的博物馆满是他文明的宝藏，展起来毫无愧疚。多年后，我自己在巴黎电影院遗失一枚金戒，果然没有奇迹发生，没人好心送还。利益和礼仪在这里是分得非常清的，前者属于私行为，后者属于公共行为，两类行为像有一扇分割利索的门阻隔，"好人好事"一般只发生在礼仪这一边，绝少会通到另一边。所以，严格意义上的"好人文化"是在中国，而不是在我们的大作家浮皮碎谷领略的西方。

二、以“驯化”分割公行为与私行为

可为什么这些文人们纷至沓来地挤上这条精神轨道呢？是什么让他们浅尝即止，误把味精的鲜美算作整锅汤的浓厚？且看下面分解。

在以西方文明、西方社会、西方国民为标准的当今世界，中国人并不特别地比普通人类缺少什么，只是初入与传统社会背道而驰的现代社会，未经驯化（若以西方国民做标准须经驯化）。未经驯化的一个最重要标志就是自我意识缺乏，我现在还没有科学根据证明自我意识强弱跟人种有无关联，但我观察到，自我意识是可以后天教育和驯化的。以西方为标准的现代社会，国民须经集体优越感驯化，这种驯化不是道德感化、品质教育或更无效的贴标语、挂横幅，而是培养自我意识。有人可能会问：自我意识是一种心理暗示，看不见摸不着怎么培养呢？培养自我意识，除了需时漫长的文化教育（养得出养不出也因人而异，饱读诗书而缺乏自我意识的人有的是，在中国受过高等教育的人中相当普遍），还有一种非知识教养的驯化方法，比前者有效，即通过行为驯化，硬性教导人将自身行为分成私行为与公共行为，且两种行为必须绝对分开。

自我意识解剖开来大致可以分为两个部分，一是属性意识，意识到自己来自哪里，关键是意识到自己与所属群体的关系，意识到所属群体与外部世界的内与外关系（界之意识）；二是思考自己行为后果的水平，水平越高自我意识越强。我们知道成人与小孩的最主要差别就是成人善于思考自己行为的后果，而小孩尚不具备此种能力，他们多凭本能行事。所以培养自我意识，首先要训导他们思考自己行为的后果之能力，捷径就是行为驯化，第一步是将行为分成私行为与公共行为两部分，让人从小就懂得要另造一个外在的“我”，这个“我”有一个基本框架，就是统一标准的公共行为。强制分离的两个“我”，正好分出自我意识思考必备的内与外，是内外两点之间的这条轴线的长短，界定着自我意识的强弱。

这也是培养集体优越感的一条捷径，一两代人就能达到，无需等待全民富裕和全民教育水平，一切都取决于上层建筑自我意识的强弱。记得我看过一部韩国人自述崛起的纪录片，讲到一个驯化个体的细节，就是从小学开始，老师每天站在校门口检查，凡遇身体或服饰不洁不整的孩子（每个指甲都要查），不让进教室，带到后面洗干净了才能上课。没有现代洗浴设备（淋浴之类），旧式澡盆脸盆照样完成了这场深及根本且不能绕开的人的革命。这是教育小孩将私行为与公共行为分开的第一步，不管你家庭经济条件如何，不管你父母怎么样，你走出家门进入公共领域都必须另造一个“我”，以符合公共标准。这个“我”是由社会用硬性标准锻造的，时常不讲人情，甚至非常残酷，从儿时就强制性地将本源的“我”与社会的“我”分开，像驯服小狗一样驯化出将私行为与公共行为分开的本能。用此驯养法，几乎一两代人就改造出来了，且大城市与乡村的孩子走出校门就消除了基本城乡差别。这才是西学首先必须掌握的真传，而不是虚无飘渺地学一些“个体、自由、独立、公德”之类的花架子，或空想出什么“好人文化”，为建空中楼阁而自砸后院。

西方在金融财阀推助下率先工业革命后，打遍天下无敌手，军事的领先须伴随精神的优越方能统治世界，于是对内相对于传统农业社会（本国和欧洲尚处于农业文明的地区和国家）、对外相对于所谓

“东方”（自命“西方”）开始了逾百年的集体优越感驯化（参见前文《被导演的世界：人类史上影响最深的心理策划》及《卢瓦河以南，地中海以北》[①]），这是一场史无前例的心理策划，并非我们以为的品德教育，而是通过行为驯化培养自我意识。

行为驯化的第一步就是强行分离私行为与公共行为，比如晾晒衣服、街头摆摊吃喝、衣着不得体上街（赤膊、穿内衣皆不准出门）一律禁止。有些国家更严，规定女人只能穿裙不得着裤装（法国1800年立法），男人则连衬衫袖子都不能撸起来，法国女人为着裤的权利争到二十世纪七十年代（正式法律直到2013年1月才被废止），男人为能脱掉领带经历了更长的思想解禁。最意味深长的是，法国女人穿衣自由被立法剥夺，不是在未设自由横匾的王朝时代，而是在以自由之名推翻了王朝的时代。仔细看西方现代社会，一直是在此一逻辑背反中构筑的，自由的旗帜举得越高，剥夺自由的禁令法规定得越多越细。有时想人这么诓他一遭没什么不好，他是为幻而生而死的，没有什么能取而代之。

中国人往往只从这类禁令中看到是为了市容外貌，并未悟到那些触及人的根本自由的禁令，是将私行为与公共行为分开的起点，这么强行驯化的人，才能拉开内与外之间的轴线，强化自我意识。

三、国民自我意识与集体优越感

国民自我意识被强化的国家，有点像那些人人羡慕的家庭，秩序

① 参见四月网边芹专栏 http://opinion.m4.cn/2013-04/1205539.shtml

井然，小孩自觉，大人无需成天训导甚至拿着棒子强迫，这样的小孩意识得到自己和父母的关系与自身行为直接相连，并意识得到由自己和父母构成的“家”与外部世界的内与外关系，由此他思考自身行为后果的能力也大大提高。反之，国民未经自我意识驯化的国家，则有点像那些成天大呼小叫的家庭，宠的时候宠，闹的时候闹，自我意识弱的孩子须父母时刻管教，一放就出轨，毫无内外意识，不知自身行为的边界在哪里，那个“边界”就是自己与父母能彼此容忍的边界，以及作为一个“家”能对外运转的边界。

我作中西比对时，一开始由于观察和认知有限，也流于浮表对照，不知不觉地踏上本文说的那条精神轨道，可见思维模仿一个人多多少少是要做俘虏的。但有一天，这条惯性轨道终被突破，这时才看到本质，中西差距甚至可以说“东方”与“西方”的差距之根本在自我意识。“东方”与“西方”的鸿沟，就是从这个起点开始的，我们只要在两边走马观花一番，扑面而来的差距就是从这个起点扩散开来，从人及市容的整洁到礼让守规，其中既有经济富足的推助，也与私行为和公共行为是否分离密切相关。许多中国文人墨客短暂旅西后艳羡的西方人品质，其实就是驯化出的公共行为那部分。而自我意识又是公共行为得以驯化的关键。看被驯化出公共行为的人与从未被驯化的人之差距，就像看专业运动员与未涉足过运动场的人，在同一个赛场竞赛，以什么标准去比呢？

由于此等驯化直接关乎自我意识的培养及由此生成的集体优越感，西方人走到未经驯化的“东方”，优越感会成倍扩张，这是被强化了自我意识的人看周围世界的本能反应，而他们就以自我意识这把标尺，测度他人的尊严底线，然后划出界内界外，所谓上等人与下等人的最终分界线，并不是聪明能干而是自我意识的强弱。十九世纪在西方统治集团分割世界（出于导演世界的需要）的一系列新创名词中（取代了传统基督教征服观的新意识形态）出现了两个关键词：race supérieure（法语上等人种）和 race inférieure（下等人种），在这两个名词间有强大、富有、聪明、能干的外层界定，也有自我意识强弱的内层界定。

中国人至今只见前（拼命追赶）而未见后（几乎毫无意识）。这就是为什么世上最能干的中国人，在西方人尊严底线的刻度表上还不如一些没有多少文明创造的小族。是这内外两层界定为他们两百年来所作所为赋予了天赋权力，并始终是他们行动的意识形态原动力及维持集体优越感的内在纽带。看明白了这一层才会悟到，毛泽东致力的其实就是强化中国人的自我意识，以及为什么近两百年来中国人真正被西方人看得起（如今有钱照样骨子里看不起，奉承只是表面的）的时候就是毛统治的那个年代。可惜被漫长历史野坏了的“鸭子”很难赶上架。

我看国内“西化人士”时常哭笑不得，也缘于此，尤其那些跑到西方去上演“要自由”悲剧的文人艺客。因为他们实质上完全未被“西化”，别看一肚子墨水及洋教条，按西方人标准测度尊严底线的自我意识，不是没有就是极弱（那个盲人从中国一路闹到美国的例子十分典型，耍赖撒娇均不看对象）。首先是缺乏属性意识，意识不到自己与所属群体的关系（在中国无意识，投靠美国依然无意识），更意识不到所属群体与外部世界的内与外关系（界之意识）；其次是思考自己行为后果的水平极其有限，只能抓住自己肚脐眼周围那么点小我。

传统社会（一般还处在农业社会），人是作为群体而存在的，到了群体的人被粉碎成个体的现代社会，自私自利的个体靠什么生活在成百上千万陌生人中，就是靠集体优越感，是这条精神纽带将孤独的人再连成一个整体。集体优越感是相对于外界而存在的，它必须有一个对称物，甚至敌对物，如果说自我意识是个体的，是相对于外部世界而生，那么群体的自我意识就是集体优越感，也是相对于他群体而存在的。在种族主义、民族主义已被摒弃出（至少在西方的公开话语上）集体优越感的战后（二战），集体优越感的最佳集合物就是公共行为的漂亮与否，漂亮不光是对内的纽带，也有不露短于外的考量。例如法国议会规定，一旦发生口角甚至肢体争斗，摄像镜头自动关闭，这样议员打架的画面就从不存在（不让本国百姓看到），更不会传遍世界，而议会厅里打得面红耳赤的人也自觉无比，公共录影关闭后，人人有手机的厅内竟无一人拍下外传。而不解内幕的外人，以为他们比别处都文明。

是否善于经营集体优越感，也是一个文明上层建筑自我意识强弱的标志，越精于此道，其自身统治越牢固。反之，当一个文明尽失集体优越感时，也是其上层建筑失去了自我意识的表现，更是亡国的征兆。

一条精神轨道上的模仿和接力(下):兼论“中国人缺什么”

自我意识是现代自由观念的产物，有点像给你开一扇窗户，同时门必须反锁。没有自我意识，就无真正意义上的自由，或者说那种“自由”不过是低等的自私自利。没有自我意识自律、又道德沦丧的社会，最可怕的还不是社会无序，而是上层建筑缺乏自我意识，被自利本能吞没，导致甄选机制倒转，陷入恶性循环，高品质的人被淘汰，体制逐渐被无能鼠辈盘踞，责任、原则、戒律形同虚设，忠诚扫地，奸佞当道。

一、此消彼长的本真与自我意识

在彼此陌路人的现代社会，遵守公共行为规则是让这个无情世界尚能忍受的底线，要做到这一点，须克制小小的自私自利，自我意识强的人善于遮掩，弱的人不加掩饰，因为自我意识与本能自利不是一回事，而是意识到自我与所处环境的关系，也就是说，自我意识与属性意识是连在一起的，否则只是本能的自利。

而传统社会是不培养人的自我意识的，它靠束缚个体的欲望抑制本能的自利。自我意识是现代自由观念的产物，有点像给你开一扇窗户，同时门必须反锁。没有自我意识，就无真正意义上的自由，或者说那种“自由”不过是低等的自私自利。自我意识是自由的头道菜，没有这份舌尖，自由的筵席是无福消受的。

传统社会不强化自我意识，是因为那玩意一产生，人的本真就消失了。这种东西必须在西方长期生活才能看清，现代人的自我意识是以本真换取的，并不是免费的。已经获取现代人集体优越感的社会，是以鄙夷本真为起点的，时常将本真当做愚昧，像泼脏水一样连同里面的婴儿一起扔掉。早在十九世纪末，已经过渡到陌路人社会的西方人，带着他们已被驯化出的集体优越感，来到未经驯化的“东方”，在蔑视一举一动都与他们不同、尤其缺乏自我意识的土著之时，也意识到对方身上的本真，自己是完全、永远地失去了。

记得数年前，我偶然看到法国电视台的一个娱乐节目，因为涉及中国就看下去了。节目叫《北京快车》，就是挑几对法国中青年男女，把他们空降到一个陌生国度，让他们身上分文不带，办一件事或完成一段旅程。节目的目的，一是看法国人到什么都不懂（包括语言）的他世界怎么应对困难（没钱更加剧了生存困境），二是看这个陌生国度的人，对需要帮助又不能付钱的外国人什么态度（在法国，类似思路的电视节目不少，特别喜欢享受“东方”的大度）。他们在中国大陆跑了不少地方，有现代化的城市、也有贫困的乡村，无论在北京，还是在偏僻的乡镇，他们不花一分钱找吃、住、行都遇到了愿意相助的人，未有一次饿肚子或露宿星空。尽管相遇的中国人很少对陌生人面带微笑（未经私行为与公共行为分离的驯化，而非本质恶劣）。尤其在穷乡僻壤，穷得掉渣的一群人真相信他们身上分文没有（其实他们身上备了以应万一的钱），每人拿出自己身上的所有，凑了一笔钱给他们，而他们不但继续装作没钱，还对这群中国土人不懂得给他人留有私密空间、围观和跟着他们，感到厌烦。这个节目的下一集到了香港，土人的毛病全都没有了，土人的好处也就没有了，没有人围观更没有人跟着他们，根本就没人理他们，吃、住、行免费是找不到的，唯一请他们吃了顿饭的还是位来自内地的商人（我从口音听出来），夜晚他们只能露宿街头。

吃透了西方社会的风度礼节外壳及薄情寡义内核的人，再回头看那个还存有一些本真的“东方”社会，会对那些因缺乏自我意识而随时随地露出小我的人群抱有一份宽容，并且也知道改掉这些毛病取而代之的将是什么，并不是从理想到理想的。几个月前，我在国内某机场排队办登机手续，队伍长长的，但窗口多，办得不算慢，排的人秩序井然。这时我看到一个乡下老人大包小件地从队伍边上走过，旁若无人直奔队头。我一把拉住他，告诉他人人都在排队，从边上走到前面是不行的。我从他不好意思的憨笑及马上退后看，他这时才明白排进这个陌生人的队伍是必须遵守的规则。现在经常在公共场合一遇不顺大闹特闹的人，并非这些尚浸在传统社会的所谓土人，而是满脑子“权利”浮藻的城市大小暴发户，属于没有自我意识、消化不了自由的残障儿。

我后来在候机厅又碰到一个农民旅行团，像是集体去什么地方玩，他们在相对安静的候机厅里扎堆打牌，就像在自己家里玩一样，毫不掩饰地大声说笑。我上前提醒他们这是公共场所，他们没有不高兴，马上就放低声音了，但过了一会又忘了。我从这些尚未走出传统社会的农人身上，并未看到绝对的自私自利及不可救药，而是未经驯化。

我发觉这两件事有一个共同特点，就是当事人均凭本能和习惯理解和处理自我与外部世界的关系，不懂现代社会在所有连通的外表下自我与外界是隔绝的，因为不懂这层隔绝，也就不明白彼此隔绝的个体靠什么东西维系在一起，这时的“一起”就是公共场合的统一规范。认识到这一点，你再审视西方人，便会发觉他们在外的一举一动、一颦一笑都是把握分寸的，连潇洒无羁都由内心导演，无意识的任性要远远少于“东方”人，所有的努力都意在保持隔绝。他们自己社会有这种保险暗锁，再在“禁闭室”里喷洒自由香精装点，却把香精推销给毫无保险暗锁的“东方”，让香一熏便陷入乱世的人们自贱到底。

传统社会的本真除了来自自我意识弱，还缘于人并不需要具备两套行为：私行为与公共行为。那时，一个人一生行为都不必在陌生世界中完成，时常生命平方不超出数公里。将私行为与公共行为截然分开，是工业化、城市化、市民化的结果，需要一两代以上的市民生活，更需要意识到这一点的上层建筑有意驯化。

二、一把切割“文明”与“野蛮”的利刀

读到这里，我们已明白中国文人们艳羡了上百年、并痛恨自己贫而莫有的东西实际是什么，并大致知道了获取的路径。下面我们就来看看这两个西学宝典里的真传，除了为现代自由社会奠基，还有另一面：在早有宗教排他传统的西方，统治集团利用被悉心强化了的自我意识和集体优越感，两百年来对他文明实施了致命打击。

集体优越感对内是个好东西，对外则未必，长居西方的“东方”人初尝风度礼节外壳后，渐渐地会尝到其苦涩的内核，即集体优越感与对外的狭窄性和攻击性时常成正比，可谓水涨船高。尝透的人甚至会出现逆反心理，觉得与其受这种转着弯的坏，还不如与直接坏的人在一起，不但坏的程度不一样，受创的程度也小。如果说自我意识是现代“个体自由”社会必不可少的内在平衡，当它凝缩成集体优越感，对外则成了一把利刀，在没有深厚文化传统的西方（因宗教信仰造成历史的断代），经营集体优越感除了用维护公共行为标准这一只

脚，还靠制造认同和排斥、确立外部对立面这另一只脚。

这种优越感有别于自古先进文明对后进文明的天然优越感，它不是保守型的而是进攻型的，是专门针对对立面设计的一条踩踏的精神轨道，是与征服世界相辅相成的导演世界的一部分。这条轨道随着征服的脚步一直铺进异文明的心脏，在几乎所有没有相应集体优越感自卫的地方引发了逆向种族主义。百多年来中国的“西化精英”均逃不掉这条精神轨道，因为这是进入另一个世界的门槛，不知不觉中甚至在潜意识里就被引上去了，日本人挤进统治者“俱乐部”先做打手，也是这条精神轨道的牵引。

这把利刀将世界一分为二，一边是“野蛮的”，一边是“文明的”，如果说工业化的领先与军力的强大，还不足以折断一个被打败的文明的精神脊梁，这场史无前例的切割将失败者彻底打翻在地，在每一个文明的身体上都挖了一个几乎永远合不上的大缺口。一百多年来，是中国上层建筑近乎一致地接受华夏文明的道德卑贱，致使这个文明一步步土崩瓦解，而接受的一大部分理由，并不是军事与工业的落后，而是来自这个致命缺口。因为在西方集体优越感的心理攻势下，我们在潜意识里接受了深及根本的自我否定。这是一种没有回归路的自我否定，这条惯性的精神轨道，在人们无知无觉中输入了正面和负面思维，在这一思维分水岭的主导下，客观理性自动放弃了自卫，世间罕见的逆向偏见成为习惯性的思维导向，左右着人们对自身及对外界的判断能力，颠倒着人们的视野。

关键是人们对这种心理攻势毫不觉察，更不知导演舆论的手是有预谋和有组织的，被放在这个手术台上的“东方”，不但遭受军事占领、经济割据，而且在无意识中遭受心理裂变。西方统治集团暗中运用“移除集体优越感”（一些传统文化深厚的文明天然具有的）和“营造集体优越感”（制造认同和排斥）分裂他人版图，在世界范围内经营优越感和卑贱感以便导演世界，为征服铺路。而这需时漫长的心理策划多为被征服者所不察。香港人对内地人的嫌弃（所谓香港认同），台湾人称自己中国人的心理障碍，看起来是自发的，实为这条精神轨道的捕获。“集团”干这一手老到了，靠心理操纵可以让某地人将卑贱当成尊贵，表面看是嫌弃对立面没有自己已经学到的礼数（标准统一的公共行为），其实是界之意识在作怪。

三、“分裂程式”的固定套路

前不久，我看到加拿大电视台播的一部旅游纪录片，这类片子在西方一般都有一种程式，我称之“分裂程式”，专用于“敌对国”，只要是他们视为对手的国度，哪怕是游山玩水，也事先套上这个框架。因此这部片子事先就有导向，即必须将中国香港与内地分开，一如这套旅游纪录片的上集走访加拿大华人聚集的温哥华，谈到华人美食，挑出一家记者眼里最好的中餐馆，猜猜大厨是何方人士？一个日法混血儿。这个头衔是不能落到纯粹中国人头上的，尤其是大陆人，除非是暗中投靠或公开反华的。只要弄明白我说的这种“分裂程式”，对他们走到哪儿会怎么做，基本上就能看清话语下面的套路。

果然一到香港，记者先邀来一个引路人：英国路透社驻港记者。我们从这一套制造话语的技巧会发现，牢控话语权是从严把解释权开始的，到香港旅游找一个指导，不找香港人，解释香港的权力还得在英国人手里。他们对中国内地的报道就更是如此了，无论什么领域，哪怕是纯技术领域，比如考古，最终的解释权也不会交给中国专家。

我新近在法国电视五台看到一部讲中国古文明的电视纪录片，凭良心说已经非常正面了（只是镜头一回到当代中国，老是对准又穷又脏的角落），以前从没看过类似的，想必是为了解答很多法国人对中国“突然发迹”的疑惑，因为在长年欺瞒下，中国可是贫穷落后集大成者，怎么突然变成有钱主儿了？所以这部片子的宗旨是承认中国古文明是发达的。但是讲中国商、周、秦，中国专家只对某些具体考古细节有解释权，总体解释权不是交由日本人，就是转由法国人。给人最后的印象是，中国虽然古文明不同凡响，但就像如今的埃及人或已经消失的玛雅人一样，对埃及和玛雅古文明的研究、解释还得靠我们西方人。这种独断，中国人一般都看不到，因为很有技巧，然而却是“独”到根上、“霸”到极点的，西方的自由，多由这类“独与霸”掌控框架。

独断解释权，是西式独裁非常巧妙的掩蔽所，此一保证核心权力的方法，有点像以公共行为标准掩藏和保护私行为，民主形式和言论自由则类似公共行为规则，人人尽量遵守，但并不触及核心权力，前者的宽容、开放、分享、透明、相对和理性丝毫不影响后者的狭隘、封闭、独霸、隐匿、绝对和非理性。西方人本性的这种极端两重性，几乎完整地延伸到其体制内，也是我们与西方交手两百年，始终被蒙在鼓里的，以致看人把个体表面的公共行为视为全部，看社会也见外不见里，甚至根本不知里的存在。当然这种里外双层统治模式并不是哪里都能行得通的，须有百姓自觉向强权解释权靠拢的历史传统和社会基础。

话说回来，那个被赋予解释权大任的英国记者果然配合默契，马上按“分裂程式”为纪录片定好框架，还把自己的香港女友带来从旁佐证。这个香港女人一露面，见加拿大记者仍称她中国人，颇为不悦地特意强调自己是香港人不是中国人。她大概不知道这正是西方人眼里自我意识薄弱的表现，人家张口闭口香港人，是为了对中国下刀子，骨子里不会把你看成中国人之外的人（九七拒给香港人英国护照就是明证）。蓄意营造香港人的集体优越感（相对于中国内地），可是深藏祸心的，一如同样在做的对台湾人、藏族、蒙古族（日本人投资的那部有关成吉思汗的电影获奥斯卡最佳外语片提名是在谋略之内的，可不是搞什么艺术，而且各个环节，哪怕是跨国的，都是配合好的）集体优越感的经营，西方各类“国际”传媒及文化机构，不惜人力物力正做着经久不息的接力。若不采取相应办法阻止这场蓄谋已久、从未停息、不达目的不罢休的心理割据战争，败是迟早的事。

为了让自己的卑贱行为具有道德理由，这位香港女人开始比他的英国情人走得还远地数落起内地的不是，无非是食品“有毒”（特别强调香港的食品健康，好像香港的农副产品不是由内地供应）、空气“有毒”（好像内地与香港不是连山带水）、产品造假（忘了香港是一大源头）之类已变成“副歌”的那档子事。

越是深嵌中国人弱点的“精英”（自我意识弱），越是与审视对象（对内对外）拉不开距离，视野才如此狭窄，观点也才如此激越。上述那个自以为已加入西方人行列的香港女人，学“自我意识”也只学到踩踏自己人的水平，并未真正学到西方人的自我意识，那种自我意识是以个体与群体的纽带为思维轨道的，怎会在外人面前如此贬损自己人？

在这般暗地进攻下，自身强化自我意识与集体优越感，就成了与军事自卫同等重要的自卫和自强武器。两个世纪的动荡和乱世（外部强权主导或旁引的外抑内耗），这个国家不但身体被抽空，精神也被吸食殆尽，一流思想家被边缘化，上层建筑变成三、四流模仿者的盛宴，加上资本化本身就是要打掉一个文明的精神龙头，三十年计划生育又造成优质人口锐减，致使智力弱化、精神萎靡。

传统社会靠束缚个人欲望来建构社会群体，而在私欲泛滥的现代社会，若自我意识未被强化，则会出现社会混乱、物欲横流的现象，让本质无序的资本竞争社会显得更加无序。中国社会就处在这个节骨眼上，传统道德教化土崩瓦解，本来就弱的自我意识不但未被强化，还随着沦陷的传统而流失了。没有自我意识自律、又道德沦丧的社会，最可怕的还不是社会无序，而是上层建筑缺乏自我意识，被自利本能吞没，导致甄选机制倒转，陷入恶性循环，高品质的人被淘汰，体制逐渐被无能鼠辈盘踞，责任、原则、戒律形同虚设，忠诚扫地，奸佞当道。

外部挤压加内部蛀空，文明的解体步伐还将加快，当上层集体无意识进入民间潜意识层面，则无论审美权、道义权追回与否，皆无可挽救。

卖得是不是太贱：兼谈我有没有说真话的资格

我其实不想把自己搅入，一直就意识到不要试图穿越自己的文字而存在，那就像再造一个人生，必是做作甚至需要谎言的。但总有人用他们狭窄的思维一次次要把我的言论与我在哪里对立起来。我以为真正划界的是良心和自我意识。但我还是要迁就一下糊涂的人，谈谈我有没有说真话的资格。下文有部分引自我另一本书的前言。

一、“移民幻象”能持续多久

在我开始写有悖主流意识的文章——其实既算不上“批判”、更不可视为“攻击”西方，只不过不再仰视赞美而是陈述真实——以后，指责我最多的无非是：既然在西方不好，回来受苦吧。这话的逻辑大约是：不好，你为什么待在那儿。

我想在此一劳永逸地澄清一下：我在西方客居，并非移民，未有一刻我想抛弃自己吃中国饭的权利。非但如此，我让孩子也从小学到大学接受中国教育，因为我不认为这个文明已经下作到不值得后代承接了。我不是唱高调，如果他想出国深造某个专业，我是赞成的。在他的成长过程中，我没有引导他专学能出国或在国内能进入外国公司的专业，也没有让他把学外语放在无比重要的位置，尽管我知道二十多年来，在全国各大城市最聪明的小孩都打破头往外语学校钻，这恐怕是史无前例、在世界其他地方绝无仅有的现象，再穷的国家也只是底层弃船而逃。

我这么做出于以下原因：一、我知道历史就像一个人，会有短则几年、长则几十年的昏头，甚至昏到不认识自己，但它有既定的轨道，昏到一定时候会醒过来；二、对西方深入了解后，深信他们的领先是暂时的，靠压榨甚至打劫别人谋得的富裕，不可能永远维持下去；三、不想让孩子受精神上甚至肉体上的苦。一般移居后精神上的苦不会马上觉察，甚至对肉体上的苦都能苦而不觉，头脑事先被灌输的那些美好幻想，会让人在若干年内有一份免疫力，加上西方人以及他们的文明都有伪装出一个外壳的特点，本性收藏得很深，所以绝大多数人一上来头脑和眼睛都被收缴了，没有个十到十五年不会被放出来。但除非你早就丢掉了尊严和良心，否则你大约会在十至十五年以后，也就是你好不容易打拼到一口安稳饭、靠语言和知识水平的提高开始平视周围时，随着一点点收回头脑和眼睛，一层比一层深地感到我说的精神之苦。

十年的打拼是一般选择移居的人最起码的前奏曲，至少要这么长时间才能安顿下来（读文凭、找工作、安家），喘一口气，就像恋爱，迷上外表拼命追，好不容易对方首肯开始张罗办喜事，筋疲力尽办完婚事，找到同居的地方正式过夫妻生活，这时才开始审视"新恋情人"，看到表层礼俗下面的本质，并逐渐发现当初的决定不如想象得那么合算，但回头已晚，只能安慰自己一样是失落，在外多少还有一层遮羞布，只要国内继续崇洋，这薄薄的面子就还能撑着。斩脉断根的人，在表面的一把银子下，其实是凤凰浴火的过程，绝大多数都化成了灰烬，涅槃的吉光片羽。

二、聪明人成就的傻瓜人生

但心理大败的中国人早已目光如鼠，看不到那么远了。我发现，我这么教育孩子，为几乎百分之九十以上的国人所不解。那价值虚构的力量早就人为扭转了众人的目光，让他们见黑是白，见虚为实，哪怕我以身作则也无法阻挡那股迷信的洪流。荒唐时代的标志，就是那么多聪明人，用正在做的所谓聪明事成就着自己的傻瓜人生。花大钱让独生宝贝天各一方去洋插队，以为成全了他们也成全了自己！就不怕自己老无所依，更不怕文明失了传人。一个文明被彻底打垮，恐怕莫过于此了。

因此，那些因我人临时在外而屡屡质疑我说话资格的人，可以不必再以此说事了。何况即便情况与我不同的人，他们带着梦想移居国外，不丢尊严和良心，不背弃祖国，还将在外看到的真相说出来，救国于危，又有什么逻辑背反呢？我尊重那些在国内一无所有出去白手起家的人，那些从没有沾过任何特权却用双脚征服世界的贫民；我鄙夷的是享受着特权、领了走的盘缠的人。

只要中国存在问题、我们就无权寻找西方的真实之逻辑，才是难以推理呢。以这样的逻辑，倒过来推难道不可以吗？你对自己的国家如此厌恶，为什么不走人？现在这个时代，谁强迫谁啊！有本事把好位置让出来，别吃里爬外。既然觉得做中国人如此不光彩，何不离开她、忘记她、投奔向往的国度以去心头之患？那些脚踏两头船的高干、公务员、明星们，有种就放掉这头的好处，另图高就，我倒也佩服，至少把机会和便宜让给了别人，也减轻了国家负担，何乐而不为？

再说，我并没有把西方说得一无是处，而是发现曾经被灌输的神话不存在；我也并未反对西学，只是提醒要绕过花招学真传。神话的产生除了灌输，还有距离，距离会大大滋生神话，所以没有人去近距离观察研究，又怎么能了解真实呢？时代的误会周期就是二十至三十年，再长，就需要知情人联手隐匿真相才可能做到，我们为什么、又是为谁而隐藏真相呢？

我最近遇到一位打算让孩子移民西方的人，嘴里老挂着那边空气好（自己所在城市空气可能比不上荒原海岛，但不比外国大城市差多少）。自北京发生雾霾后，全国的城市好像都沾了“光”，不管自己实际吸的是什么空气，都肯定是不好的。从什么时候开始，任何鸡毛蒜皮的不尽如人意都成了弃国的理由？北极空气好，你也去吗？非洲没有工业，你是否也要向黑人讨国籍？什么东西能跟祖先创造的文明和打下的疆土交换？虫豸般的一生只在文明和疆土这根不断的链条上，才被赋予微不足道的意义，非此，“活”不过行尸与走肉。

令人悲哀的是，行尸与走肉已布满这个国家的核心与上层。许多高官厚禄的人，占着这个社会的好位置，却以子女尽可能早的接受西方教育换得外籍为人生目的。他们的做法，我费尽心思找不到合乎逻辑的地方，即便只为了眼前利益也不一定划算，哪有自己在一个地方从山脚好不容易爬到山腰和山脊上，却把得来的好处全用作将子女再送到另一个地方的山脚下，哪怕那边的山脚与这边的山腰能吃到同样的白面馒头，甚至面更白一点。吃什么用什么能跟所处位置交换吗？

三、竞相出卖，争做“上等仆人”

国内某重要报纸的主编，破财费心把孩子从中学就送去美国，花了几百万，小孩总算在那里立足了。大树掌门人知道不知道，这孩子可能若干年后通过汇率和工资的暂时差距，赚钱赚过了他爸（扣除事先几百万的投入，也不见得合算），但即便比爸爸能干，也永远坐不到主流报纸负责人的位置上，主流社会的这种位置，不但自己这一代想都别想，就是到了孙辈，也希望渺茫。什么叫主、什么叫仆，道理即在此。高级仆人可以被喂得脑满肠肥，但改变不了仆的位置。

在中国这个没有血缘等级的社会，对个体来说，大树掌门人的位置可能只是大学读对了地方，或求职投对了门，或时运命济；但对整体来说，这个位置与汉武帝驱逐匈奴、岳飞抗金、甲午海战、台儿庄血战甚至抗美援朝都有千丝万缕的联系，这位置下面曾经血流成河。某个军队高干子弟在公有制那三十年尽享膏粱，改开后即出国拿了日本绿卡，在日出生的孙女前不久考上东京大学，高干喜不自胜四处电告，周围一帮南征北战的老战友个个艳羡。好像他们所处位置不是由无数抗战将士的白骨堆建？好像1937年以后太平无事，我们早已生活在“东亚共荣圈”。你能想象一个日本骨干军人做同样的事吗？

这个国家如今让人尽失信心，不在各种问题和不足，那都是有望解决的，而在“主们”尽失自我意识！历史上、人世间，除非被占领国家（明的或暗的），才会有这么多无头的主儿占着宝座，也才会上面攀着枝、下面在锯枝。如果“开放”与“接轨”最终是为这班“主儿”做买办、行代理（或通过子女西移作间接买办和代理人）简化了手续并提供了道德借口，那我们有权提问：我们为什么被卖？如果我们被卖，只是换得“主们”的儿女在西方谋得个上等仆人的位置，我们更有权提问：卖得是不是太贱？

后记

一个“精神亡国者”的哀伤

脑袋里开始徘徊这个刺刀般的问题，是因为一年一年很多看似细小的事情，以违背起码逻辑的荒谬，日益挤迫着我体会到一个精神亡国者的悲怆和无助。

我因为长年客居国外，做梦也想不到揭露西方一些真相，在自己的祖国遭到冷遇和排斥。在一个未被军事侵略和占领、自己当家做主的国家，事情倒过来才解释得通。也正是笃信逻辑不可逆转，我在相当长的时间里，大意地以为落在别人身上的事，永远不会落到自己头上，因为中国是个不仰人鼻息的大国，是近代史上唯一没有完全沦为西方殖民地的国家，是已有核弹保卫自己不再受列强侵略的军事强国，是人类历史上创造并延续了独一无二文明的智慧民族，是在强盗当道的世界有力量和才智不做打手和附庸的国家。这几条，捡出其中哪一条在今天这个不讲理的世界都是极不容易的，遑论五条皆备。你看有这么多道保险，我怎能想到有一天会锥心刺骨地咀嚼一个亡国者——至少是精神上的——才有的悲伤？在欧洲，一个国家被看不见的军团篡变至此，需百年以上，在中国三十年足矣，而且无需异族直接插入，这也是让人在最深的梦里都没能追到的事。

第一桩敲击我的事，来自我写的一篇小文。记得我在文中有一句话遭到编辑的删节。此文写女作家萨冈一生绯闻多过才华，“无非是飙车、吸毒、双性恋、赌博、受贿、偷税、破产那几味人生胡椒面，好像文学才华=毁灭性生活=极端自私自利=表演才能=脱衣服=没有祖国=没有责任=没有未来”。收到报纸后，我发现引号内的这段话，被看似不经意地拿掉了四个字："没有祖国"。这让我第一次隐隐约约地感到这么多字里，刺眼的字一打，可偏偏是“祖国”二字碍了事。这已经是多年前的事，回头想想这绝非一个编辑偶然的删改，也已不是一桩翻天覆地的事之预兆，而是一个悲剧之既成事实。

后来的事就越来越分明了，有一个显著的得宠或冷落的分界线，落到哪一边，有对内对外双重标准：对外，则得宠或冷落就看是否站在西方一边；对内，则正相反，不站在本国一边才名利双收。所谓站在哪一边，就是从其视角看问题或写其“推荐”的东西。某家媒体若将此原则定为编辑路线，对内对外一视同仁，我倒也无异议，但若对内对外标准正相反，那我大脑还跟不上如此错乱。

我并未不顾事实固执于立场，认识西方颇似面对一种工艺摆设：俄罗斯套娃。这种摆设若不一道道拧开，看上去是一个娃娃，拧开一道，才看到另一个娃娃，要想知道后面究竟有什么，就得不懈地拧下去，谁也不知道是不是还有下一个。这件摆设还有一个特点，就是最外面的娃娃油彩鲜亮，让人不易看到可以拧开的缺口。它有别于一般摆设的地方，也即在此：核心藏而不露，运作机制是立体式的，越到里面越隐秘。问题是当一个早已变成平面式社会的文明，在其漫长的历史上，第一次遭遇这个娃娃，即被其独特的造型和色彩震住。他的平面式思维，让他抱着最外面的娃娃，观察和研究它身上的油彩成分、画笔技术和对称线条，以为照葫芦画瓢就能模仿一件，若模仿不出，必是自身缺陷。

这是中国与西方打交道的普通人、甚或研究西方的学人之常态，也是中国人严重心理疾患的症结所在。常态并非不正常状态，两个文明交往，本来应该是这样彼此理解或仿效的。但若文明的一方刻意设计了“说的一套”（外面最大的娃娃），处心积虑地把这一套推荐（强加）给你，却把“做的一套”（里面一个套一个的小娃娃）精心藏起来，那么原来正常的文明交往状态，就显得不正常了，因为对方伪造了一个面目，并用伪造的外壳做碰撞器。整个近现代史中国人的精神世界，就是跟这个伪造的外壳碰撞，撞得一无是处、遍体鳞伤。

如果说中国历史分正史和野史，你不信正史，可以去信野史，西方历史则分看得见和看不见的历史，用中国人习惯的平面式挪移方法，百分百只能在看得见的那部分打转。我善意的目光最初自然而然地停在最外面的大娃娃身上，在拧开摆设之前，无知无觉地做着大娃娃的“浪漫传递”。“不知不觉为大娃娃做浪漫传递”始终是知识界的基本活计，一百多年没熄火，鹦鹉学舌的背后，是一架史无前例的文明推土机。

烟花看尽，才能低头看见满地的脏乱，不是我疑心重，而是大娃娃得意忘形的时候纸就包不住恶，对正在发生的历史也敢做假，其篡改真实之随心所欲惊醒了梦里人。杜撰历史之百分之百蓄意，若不是亲眼目睹，单单道听途说是绝难相信的。天平翻倒，是一步步发现近代以来我们接受的（因为军事上被打败）由西方人编撰的世界史是个虚虚实实的版本！而中国人从那时起看自己的目光也构成这部精心策划之伪史的一部分。看见里面小娃娃的过程其实相当艰难，这件摆设是这样设计的，对大娃娃的欣赏无异于一剂阻止你看到小娃娃的免疫针，因为大娃娃是按信仰设计的，看似理念、实则偶像，此一移花接木的成功，让人看不到自己“信徒”的实质。况且有关大娃娃的书汗牛充栋（国人一个多世纪以来译介的书未脱出此范围），研究小娃娃的却屈指可数，因为没有好下场。

然而出乎我意料的是，拧开了大娃娃的我，没有得到探险者和发现者的荣誉，反而受到排斥和冷落，好像我不是得罪外人，而是惹了自己人。如果我的文章涉及国内时政，被针砭的一方对我有意见，我倒也能理解，然而我揭露的是视我为敌或缺乏友善的外国，缘何自己的同胞要像被剜了肉似的？我事后回头看这个失宠的过程，发现它自身的逻辑很清晰：凡是有关大娃娃的文字，即在得宠一边；凡是有关小娃娃的文字，即遭冷遇。一冰一火，界线分明。好像我已经不得不跟一个“外籍军团”打交道，因为只有“占领军”会恼怒我不说新主子的好话；好像存在一个分享国家统治权、被高爵厚禄委以思想把门人的群体，他们不但早已身在曹营心在汉，而且世所罕见、史所未有地堂而皇之、充满使命感和荣誉感地接手了“占领军”的旌幡。在这场逼我站队的封杀战中，我失去的不光是一些合作者，而是山河的一部分，而这场冷酷背弃，并不掺杂个人恩怨。眼见我的每一篇文章须经上述对内对外双重标准的筛选，好像境外强权御批他们做了审查官，我揪耳掐腮地问自己是不是已活在一个“精神上被占领的国家”？或者至少“国”已不全，在“思想异军”占领的地盘，我们已有了亡命天涯的哀伤。

一个并未固执立场、生怕眼睛被遮蔽的人，却因为说了实话，就被生生打上印戳，甚至遭无情背叛，让一直以为天可崩、地可陷但祖国永存的我，看到了国家在精神上走向名存实亡，感到了一个不得不向占领者脱帽敬礼的亡国者的哀愁。“我们已是被占领国家”这句话，我第一次是从一个法国人嘴里听到的。在法国旅居日久，看到这个国家的“有识之士”锲而不舍地培养高卢人面对美、英集团的卑贱感，比如戴高乐反抗美英的历史过去不到半个世纪，本国“精英”已抱紧后者大腿，还时不时祭出背叛的道德理由：戴高乐的“专制”；又如成天围着英王室转，对自己的王朝历史却讳莫如深。这种不合常理的事看多了，我作为外国人甚为不解，有一天终于忍不住问朋友，他就说了上面这句让我惊心动魄的话。

我始终难忘朋友在发出“我们已是被占领国家”时眼底的绝望和浮在上面的揶揄，那是一种矛盾的、似乎不应同时出现的表情，仿佛一个被按到水底的人，为了活下去及其微薄理由，不得不以自己的命运做笑柄。你看到这双失国者的眼睛，才惊恐地感到所有这些荣华富贵只是交换的诱饵。这真是一场完美的征服战，城堡易主，不见硝烟，但见歌舞，四处翻腾着新信仰的豪情壮志和无以数计的模仿者。

图书在版编目（CIP）数据

被颠覆的文明：我们怎么会落到这一步：升级版／边芹 著. —北京：东方出版社，2016.5
ISBN 978-7-5060-9070-4

Ⅰ.①被… Ⅱ.①边… Ⅲ.①文化研究-中国 Ⅳ.①G12

中国版本图书馆 CIP 数据核字（2016）第 118307 号

被颠覆的文明：我们怎么会落到这一步（升级版）
（BEI DIANFU DE WENMING：WOMEN ZENME HUI LUODAO ZHEYIBU. SHENGJIBAN）

作　　者：边　芹
责任编辑：姬　利　王晓枫
出　　版：东方出版社
发　　行：人民东方出版传媒有限公司
地　　址：北京市东城区朝阳门内大街 166 号
邮政编码：100010
印　　刷：北京明恒达印务有限公司
版　　次：2016 年 7 月第 1 版
印　　次：2023 年 6 月第 21 次印刷
开　　本：710 毫米×960 毫米　1/16
印　　张：19.5
字　　数：300 千字
书　　号：ISBN 978-7-5060-9070-4
定　　价：42.00 元
发行电话：（010）85924663　85924644　85924641